中国工程院院士 杨凤田

2006年1月20日，胡锦涛总书记接见国家科技进步奖获奖人员（后排左二杨凤田）

1995年6月18日，杨凤田向江泽民总书记汇报工作

1991年12月，杨凤田（右一）向中央军委副主席刘华清（右二）汇报飞机研制情况

2000年4月19日，朱镕基总理接见601所领导（右三为杨凤田）

2004年6月，军委副主席曹刚川接见杨凤田以及基地工作人员

1996年10月25日，中航总朱育理总经理接见601所领导（右一为杨凤田）

2010年5月15日，杨凤田与辽宁省委书记王珉（中）、601所党委书记褚晓文（右一）在一起

2008年1月31日，沈阳市副市长顾春明来601所慰问杨凤田

1982年6月22日,杨凤田向国防工办领导陈彬介绍木制样机情况

1989年8月5日,顾诵芬(左一)、杨凤田向航空航天工业部部长林宗棠(中)汇报工作

1990年10月，601所总师李明（左一）、副总师杨凤田接待总参谋部副总参谋长何其宗（右二）、国防科工委主任丁衡高（右四）、副主任谢光（右三）来所视察

1998年11月15日，杨凤田在珠海航展期间向空军副司令员王良旺汇报

2008年10月，顾诵芬院士与杨凤田院士在沈阳

2008年10月，601所5位院士聚首沈阳（从左到右：李天、李明、顾诵芬、管德、杨凤田）

2008年10月，杨凤田、李明、李天院士与601所所长孙聪、党委书记褚晓文在鞍山

2010年3月，杨凤田、李明、李天院士与一飞院领导在一起

2010年3月，一飞院院长方玉峰（左一）前往车站迎接杨凤田

2004年6月17日，杨凤田获航空金奖

2006年4月18日，杨凤田获航空报国杰出贡献奖

1993年，杨凤田接待来所讲学专家

2010年3月，杨凤田为一飞院展室题词

2010年5月15日，杨凤田与沈航领导在一起

1998年杨凤田在英国航展

2008年10月,杨凤田在沈飞公司航空博览馆

1982年杨凤田在601所

1989年3月12日，杨凤田与夫人在九寨沟

1999年9月8日，杨凤田与夫人在皇帝陵

2001年4月23日，杨凤田与夫人在长城

1998年杨凤田在华盛顿

2002年4月17日，杨凤田与夫人在洛阳

2009年4月，杨凤田与夫人在周恩来旧居

2009年4月，杨凤田与夫人在大寨

2009年4月，杨凤田与与夫人在黄河壶口

1998年7月25日，杨凤田与外孙女在一起

2002年1月24日，杨凤田在桂林

2002年10月9日，杨凤田在泰山

1998年7月29日，杨凤田在纽约

杨凤田的闲情逸致

1998年,杨凤田在美国

"凤"舞蓝天

——记中国工程院院士杨凤田

王树棕 等编著

航空工业出版社

北京

内容提要

本书讲述了寒门学子杨凤田从小聪慧好学、积极进取，由一名普通的技术人员成长为中国工程院院士的奋斗历程，以及他执著刚毅、爱岗敬业、严于律己、宽以待人的高尚品德。介绍了他始终以"航空报国、追求第一"理念为己任，先后参加、组织研制出歼8系列先进战斗机，填补了我国航空史上多项空白，大大增加了空海军的作战能力，为祖国的航空事业立下了汗马功劳的事迹。

本书可供航空科研战线上的工程技术人员及广大军事爱好者阅读学习。

图书在版编目（CIP）数据

"凤"舞蓝天：记中国科学院院士杨凤田 / 王树棕等编著. -- 北京：航空工业出版社，2011.4
(2019.1重印)
(中国航空工业院士丛书)
ISBN 978 - 7 - 80243 - 718 - 0

Ⅰ.①凤… Ⅱ.①王… Ⅲ.①杨凤田－生平事迹 Ⅳ.①K826.16

中国版本图书馆CIP数据核字（2011）第040230号

"凤"舞蓝天
——记中国工程院院士杨凤田
Fengwu Lantian
——Ji Zhongguo Gongchengyuan Yuanshi Yangfengtian

航空工业出版社出版发行
（北京市朝阳区北苑2号院 100012）
发行部电话：010 - 84936597　010 - 84936343
三河市金轩印务有限公司印刷　全国各地新华书店经售
2011年4月第1版　　　　　2019年1月第2次印刷
开本：710×1000　1/16　印张：20.5　插页：16　字数：330千字
印数：5001—5500　　　　　定价：88.00元

编委会

主　任：褚晓文　赵　民
副主任：王永庆　赵　霞　李　斌
委　员：贾大风　邓吉宏　周善良　姚永全　马　强

审委会

主　审：李　斌
审　稿：姚永全　周善良
保密审查：李　红　肖福璋

编写组

主　笔：王树棕
成　员：马冬霞　张杰敏
组　稿：张杰敏

·中国航空工业院士丛书·

丛 书 序

中国科学院院士和中国工程院院士,是国家设立的科学技术和工程科学技术方面的最高学术称号,为终身荣誉。中航工业的院士群体是航空技术领域的学术权威和资深专家,他们为中国航空工业的振兴和发展建立了卓越功勋,做出了巨大贡献,是中国航空工业的宝贵财富。

探寻院士们的成长足迹,给人以启迪和震撼。他们有的少年立志,投身航空,报效祖国;有的家境贫寒,顽强拼搏,奋斗一生;有的屡遭挫折,百折不挠,矢志不渝……他们身上闪耀着坚持真理、不懈追求的科学精神,凝聚着自强不息、孜孜不倦的奋斗精神,展现了淡泊名利、爱党报国的民族精神,他们以实际行动践行了"航空报国,强军富民"、"敬业诚信,创新超越"的集团宗旨和理念,十分值得我们学习。

在中航工业加快改革步伐、全面实施"两融、三新、五化、万亿"发展战略的关键时刻,我们推出《中国航空工业院士丛书》,就是要从院士们身上汲取智慧与力量,弘扬精神,放飞思想,激情进取,创新图强,为把中航工业早日建设成为具有国际影响力的世界级大企业集团、把我国建设成为航空工业强国而努力奋斗!

中国航空工业集团公司党组书记、总经理

2010 年 1 月

序 一

杨凤田 1964 年毕业于哈尔滨军事工程学院,随即到沈阳 601 所从事飞机总体设计工作。在战斗机设计一线拼搏了 43 年后终于获得了我国工程科学技术方面的最高学术称号——中国工程院院士。

他之所以入选工程院,是符合"……或在重大工程设计、研制、建造、运行、管理及工程技术应用中,创造性地解决关键技术问题,做出了重大贡献;……"这一条的。

他最突出的表现是热爱祖国、热爱祖国的航空事业。最典型的是 1988 年在国家急需加大航程的歼 8 Ⅱ 飞机,需要在歼 8 Ⅱ 飞机上加装空中加油系统时,他对此项国内毫无基础,国外又对我严加封锁的技术,毫不畏惧,临危受命为常务副总设计师。他组织了有关厂、所同志一起研究设计方案。因为上级定的研制周期很短,不可能让我们建很多试验设施按步就班地来研制。他和同志们一起想了很多办法,利用当时现有条件做验证试验。首先,做了加油机轰 6 和歼 8 Ⅱ 飞机在空中紧密编队的可行性试飞。然后在歼 8 Ⅱ 飞机上装了模拟的受油杆进行空中试飞。他与相关厂、所的同志一起研究了全系统的地面联合试验。在确定受油杆的形状和位置时要做大量风洞实验,当时正值 1989 年的"六四"风波,626 所的风洞实验室被关闭,大门不能开。他亲自带领设计所搞气动力的同志翻墙进 626 所,并向实验室的同志阐明任务的重要意义,感动了实验室的同志开风洞做试验,保证了设计按期完成。

在当时的情况下,他动员方方面面的力量,团结协作,共同努力,使歼 8 Ⅱ 飞机终于在两年内实现了空中受油能力。受油工程在 1998 年获得了国家科技进步特等奖,他名列第二。歼 8 Ⅱ 受油机在 1999 年国庆 50 周年飞过天安门接受检阅。由于歼 8 Ⅱ 飞机受油技术的成功,受油技术推广到了国产的其他机型上。

杨凤田不仅在歼 8 Ⅱ 受油机上做出了重大贡献,以他善于组织设计团队和抓住重大关键的能力,又成功地领导研制了 JB Ⅶ 型飞机、JB Ⅸ 型飞机。现在又在为发展我国通用航空而奔波。

杨凤田是一位杰出的飞机总设计师,本书详细介绍了他的成长过程,特别是他是如何当好飞机总设计师的。他有一颗赤诚的爱国心,他善于调动方方面面的积极性,善于团结同志,他虽然学的是航空发动机,但随着设计工作的发展,他在工作中不断学习飞机的有关专业,特别是飞机火控系统等关键技术。

本书作者以细腻的笔触,描绘了杨凤田同志的成长,也即如何当好飞机总设计师,所以建议有志青年、特别是有志于飞机设计事业的年轻同志不妨读一读。

中国科学院院士、中国工程院院士

2011 年 1 月 19 日

序　二

2011年，601所即将迎来50华诞。50年风雨兼程，航空报国、强军富民的崇高理念，在研究所一脉相承；敬业诚信、创新超越的高尚精神，在研究所薪火相传。以5位院士为代表的一大批航空科技英才，见证着"战斗机研究设计的基地，航空英才的摇篮"的巍巍盛名，诠释着航空报国、创新发展的不懈追求。

杨凤田院士就是航空科技精英中的一个杰出代表，他已在601所奋斗了47个春秋。他组织领导的型号研制，为我国航空研制史创造了4个第一。在航空武器装备研制中，特别是在歼8系列飞机研制中，他做出了重大贡献。他参加或主持研制的飞机型号之多，获得奖项之多，获得荣誉之重，到目前为止，在中国航空界屈指可数。

47载航空报国情未了。至今，在601所的科研大楼里，还经常看到他的身影，他仍继续奋斗在"航空报国"的征程上。正如他所说，"事业选择了我，航空选择了我，航空报国我无怨无悔！"

读罢杨院士传记，会有很深感触。他纵观全局，运筹帷幄。每到关键时刻，他都会及时出现，让问题得以解决。无论他身处何职，对航空事业的激情都丝毫未减，对报效祖国的信念都坚定不移，对人生的态度都乐观豁达。这本书给人启迪，令人思考，催人奋进！

601所党委书记

2011年2月

前　　言

杨凤田，1941年6月14日出生在辽宁省义县稍户营子镇铁河嘴子屯的一个贫穷的农民家里，至今他已进入古稀之年。不过当你看到他的时候，你决不会相信他已是70高龄的老人了。

他一米七五的魁梧身材，穿着随意，显得有些厚重。他腿不弯，腰不弓，走起路来铿锵有力、步履矫健；说起话来有如连珠炮，声音洪亮、节奏清晰。头顶着花白的短发，显得很有精气神。四方大脸上镶嵌着两只炯炯有神的眼睛，脸上总是露着笑容，每当见到熟人，总是先开口问寒问暖，十分热情。熟悉他的人都知道他是个聪明睿智、头脑灵活的人；是个精通专业、爱岗敬业的人；是个善于管理、组织才能出众的人；是个视野开阔、有远见卓识的人；是个性格直爽、刚毅执著的人；是个为人随和、严于律己、宽以待人的人；更是个爱党爱国爱家的人。

他1964年毕业于哈尔滨军事工程学院，同年分配到601所，迈进了航空报国之门，多年的航空报国志，开始圆梦。

时间荏苒，40多年过去了。他从一个普通的技术员逐步成为专业组长、研究室副主任、主任，所副总设计师、副所长。同样从一个普通的技术员逐步晋升为工程师、高级工程师、研究员，并于2007年当选为中国工程院院士。他一步一个脚印，每个脚印都是那样踏实、那样有力。他始终以"航空报国、追求第一"的理念为己任，在漫漫的航空征程中，先后参加过12种战斗机的设计研究，担任过6种型号的副总设计师、总设计师，善于处理和解决新机研制中出现的各种工程问题，有很强的型号组织管理能力，经常采用高度平行交叉作业方法确保研制质量和进度。此外，对发动机、气动、燃油、环控、电源、飞控、航电及火控等专业也有一定深度的了解，善于将飞机各专业技术综合成适合国情的新飞机型号。他主持完成了国家多个重点型号飞机研制工作，为提高部队的战斗力做出了突出的贡献，成为这些型号研制的中坚力量、中流砥柱。他亲自组织指挥研制的JBⅦ型飞机、JBⅨ型飞机，是我国空、海军的拳头武器，是国内最先进、最有战斗力的飞机。这些飞机已投入批生产，装备空、海军，分布在祖国的大江南北、长城内外，捍卫着祖国的每一寸土地，保卫着人民的生命财产安全。

在他的组织下，创造了中国航空史上4个第一：

歼8Ⅱ受油机的研制成功，在中国的航空史上第一次有了空中受油能力，填补了一项空白；

JBⅦ型飞机的研制成功，使中国的战斗机第一次具备了下视进攻能力；

JBⅨ型飞机的研制成功，使中国的战斗机第一次具有超视距攻击能力；

JBⅨ型飞机的研制成功，使中国的战斗机第一次具有双目标攻击能力。

不难看出，他参与和主持研制的飞机型号之多，在现有的中国航空史上，是史无前例的，因此被大家誉为"高产总师"。经过磨砺和锻炼，经过实践和攻关，那棵在601所茁壮成长的幼苗已成长为参天大树，为新一代航空人遮风挡雨，为祖国的航空事业立下汗马功劳。

倾心地付出，收获也是沉甸甸的，党和人民给予了他很多奖励和荣誉。他先后获国家科技进步特等奖1项、国防科技进步一等奖3项，部级科技进步一等奖4项，部科技进步三等奖4项，部级一等功5次，国防工业型号研制一等功2次；享受政府特殊津贴，被授予部级有突出贡献专家，国家级有突出贡献专家；获航空金奖，航空报国杰出贡献奖；被授予国防工业劳动模范及中航一集团科技尖兵称号。他获得奖项之多，获得荣誉之重，到目前为止，在中国的航空界是屈指可数的。

他之所以能取得上述成就，获得那么多的奖励和荣誉，是在他多年的航空生涯中呕心沥血、披肝沥胆、孜孜探索、不断追求的结果；是他忠于党、忠于人民、忠于事业的结果。

虽然他已是古稀之年的老人，但他仍在组织领导国家某重点型号飞机的研制工作，还兼任中国航空学会总体专业分会副主任，西北工业大学、北京航空航天大学、南京航空航天大学兼职教授，现又被辽宁省委组织部任命为沈阳航空航天大学校长。真是"老骥伏枥，志在千里。烈士暮年，壮心不已。"啊！

"江山代有才人出，各领风骚数百年"。杨凤田是个成功者，他从一个山沟农民家里的寒门学子，成长为当代航空界的杰出人物，他的学识、品德、精神、作风与成就，确实是值得称赞和学习的。"他山之石，可以攻玉"。现在杨院士就在我们身边，就在我们眼前，正是学习他的好机会。沿着他的足迹前进，相信在祖国改革开放、蒸蒸日上的大好时代，会呈现出"长江后浪推前浪，一代新人胜旧人"的大好局面，涌现出更多更有用的人才，激情进取，奋力拼搏，为祖国的航空事业跨越式发展做出更大的贡献。

目　录

第一章　故乡怀念 1
人杰地灵山河美 1
土匪抢劫，闯关东 5
饮水不忘挖井人 6

第二章　寒门学子 10
启蒙心灵 10
师兄不如师弟 11
小学生胜了老先生 13
快乐的童年 14
由悲转喜 17
在社会实践中成长 19

第三章　投笔从戎 23
穿着军装的大学生 23
首先是个兵 29
大浪淘沙 34
难忘的教诲 38
凤愿得偿 41
名师出高徒 43

第四章　初露锋芒 47
踏进航空报国之门 47
接受再教育 52
最难忘的是歼 8 首飞 55

第五章　创业样板 … 63
白手起家 … 63
创业艰难 … 65
铁水滚滚 … 69
硕果累累 … 70

第六章　中流砥柱 … 72
首先提出歼8改成两侧进气 … 72
组织总体方案论证 … 77
歼8Ⅱ样机是最好的样机 … 81
组织发图会战 … 87
坚持科学试验 … 88
首飞成功，批准定型 … 90
航空兵的主战机种 … 96

第七章　天降大任 … 100
3个小人物领回一项大任务 … 100
临危受命 … 105
办事难，难在起始 … 106
破解受油机技术之迷 … 108
排难解困，抢发图样 … 112
力排众议，坚持地面对接试验 … 115
打响第一炮 … 117
迈出关键的一步 … 119
遇难不惊，多谋善断 … 121
打破常规，抢先定型 … 127

第八章　争气未成 … 131
就是要争这口气 … 131
抢建环控实验室 … 134

老杨的这个建议很好 ……………………………………… 137
三位一体，一个轴心 ……………………………………… 138
开创软件管理的新方法 …………………………………… 141
伤痛的心又被刀刺 ………………………………………… 143
"军婚"不能破坏 …………………………………………… 146

第九章 威震"台独"

运筹帷幄展军威 …………………………………………… 149
救雷达，立新机 …………………………………………… 151
"撒手锏"击长空 …………………………………………… 155
五进酒泉，五弹四中 ……………………………………… 157
飞机定型，再立首功 ……………………………………… 166

第十章 借弹"孵"机

抓住机遇，力主研制新机 ………………………………… 168
坚持选用成熟的发动机 …………………………………… 171
鸡蛋之争与机弹之争 ……………………………………… 173
冲入蓝天立首碑 …………………………………………… 176
三大试验，国内首创 ……………………………………… 177
勇战"非典"，首发失败 …………………………………… 179
不破楼兰终不还 …………………………………………… 182
当年定型，当年使用 ……………………………………… 187
勇于创新，两箭齐发 ……………………………………… 189

第十一章 老机新生

思则得之行则果 …………………………………………… 192
找厂家，建队伍 …………………………………………… 195
空军现役飞机的改装 ……………………………………… 196
海军现役飞机的改装 ……………………………………… 201
有点霸气 …………………………………………………… 206

赤子之心，心系部队 ·· 207

第十二章　老骥伏枥 ·· 210
　　新目标——"雷鸟" ·· 210
　　有志者，事竟成 ·· 212
　　"雷鸟"起飞，时不我待 ··· 213
　　"化缘"与翘望 ··· 215

第十三章　七旬校长 ·· 217
　　人老雄心在，欲求伟业成 ·· 217
　　辉煌的过去，光明的未来 ·· 218
　　国内知名，省内一流 ·· 221
　　以人为本，以学生为本 ·· 222
　　新理念，新举措 ·· 224
　　慧眼识商机，诚挚献良策 ·· 225
　　办实事，得民心 ·· 226
　　领导来校，保驾护航 ·· 228

第十四章　温馨的家 ·· 231
　　相识相爱 ·· 231
　　结婚生子 ·· 233
　　温馨是福 ·· 237

第十五章　院士逸事 ·· 255
　　上书周恩来总理 ·· 255
　　仕途亮"红灯" ·· 256
　　智者、勇者的风范 ·· 258
　　真正的专家学者 ·· 259
　　身先士卒，人生楷模 ·· 260
　　不唯书、不唯上，只唯实 ·· 261
　　有他一个人就够了 ·· 262

知人善任，不计前嫌 ………………………………… 263
不打不成交 ……………………………………………… 265
直通司令员 ……………………………………………… 266
要求5分钟，汇报半小时 ……………………………… 267
整点实事，别玩虚的 …………………………………… 268
他不是个退休老头吗？ ………………………………… 269
撞在大门柱上 …………………………………………… 270
慈父般的爱 ……………………………………………… 271
顾全大局，团结协作 …………………………………… 272
工作着就是快乐着 ……………………………………… 273
靠学习造就自己 ………………………………………… 275

附录 ……………………………………………………… 277
尾声 ……………………………………………………… 306

第一章　故乡的怀念

人杰地灵山河美

杨凤田于1941年6月出生在辽宁省义县稍户营子镇铁河嘴子屯。

义县位于辽宁省西部锦州市之北50公里处，距省会沈阳市230公里。义县东依医巫闾山屏障，邻北镇县，南与锦县接壤，西界北票市，北毗连阜新市清河门区。义州镇是全县政治、经济、文化中心，是中共义县委员会和人民政府所在地。

义县境内，由于大自然的鬼斧神工，千雕万凿，形成山岭起伏、峰峦叠嶂，凌水河横贯境内，宛如玉带系腰，构成"六山一水三分田"的地貌。东部医巫闾山山脉，南北绵延近百里，山间多为林丛、草地，有"绿色宝库"之称。西部属松岭山脉余脉，草木稀疏，裸岩嶙峋，低山层叠，环半面义县。地下埋藏着较丰富的金属、非金属矿藏。中部为丘陵状平原，宜种棉花，是义县主要农产区。

义县地处北温带的中温带，属大陆性气候，四季分明，温差较大。

义县人民勤劳朴实、正义刚直，富有革命斗争传统。千古文明哺育了无数风流人物、文人志士、学者名流、文官武将，英雄楷模辈出。远古的不谈，只说近代的，就有抗日英雄马子丹，以匹夫之责，倾尽家财、购置武器，组织抗日义勇军，活捉日本特务，两次攻打义县城，毙日寇，威震敌胆。抗日将领李杜，曾任东北抗日联军总司令，活跃在黑水之滨，为督促国民党政府出兵抗日，致书南京政府，并亲赴庐山面见蒋介石，陈述抗日主张，与共产党驻重庆代表周恩来、董必武等经常接触，聆听抗日卓见。在东北抗日战场上，战功卓著。解放战争中独臂英雄杜宝珠，在黑山阻击战中，用鲜血铸起了英雄丰碑。解放后，义县籍党政军高级干部、劳动模范不胜枚举。郭维城是全国政协委员会常务委员（少将军衔），顾卓新是中共中央顾问委员会委员等。

　　义县是辽宁古城，历史悠久、开发较早。据出土文物考证，在原始社会后期，奴隶社会初期，就有人类在此劳动生息，逐代繁衍。自西汉设县至今已有2000年的历史，这里有建于公元47年的悬空古寺宝林楼；北魏太和公元499年间开凿的万佛堂石窟，是东北唯一的摩崖石窟群；还有开泰9年兴建的奉国寺，内有中国最大的佛殿和7尊并列的大佛，也是世界最大的泥塑佛像群；这里有纪念释迦牟尼成佛8个阶段的八塔山；还有好多的风景区；古生物化石蜚声中外，鸟化石早于德国出土的始祖鸟近千万年，翼龙胚胎化石更是世界唯一的珍品。义县真可谓是：

人杰地灵山河美，
高粱大豆牛羊肥。
神庙石窟塑万佛，
飞鸟翼龙中外蜚。

人杰地灵山河美，
文人志士树丰碑。
工人农民齐奋进，
英雄模范争朝晖。

　　义县自古与北方游牧民族为邻，是个多民族的县域。有汉族、满族、锡伯族、蒙古族和朝鲜族等，祖祖辈辈和睦相处。

　　义县地处辽西故道要冲，是兵家必争之地。历代王朝都在这里派有重兵驻守。朝代的更迭都以兵戎相见，受苦受害的是义县人民。

第一章 故乡的怀念

杨凤田（左二）在义县奉国寺

1931年9月18日，日本驻在中国东北境内的所谓"关东军"，袭取沈阳。这时驻沈阳及东北各地的东北军，接受蒋介石的"绝对不抵抗"命令，撤退山海关以南，使日军迅速占领了辽宁、吉林、黑龙江等省。日寇的这次侵略行动被中国人民称为"九一八事变"。1932年1月日寇的铁蹄踏入义县，人民陷入水深火热之中，生命、财产受到严重威胁，激起了以马子丹为首的义县人民的英勇反抗。1945年8月15日本投降。但是，前门打跑了"狼"，后门又进了"熊"和"虎"。把日本打败了，苏联军队又来了，国民党军队又开进了义县，这里的人民仍然受苦受难。

1948年，辽沈战役开始，中国人民解放军为解放锦州，肃清外围之敌，决定先打义县。国民党在义县布置强大的兵力，顽固抵抗，妄图与解放军决一死战。

杨凤田还清楚地记得，在春节前的一天早晨，外面天很冷，他跑到外面去玩，就看到马路上有很多反穿皮袄的军人，握着枪，架着炮，不知是什么时候来的。后来听说是八路军。他在路旁看着，想着："天这么冷，还不进户，八路军真是不简单啊！"在他很小的心灵中八路军给他留下了深刻的印象。不久，八路军开走了，不知道去向。没过多少时日，传来了八路军从总攻开始仅用4小时就全歼义州守敌，无一漏网，获得了义县战斗的全胜。从此义县全部解放，划入辽宁省的版图。

稍户营子镇地处义县东北角,北邻阜新、东界北镇,是锦阜公路上的重镇。境内盛产棉花,以绒长、色白而闻名,素有"营花"之美誉。

铁河嘴子屯东面的台山

铁河嘴子屯在稍户营子镇南面,距镇上有5华里。东有一座小山,叫台山。山不高,长满野草、灌木,是放牧牛羊的好去处。山上有个庙,叫狐仙庙,是铁河嘴子屯人求神拜佛、烧香磕头的地方。屯前面有一条小河,叫细河,河水流入大凌河,是铁河嘴子屯人饮水、灌田、洗澡的地方。屯西、屯北是大片平原,是种植棉花、高粱、大豆等农作物产区。这里土地肥沃、旱涝保收,世世代代哺育着铁河嘴子人。因此人们都认为这里是一块"福地"。

杨凤田的童年就在这块"福地"上度过的。可那时正是日本帝国主义践踏、奴化中国的时候,这块"福地"也没有躲过日本鬼子的摧残。日本鬼子的罪恶深深地埋藏在他幼小的心灵里,从小他就恨透了"小日本"。

土匪抢劫,闯关东

随着时间一天天过去,杨凤田在一天天长大。逐渐对周围的事物开始留心、开始记忆。父亲、母亲有意无意地讲述了些苦辣酸甜的往事,有些他现在还有所记忆。祖辈闯关东,记忆得比较清楚。

杨凤田的祖籍在河北省乐亭县杨家庄。大约在清朝末年,曾太爷兄弟3人在这里休养生息。3人武功出众,给一家镖局当护镖,挣些钱财养家糊口。一次,曾太奶带着3个儿子为一客商押运货物,当到达山海关地界时,突然闯出一股土匪来,"留下买路钱!"土匪大声地吼叫着,兄弟3人哪肯就范,便与土匪交起手来。但是土匪人多,武艺更是高强,兄弟3人寡不敌众,货物被抢了,人被打散了,无法再回镖局,只好各自逃命了。

老三——杨凤田的太爷逃到山海关东北的阜新。当时那里属关外偏僻地区,土地荒漠、人烟稀少。于是他们就在那里安家落户、开荒种地、繁衍生息。他们靠着勤劳、节俭,一家人的日子过得还算安逸。后来知道老大、老二分别逃到绥中和大青山,兄弟之间失去了联系。

杨凤田家乡老屋

杨凤田的爷爷有兄弟3人，排行老三，自幼上学读书，成人后当过教书的先生。膝下有三男一女，一家人的生活还过得去。可是那时时局动乱，土匪四起，他家也经常受到骚扰，不得安宁。杨凤田的爷爷举家从阜新迁至义县，定居在铁河嘴子屯，直到现在还有杨家的后代在这里居住。

饮水不忘挖井人

杨凤田来到这个世界上时，他家里有祖父、祖母、父亲、母亲、4个哥哥、姐姐和侄女，是个四世同堂的大家庭。到解放前夕，已经有十多口人，吃闲饭的人多，干活的人少。家中房无一间、地无一垄，可谓是一无所有。只靠父亲磨面，给别人做短工挣些钱，还有长兄与他人合伙开的皮匠铺挣得微薄的收入来维持全家的生活。全家人住在租来的两间半破旧的平房里，很是拥挤。家里人穿的衣服、鞋袜，都是靠母亲和嫂嫂们纺线、织布，自己缝制的。杨凤田穿的衣服、鞋袜多半是父兄穿过的。只有到过年时，母亲才给做件新衣服，穿上新鞋袜。当他逐渐懂事后，看到有的人家有地种，有好房子住，有好衣服穿，还雇人干活，心里就产生了疑问，"他们家为啥那么富？我们家为啥这么穷？"他想不出这是啥道理。他羡慕富人家的生活，也憎恨富人家的为富不仁，他讨厌那些有钱人。同时也幻想将来有一天过上好日子，甚至比那些富人还好。于是他盼着自己快点长大，快点学本事，改变现在的贫困生活。然而现实并不像他想象那样。当他4岁的时候，大哥和二哥被国民党抓去当兵了，小皮匠铺不得不倒闭了。为了维持家里生活，父亲更是整天忙碌奔波，疲惫不堪。年幼的三哥也不得不到地主家去做工，混口饭吃。这时的家庭生活更是困苦了。

1947年冬天，天上的乌云被驱散了，露出了青天。杨凤田的家乡解放了。"解放后，我家才抬起头，分得了4响土地，6间半房子，从此再也不过那种贫困的生活了。"这是发自杨凤田幼小心灵的肺腑之言。

翻身不忘共产党，饮水不忘挖井人。

家乡老屋及偏房

杨凤田家里的生活一天天好起来，吃有吃、穿有穿、烧有烧、衣食无忧。杨凤田的父母从心里感谢共产党，拥护共产党，响应党的号召，先后把自己的3个儿子送去参加革命。

大儿子杨永田，1945年被国民党抓去当兵，由于对家的思念和认识到国民党反动派前途暗淡，于1946年底逃回家。1947年底家乡解放，他就参加了革命，在区政府任助理员。1950年到辽东柞蚕训练班学习，毕业后先后在五龙背蚕厂和技术站工作，后来因患结核病体弱到粮食局工作，1958年初终因体弱而不能坚持工作退职回家。

二儿子杨润田，解放前也曾被国民党抓去当兵，不久逃回家，1947年参加了革命，在区政府搞贸易工作。刚刚解放的义县，缺货、少米，连火柴也买不到。为了解决百姓的急需，杨润田带着两个人，到北镇县去，用棉花换盐和火柴。不幸在黑山地界遇上了土匪，不仅抢走了货物，还残忍地将他们杀害了，将尸体扔在农田里。直到半月后，才被村民发现，全屯人悲愤不已，全体出动为之送葬。杨凤田的母亲因过分悲伤，导致精神失常。

四儿子杨春田，1947年参加革命，1948年加入共产党，1950年参加抗美援朝，任连指导员。1952年回国后，分配到兴城水产加工厂，任支部书记兼厂长。

1986年，杨树田（右一）、杨春田（右二）、杨凤田（右三）、杨墨田（左一）合影

杨凤田（后排右三）全家合影

杨凤田的父母是很开明的，支持儿子参加革命，支持儿子们的工作。解放初的几年，自己有了土地，通过全家人的勤劳，生活一天天好起来。于是他们

认准了共产党，党号召干啥就干啥，坚决跟党走。1950年参加了互助组，后来又参加了合作社，家里收入越来越多，日子过得越来越红火，生活发生了根本的变化，丰衣足食，年年有余，让两位老人总是乐呵呵的。1958年又率先参加了人民公社，走共同富裕的道路。

"现在想起来，要不是中国共产党和毛主席领导翻身，那种苦难的生活不知要到什么时候，想想这些就增强了我对党和毛主席的爱，同时也深深引起了对旧社会、旧制度的无比仇恨。"杨凤田长大后常常激动地这样说。

杨凤田从1959年离开家乡，如今已过去50多年了，但一直怀念着生他养他的铁河嘴子屯，每年他总要抽点时间回家看看。陪家人吃顿饭，与乡亲唠唠家常，亲亲家乡的土，喝口家乡的水，总觉得是那样的亲切，那样的惬意。那台山上的小庙，那屯前的细河，那高低不平的土路，那一间间的土平房和那大片黑土地，已深深地留在记忆里，不时地让他想起……

杨凤田在家乡老屋前

第二章 寒门学子

启蒙心灵

杨凤田学习上的优秀，事业上的成功，家庭生活的幸福，这些总让他想起父母的养育之恩。俗话说："严父慈母、儿女幸福"，他从小就得到了父母的良好启蒙教育。

父亲杨景和是个很要强的人，总想出人头地，干什么事都有股不服输的劲头。为了全家人的生计，他种地、磨面、打短工，还学会了木匠手艺。农闲时他不闲，做果匣子，磨荞麦面到集市上去卖，想方设法挣钱，维持家里生活，供儿女读书。他认识几个字，但认的不多，吃尽了没文化、没知识的苦头。所以他下决心，再苦再累也要让儿子上学读书。他知道："桑要从小育、人要从小教"，"子不教父之过"的道理。所以他对子女要求很严格，不听话的、淘气打架的，他会严厉教训，甚至动手打骂。当然他还知道"言教不如身教、身教重于言教"的道理。所以他没有嗜痂之癖，在子女面前，他不仅是个严父，还是做人的榜样。

杨凤田的母亲郭连芳是位勤劳、宽厚、孝顺的家庭妇女。在旧社会"女人无才便是德"的封建思想统治下，女孩子很少有上学的，更何况是穷人家的女孩子呢。因此，她没有上过学，没有

杨凤田的父亲

文化，但她天生聪慧，记忆力相当好。她经常给儿女讲历史故事，讲家庭的经历，讲古比今，如何做人。平日里，做饭、洗衣、喂猪、养鸡，全家人的衣服、鞋袜都是她一手缝制。一年四季没有闲的时候。在那更深夜静的晚上，母亲借着小油灯的微弱灯光，纺线、纳鞋底、缝补衣服的情景，杨凤田至今都历历在目。杨凤田的爷爷晚年多病，眼睛不好，看不清楚东西，还经常拉肚子，卧床不起。母亲从不闲弃，耐心地服侍老人，尽显孝心。母亲对子女的教育则是施之以理、动之以情，耐心、宽容，因此儿女更加尊敬她。也由于母亲的宽厚、真诚，杨家的街坊邻居都与之交好，亲戚朋友经常来家走动。杨凤田在这样的家庭环境中长大，父母的一言一行，他看在眼里，记在心上，父母成为他后来做人、做事的榜样。

杨凤田的母亲

　　杨凤田除了得到父母的教育外，还得到了爷爷的关爱。爷爷是教书先生，非常重视学习。古人云："三岁看八岁，八岁看老"，爷爷看出了"凤孙子"是个好苗子，格外喜欢。当杨凤田刚刚懂事时，就手把手教他认字，背"百家姓"、"三字经"、打算盘。上学前，杨凤田就已认识了不少字，并学会了加、减、乘、除。这给他以后学习打下了良好的基础。

师兄不如师弟

　　杨凤田的家乡解放后，让他最开心的是，他可以上学了。

　　1948年1月初的一天清晨，杨凤田早早地醒来了，睁开眼睛，天还黑着呢。自己穿好衣服，跑到正在做饭的母亲跟前。"每天叫你都不起来，今天咋起这么早啊？"妈妈故意问他。

"凤"舞蓝天——记中国工程院院士杨凤田

"今天不是上学吗!"他带着一种稚气回答妈妈的问话。妈妈知道儿子早就想上学念书了,只是解放前家里人口多,生活困难,再说他年龄还小,就没有叫他上学。解放了,人民政府号召适龄儿童都要上学念书,儿子赶上了好社会,于是答应了他上学读书的要求,没想到儿子这么着急。杨凤田简单吃了早饭,背起母亲做的书包,高高兴兴、连蹦带跳地走向铁河嘴子初级小学,成了一名小学生。

学校是有校规的,学生要遵守纪律,这对于自由散漫惯了的杨凤田来说,一时还难于适应。一堂课45分钟,真有点坐不住。东看看、西望望,精神老是溜号。老师曾多次提醒他要注意听讲,好一阵子,还是改不了。课后的作业虽然也能完成,但总是草草了事,不是很认真。因为不听话、淘气,曾挨过老师打手板。不过每当老师提问他时,总是对答如流,很少有卡壳的时候。每次考试,他的成绩都很好,总是排在前几名。杨凤田还清楚地记得:

小学时期的杨凤田

有一次,我刚下课,四年级的老师突然把我叫到教室里,给我一道算术题让我计算。我看看题,想了想,一会儿就算出来了。这时老师转过头去,对站在一旁的一名男生说:"你看看,人家二年级的学生都能算出来的题,你都四年级了,还不会算,你这是咋学的?"然后拍拍我的脑袋说:"你很聪明,好好学习!"

师兄不如师弟这件事情在学校里很快传开了。老师们都知道杨凤田是个聪明的孩子,只要他肯用功,一定是个有出息的学生。于是老师对他因材施教,多次讲古人"头悬梁、锥刺股"等刻苦学习的故事,这对他还真有启发。他知道了"只要现在好好读书,将来才能好"的道理。他逐渐地用心学习了,随之学习成绩就更好了,获得了"区优秀学生"称号,1952年1月被保送到高小。

小学生胜了老先生

杨凤田被保送到高小读书，感到很光荣，很自豪。因此进入高小后，一直用心学习，成绩一直优秀。思想品德也越来越好，很受老师的喜欢，加入了少先队，担当了中队长、大队副和大队委会委员。

稍户营子高小原址

杨凤田的弟弟杨墨田，曾任稍户营子镇镇长、义县卫生局局长、质量局局长。他回忆说哥哥在读高小的时候就聪明过人，有件事情始终令他难忘：

那是解放后的事，我们家分到了土地，分到了房子，生活越过越好。随着时间的过去，家里人口的增加，孩子长大，分到的两间半房子已经不够住。解决住房问题，已经逐渐成为家里很迫切的问题。父亲经过查看，看准了一块房基地。经与地的主人协商同意兑换。我家把两年卖棉花的钱都给了那家还不够，还需给一些耕地。按当时的规定，二亩耕地换一亩房基地。为了公平，两家特意请了本村的一位老先生。由他丈量土地，并算出亩数。当丈量完杨家的土地后，老先生戴上老花镜，扒拉起算盘珠，算出我家应给那一家多少条垄耕地。在丈量土地时，恰巧我五哥放学回家，他背着书包也跑来看热闹。当时，他已是六年级学生，学过一些土地面积的知识。他一边看老先生算，一边自己算。

当听到老先生算的结果时,他望着老先生说:"老姑父,你算得不对吧?是不是再算一遍?"起先,老先生很自信,心想:"这么多年来,我从没有算错过,也没有人说我算错过。"因此有些不耐烦地说:"不会的,错不了。"五哥还挺执著,央求他再算一遍。老先生实在拗不过,不得不再算一遍。这一算,老先生傻眼了,不好意思地说:"多算了一条垄。"老先生很注重面子,面有羞色,过一会儿又说:"小凤子,以后这碗饭就得你吃了,我吃不了啦!"

杨凤田用自己所学,为家里算回一条垄(150米长)的耕地,全家人自然都很高兴,对他夸个不停。小学生胜了老先生的事,在铁河嘴子屯也传开了,成了茶余饭后闲聊的话题,杨凤田的聪慧显露了头角。

快乐的童年

孩子的天性是好玩、好动,会玩的孩子才是聪明的孩子。杨凤田小时候,家里人口多,孩子也多,很热闹。他从小就跟在哥哥、姐姐的屁股后头,到处玩耍。开始是看着他们玩,渐渐长大了,就和他们或邻居孩子们一起玩。当春天来临的时候,随着气候的转暖,台山上的小草渐渐吐出了绿芽、长大,变成郁郁葱葱的草原。各种野花相继开放、满山遍野、争奇斗艳。小鸟迎春而来,在一丛丛变绿了的灌木林中飞来飞去,啼鸣不停。杨凤田每逢不上学的时候,就愿意爬到山上,在那绿草如茵的草地上、丛林中,一边放驴、割草,一边用铁夹子捕鸟。每当捕到一只,就非常开心,非常快乐。如果捕到一只活鸟,就小心翼翼地拿回家,养起来;如果是只死鸟,拿回家用火烧着吃;捕多了就让母亲炒熟了就饭吃。小鸟的肉虽然不多,但吃起来非常香,别有风味。到了夏天,气温高了,雨水多了,河水涨了,他就和小朋友们一起到屯南的细河里洗澡、玩水、抓鱼,观赏河滩上斑斓的鹅卵石,同样开心。秋天是收获的季节,棉花开了,一片白茫茫;高粱红了,一片红彤彤。杨凤田在五彩缤纷的田野里,

第二章 寒门学子

捡棉花、拔花生,干自己力所能及的农活。闲时在地里烧些毛豆、花生,吃起来津津有味,尽管嘴巴周围贴满了黑灰,双手成了黑"爪子",也在所不惜。冬天尽管寒冷,却挡不住孩子们的身影。杨凤田仍然到室外玩耍。那时家家户户都有粪堆,像个小山包。于是孩子们就在这里玩起了"抢山头"的游戏。谁先登上山头,再把后上来的人推下去,谁就可以占山为王了。在同龄孩子中,杨凤田常常是胜利者。另外,撞拐、打箭杆(高粱杆)、玩嘎啦哈,也都是常玩的游戏。当大雪纷飞的时候,堆雪人、打雪仗,更是让他玩得兴起,全身冒汗。

1952年,杨凤田的四哥杨春田从朝鲜回国后,被分配到兴城水产加工厂,任党支部书记兼厂长。杨凤田在山沟里长大,还从来没看过大海是什么样。自从知道四哥在海边工作后,他心里就开始痒痒了,总想去看看大海,到海边去玩玩。可是兴城离铁河嘴子很远,又没有直通车,也没有人陪他去,这可怎么办呢?他想来想去,最后鼓起勇气,"我自己去!"他下定了决心。于是就找父母商量,开始父母不同意。因为他才有11岁,父母怎能放心他去呢?可杨凤田不甘心,"我自己能找到,不会出事的,你们放心吧!"杨凤田左磨右磨,硬是说通了父母。"你一定要小心,不知道路多问问。"父母终于同意了,并千叮咛万嘱咐。

暑假的一天,杨凤田拿了钱,背了个小包上路了。他先步行到清河门镇火车站,托亲戚买了张火车票,随着人流一起上了火车。但火车并不直达兴城,需要在锦州换车。他第一次到锦州站,看到锦州站那么大,还真有点辨不清方向。他只好问问同行的叔叔、婶婶,在他们的帮助下,穿过地道,找到了要换乘的火车。上车后,才有点放心了。到兴城后,又沿途询问,才找到了四哥的厂子。当四哥看到他时,感到很惊讶,"你怎么找到这来的?"杨凤田把来的经过说了一遍,四哥说:"你真行!这么小就敢跑出来,万一找不到怎么办?""我不是找到了吗!"杨凤田很自豪地说。

杨凤田住下后,就急着跑到海边,举目远望,大海无边无际,海浪一个接一个,波涛汹涌,激起的浪花好高好高。低头望岸边,岸边沙滩细软洁白,晶莹如玉;海水深浅适宜,清澈见底;海岸地势开阔,绿树掩映。他的心陶醉了,

"凤"舞蓝天——记中国工程院院士杨凤田

"海滨真美啊!"他惊呼着。海水浸湿了他的鞋袜、裤脚,他都不知晓。他还看见,海滩晾晒着好多好多腌制的海产品,听说这是工厂给前线志愿军腌制的。有时杨凤田还可以坐上哥哥工厂的大卡车帮助工人运送海产品,有时干脆就是坐车兜兜风。

白天可以爬到兴城的城墙上去眺望。兴城古城呈正方形,城墙四面正中各有城门一座,各城门上修筑高耸的箭楼,各门内侧沿城墙修有蹬道。四角高筑炮台,凸出于城角,用以架设红夷大炮。古城的正中心,有一座雄伟壮观的钟鼓楼,凌空飞架,气势巍峨。杨凤田登楼眺望全城风光,远处山林尽收眼底,

1959年11月15日,杨凤田与四哥在哈尔滨市留念

真让他有一种眼界宽广、心胸开阔的感觉。他好像第一次有这样的感觉。

到了晚上,在哥哥的带领下,去看露天电影,这是他第一次看电影,感到十分新奇,"人怎么跑到屏幕上去了呢?"他心里自问着。

在兴城住了十几日,他玩得开心,玩得尽情,开了眼界,长了知识,真有点乐不思归了。

快乐的童年,无忧无虑。粗茶淡饭、粗布旧衣,他都很满意。不过他一年中最盼望的是过大年。因为年前,家里会杀一口猪,可以吃上猪肉,还可以吃上"油梭子"(炸猪油剩下的肉渣),越嚼越香,好吃极了。过年还可以穿新衣服、新鞋袜;除夕夜给长辈磕头拜年可得到压岁钱;大年初一挨家挨户拜年,人来人往很是热闹;更热闹的是正月十五闹元宵,踩高跷、耍龙灯,灯笼火把照亮整个屯子,男女老少都出来看热闹。杨凤田挤在人群里,跑来跑去,很是好玩。这样的场面在农村每年也就有这么一次。

由悲转喜

1953 年 7 月，杨凤田高小毕业了，他参加了升初中的考试，自己觉得考得还不错，发挥出了自己的水平。可是事与愿违，发榜时，却没有自己的名字。"没考上？"他很惊骇，好像受了很大的羞辱，没脸见老师，没脸见同学，没脸见爸爸、妈妈了。志向、理想好像一下子都成了泡影，眼前一片漆黑。平时很刚强自信的他忍不住哇地一声痛哭起来。"男儿有泪不轻弹"，但这事对他打击太大了，一个 12 岁的孩子，从来还没有承受过这样大的打击，无论如何也接受不了这样的结果。当时高小的老师也不相信杨凤田没有考上初中。正在疑惑的时候，杨凤田却接到了入学通知书。原来是他高小的一位教导主任调到义县三中任初中教员，他看到新生入学名单中有一位叫杨福田的新生没有来校报到，这位老师很认真细心，经核对，发现是杨凤田毕业证上的名字写成了杨福田，这才通知杨凤田入学。杨凤田由悲转喜，峰回路转，真是"柳暗花明又一村"。其实，那年正赶上国家教育紧缩时期，小学升初中是很困难的，要六七个人才

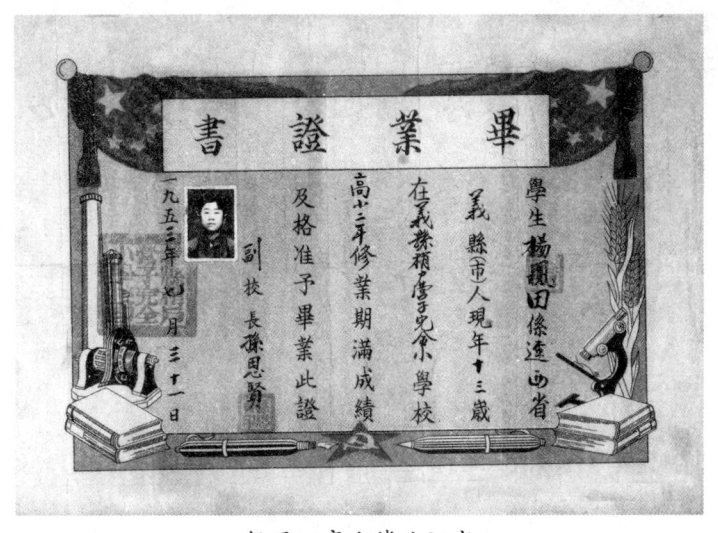

杨凤田高小毕业证书

能考上一个。杨凤田凭着自己学习成绩考进了初中，这是他人生中闯过的第一道关卡，正是他闯过了这道关卡，才有以后的光明前途。

1953年9月，他走进了义县第三中学。校址在清河门镇，离铁河嘴子屯有40多华里。因为学校离家远，他只能住校，开始独立生活。第一次离开家的他当时只有12岁，想家啊！盼着到月底，因为到月底的星期六可以回家。由于回家心切，每次徒步40多华里，也不感到累。回到家里的那种亲切感真难以形容，父亲问问学习情况，母亲给他洗洗换换，再做点他喜欢吃的，享受到了家的温暖。第二天中午，他又带着下个月的7块钱伙食费，徒步回校，这样坚持了3年。

在这3年里，他学习仍然是刻苦的，成绩仍然是优秀的。他当了班长，增加了组织才能。另外，还参加一些社会活动。感受最深刻的一次是1955年冬天，他放弃了寒假休息时间，参加了宣传队，和同学们一起走东村、串西村，给农民演节目，搞联欢。那时杨凤田已经学会了吹笛子，他的笛声得到了农民的掌声和好评。这次活动，他得到了锻炼，有了很大的收获，思想进步很大。

杨凤田初中毕业证书及成绩单

初中毕业后，考高中前，因为他笛子吹得好，有人建议他考沈阳的音乐学校。他觉得可以去试试，顺便看看沈阳是什么样子。于是到沈阳参加沈阳音乐学校的考试。尽管笛子吹得不错，可由于其他音乐知识的缺乏，使他无缘被录取。第一次来沈阳，玩了几天，开开眼界后只好回家备考高中了。

在社会实践中成长

杨凤田 15 岁那年考入了义县高中。在高中学习的 3 年里，除了像往日一样在课堂上学习书本知识之外，更多的是开始了社会实践活动。在社会实践中锻炼成长，学到了书本上所没有的知识。

20 世纪 50 年代建设的义县高中教学楼

学生宿舍旧址

"凤"舞蓝天——记中国工程院院士杨凤田

学生餐厅和水房

1957年，中国进入了社会大变动时期。党中央号召"百花齐放、百家争鸣"，动员党内外群众向党提意见，帮共产党整顿作风。杨凤田在学校的图书馆里亲眼看到了很多大字报，"大鸣大放"的言论让他不知所云。"那些人为什么骂共产党、反对社会主义制度呢？难道共产党、社会主义不好吗？"他怎么想也想不通。不久学校公布几名老师为右派分子，他才有所醒悟："啊！原来那些人是反动分子，那些大字报是毒草，是毒气。那些人借共产党整风之机，向党、向社会主义猖狂进攻。那些人真应该遭到批评，应该打倒！"他认识到了站稳无产阶级立场的重要性，大大提高了思想觉悟，树立了无产阶级世界观，因此他更加要求进步了，一定要拥护共产党，跟共产党走。

学校为了贯彻"教育为无产阶级政治服务，教育同生产劳动相结合"的教育方针，学校开设了政治课，进行社会主义和共产主义的教育。与此同时开始了生产劳动。1957—1958年学校勤工俭学组织学生下乡劳动，以支援农业大跃进。修水坝、深翻地、摘水果，什么活都干。杨凤田是班上的劳动委员，自然要带头挖土、挑担，一天下来，腰酸腿疼，肩膀压肿了，脚底起泡了，亲身体验到了劳动的艰辛、劳动的光荣和劳动果实的可贵。通过劳动，他的体质大大增强了，体力大大提高了。同时也学到了一些劳动技能，与劳动人民建立了情感，同劳动人民更加接近了。他这个农民家庭出身的孩子又回到了农民中间。在劳动过程中，他有机会把平时所学知识用到现实中去。1958年是全民大炼钢铁的

与义县高中班主任陈九山老师分别留影

年代,"平地起高炉,钢水花花流"。学校也不例外,义县高中也建起了小高炉。杨凤田和同学们一起拉着花轱辘车运送矿石、焦炭。高炉日夜炼钢,他们日夜拉车,高炉炼钢,拉车练心。通过炼钢,杨凤田身心都得到了锻炼。

1958年下学期,学校开展了以"反教条主义、树立党对学校的绝对领导,彻底批判资产阶级教育观点、教学方法"的教育革命。在这次运动中打破了过去那种学生不能给先生提意见的局面。同学们大胆地给学校领导、老师提出了很多宝贵的意见,彻底批判了资产阶级思想、观点,树立了党对学校的绝对领导权。

杨凤田被评为"优秀学生"的奖状

通过这些大的运动,使杨凤田的思想有了很大的提高,深知一切事情必须由党来领导,离开了党就什么事也办不成。同时明确了学习目的,知道了又红又专的重大意义,因此产生了冲天的干劲。在勤工俭学过程中表现异常积极,无论在学校还是在乡下劳动,他都走在前边,因此被同学们评为"勤工俭学积极分子"。在学习上也出现了新气象,更加勤奋读书了,学习成绩有了显著的提高。在毕业时,由于学习好、品德好、劳动好,被同学们评为"优秀学生",并在1959年5月23日光荣地加入了共青团。

"凤"舞蓝天——记中国工程院院士杨凤田

杨凤田（第三排左六）高中毕业照

第三章 投笔从戎

穿着军装的大学生

相传东汉初期,有一位通西域的英雄,姓班名超,字仲升,平陵(现陕西咸阳市西北)人。班超从小就刻苦耐劳,勤工好学。因为家境贫困,青年时代常给官府抄写文件,也替私人抄写书籍,得些报酬,供养老母,补助家用。当时,北方的匈奴,时常侵犯汉朝的边境,班超很是愤慨,同时他又看到西域各国同汉朝的交往,已断绝了50多年,更是心怀忧虑。有一天,他一面抄写文件,一面觉得十分烦闷,忍不住站起来,将笔猛地一扔,大声说道:"大丈夫应当像傅介子、张骞那样,立功异域,怎能长期把时间消磨在笔砚之间?!"班超的这句话被记入了《后汉书》的《班超传》中。后来人形容文人从军、弃文就武就叫投笔从戎。

杨凤田也有投笔从戎之誉。

1959年6月,杨凤田和其他同学一样,进入高考的总复习阶段。这是决定他未来前途的重要时刻,是人生路上的拐点。于是他用尽全身的力气,开足马力,做最后的冲刺。北方的6月天气渐渐热起来,尤其是进入7月,闷热的天气,让人汗流浃背;蚊虫的叮咬,让人难忍。他只好钻到学校附近的树林里,捧着厚厚的油印提纲,一篇篇、一页页地翻着,默记着,饭不思、茶不饮。考生们都把7月称为"黑七月"。不过,杨凤田知道"只有今日苦,才有明日甜",他坚持着,与此同时还有一个问题让考生们费尽心思,报考哪所大学?学什么专业?同学们常常不约而同地议论起来,你问我,我问他,一时都拿不定主意。

杨凤田同样也在思考着,他想报考北京大学物理系,将来可以当个科学家,可是心里总是不太踏实,总好像缺点什么,还有点担心"我能考上吗?如果考上了能读得起吗?"他心里左右盘算着。"党和国家的需要就是我的志愿",这是那时学生填报志愿的共同语言。正在他犹豫不决时,他看到了哈尔滨军事工程学院(简称哈军工)的招生简章,让他眼前一亮。"军工很重要,是国家重点行业。报考哈军工,我可以当兵了,念书还不花钱,这不正是我所求的吗?"他脑子里一连串的疑点都解决了。因此他高兴极了。果断决定报考哈军工。志愿定了,方向明了,他更加倍努力复习功课,毕业考试全班第一,在全校也是名列前茅。带着这样的优异成绩参加了高考。考后自己感觉良好,发挥出了自己的水平。

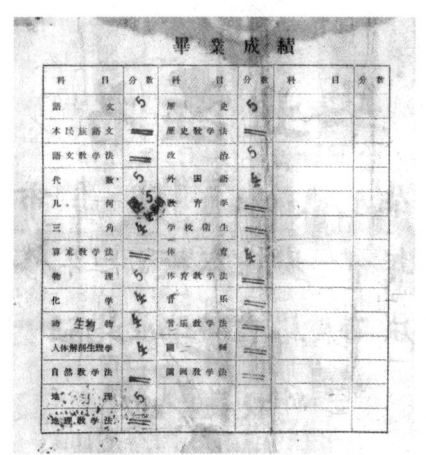 

高中毕业成绩单及高中毕业证书

杨凤田回到家里,又帮助父母干起农活来。但是,他心里一直很不安,也很焦急。不安的是担心考不上,焦急的是希望快点拿到录取通知书。时间还是那样一天天过去,但他觉得过得太慢了,有点度日如年的感觉。哈军工是提前录取的学校,8月初的一天,杨凤田正在地里干活,给棉花打农药,乡邮递员走到他的面前,"恭喜你了,你考上哈军工了!"乡邮递员一边说一边将录取通知书交到他的手上。当他接过录取通知书时,心花怒放了,双手颤抖着,双目已

第三章 投笔从戎

经有些模糊,盯着录取通知书的每一个字,目不转睛,看了一遍又一遍,"我真的考上了!"他心里在呼喊着。"洞房花烛夜、金榜题名时"自古以来就是男人的两大喜事。杨凤田金榜题名,自然高兴至极。这时他突然想起来应赶快告诉父母与家人。于是他急忙跑回家,向正在干活的父母大声说道:"爸、妈,我考上了!"随后将通知书交到父亲手上。父亲虽识字不多,但也看懂是儿子被哈军工录取了。母亲抢过录取通知书,虽然不知道上边写的啥,但也翻过来翻过去地认真看着。父母及哥嫂都高兴得不得了。母亲还情不自禁地流下了热泪。这是杨家祖祖辈辈第一位大学生啊,还是穿军装的大学生啊!为杨家争光了,祖宗们知道后也会高兴的。父母多年的辛苦没有白费,多年的期盼终于有了善果。

杨凤田考入哈军工的消息,很快在铁河嘴子屯传开了,乡亲们奔走相告,为村里出了一位军人大学生感到骄傲,脸上有光。有的乡亲还特意到杨家表示祝贺。不过谁也不知道哈军工是干什么的,是什么样,连杨凤田本人也说不清楚。

由于录取通知书中要求入学报到时间很紧,杨凤田的母亲开始为儿子打点行装。这时她的心是热乎乎的,脸上总带着笑容。"儿行千里母担忧",儿子马上就远行了,不知道何时再能见到,喜悦的同时,心里还有些七

高中时期的杨凤田

上八下的,担心什么呢?连她自己也说不上来,可能这就是母子情吧。杨凤田也开始忙活起来,向敬爱的老师、亲密的同学一一告别,老师和同学都向他投来了羡慕的眼光,与他紧紧地握手、紧紧地拥抱。那依依不舍的情景,那情意深切的话语,至今他仍记忆犹新。

1959 年 8 月 26 日,蓝蓝的天空中飘着几朵白云,尽管天气还是比较炎热,但轻轻的小北风不时拂面而过,带来一阵凉爽,让人感到由衷快慰。这一天,愉悦的杨凤田带着简单的行李,乘车到沈阳军区第二招待所报到。接待他的是一位上尉军官,还有一名大尉和一名中校军官。第三天晚上,辽宁的 100 名新兵就乘火车北上了。他们坐在同一节包厢里,年轻人聚在一起,自然是谈笑风生、

"凤"舞蓝天——记中国工程院院士杨凤田

兴奋不已、互相介绍、畅谈当兵的心情和未来的理想。让杨凤田感到新奇的是：在他们的队伍中，竟然有一对双胞胎兄妹，同时考入哈军工。仔细瞧瞧，长得还真挺像。火车上的一夜，新兵们都没怎么睡觉。到了第二天清晨，呜！呜！呜！火车的笛声惊醒了朦胧中的新兵们。"哈尔滨站快到了，大家醒醒吧！"领队上尉叫醒大家。杨凤田揉揉眼睛，推开车窗向外望去，火车缓缓地驶进哈尔滨。

进入8月份的哈尔滨，正是秋高气爽、气候宜人的季节，宽阔而整洁的马路两旁树木成荫，川流不息的人流，高头大马的洋车，欧式风格的建筑，洋溢着异国情调，哈尔滨的市容在他眼前闪过，"真是太美了！"他竟情不自禁地说了一句。"你不知道吗？哈尔滨号称东方莫斯科。"坐在他邻座的一位新兵得意地插嘴说。杨凤田笑着看了他一眼，然后继续向窗外看去，一边看，一边打听。火车进站了，他听见站台上锣鼓喧天，还站着一队打着"热烈欢迎新学员"横幅的军人队伍。带队上尉告诉大家："老学员接咱们来了！"当新兵们走下火车后，老学员拥到他们跟前，与之握手，表示欢迎。只见老学员穿着带兵种领章的军装，各个神采奕奕、英姿飒爽。杨凤田投去羡慕的目光，心里想到："我即将和他们一样了！"不由得喜出望外。一声哨响，新兵们排好队，带队上尉对大家说："现在我们就要开进哈军工，大约有五六华里的路程，大家是坐车去，还是步行去？""步行去！"新兵们不约而同地喊出一个声音。上尉同意了新兵的要求，挥挥手让等候在一旁的绿色客车开回哈军工，而他带领新兵向哈军工开进。整齐的步伐，嘹亮的歌声，让路人注目凝视。不多时就到了哈军工的大门前，上尉军官高声告诉大家："看！哈军工。"话声刚落，新兵们都把目光投向前方。只见高大的营门下，有两名持枪的岗哨，笔直地站着，当队伍经过时，哨兵举起右手行军礼致敬。队伍沿着宽阔的林荫大道向前行进，杨凤田的眼睛东瞧西看，真不知道眼睛望哪边好。只见笔直的大道，由西向东，横穿整个军工大院。道路两旁漂亮的杨树，白色的躯干光洁可爱，树间点缀着一丛丛丁香。从树间望去，一座座楼宇掠过眼帘，真是太雄伟了，令他吃惊、令他发呆，仿佛走进了天堂一样。

当年的哈军工大门

队伍突然在一座4层工字楼前停下,上尉告诉大家:"这就是你们的宿舍",随后他宣布了编队名单及住宿分配名单。杨凤田分到一中队一班,他被领到宿舍里,只见房间内有8张铁床,成上下铺摆放。床上铺着洁白的床单,床单上放着豆腐块似的绿军被。房间窗明几净,整洁宽敞。他住到了上铺,按带队军官的要求,把大件东西放进了储物间,然后爬到自己的床铺上,躺下来,"真舒服啊!"他感觉真好,并有一种陶醉感。

学院寝室内务

"凤"舞蓝天——记中国工程院院士杨凤田

第二天上午以班为单位领取军装,当杨凤田双手接过军装时,心里有说不出的高兴,他急忙把母亲缝制的学生装脱下来,换上崭新的军装,再戴上军帽,扎上腰带,自己上下左右地打量着,"啊!真是太神气了,我是个军人了!"这话虽然没有喊出口,但是在他心里已是大声地呼喊起来了。心里那个美呀,真是无法形容。"这不是做梦吧?"他在问自己。"如果拍张照片,寄回家去那该多好啊!父母、哥嫂一定高兴得不得了。"他心里想着。其实所有新兵都和杨凤田一样,穿上新军装后都想马上拍张照片留做纪念,于是他们成群结队地跑到照相馆拍了张全身照,这时心里才平静下来。他穿着新军装,行走在殿宇般的中国人民解放军最高学府里,一个乡村学子成了一名穿军装的大学生,这是他做梦也没有想到的。从此开始了他的军人生活。

1959年杨凤田考入哈军工入学留念

副院长刘居英在预科学员入伍宣誓大会上致训词

院长陈庚检阅野营学员

野营入营典礼

首先是个兵

  杨凤田是个大学生,也是个兵,但首先要当好一个兵。于是入院第二天就开始了军训。按着单兵、班、排、连的顺序组织训练。从简单的立正、稍息、齐步走、正步走开始训练,有时上军事课,有时上政治课。为了使训练逼真、有效,按连队武器配置规定,发给每人一件武器,杨凤田得到一支半自动步枪。这是他有生以来,第一次摆弄这种东西,很是喜欢,爱不释手。

  军人的天职是听从命令,起床、吃饭、就寝都听号声,号声就是命令。早晨,还在睡梦中,只要起床号一响,就得立刻爬起来,在3分钟内穿好衣服,叠好被子,而后跑到楼前,列队出操。

  学员们穿着崭新的绿军装,扎着腰带,戴上绿军帽,个个生气勃勃、意气风发。整齐的队列,一致的步伐,显得特别威武雄壮。不过,有时也让大家紧张的不得了,甚至是提心吊胆,丢人现

野营生活吹响起床号

眼。因为在睡梦正酣时，突然哨响，队长高声叫喊："紧急集合！紧急集合！"学员们从梦中惊醒，急忙穿衣戴帽，打背包，携带枪支、弹带、水壶等跑到楼外列队集合，这些动作要求在5分钟之内必须完成，然后跑步拉练。跑步过程中，就会有人出洋相了，不是背包散了就是鞋跑掉了，队伍继续跑，他们就在后边追，真是狼狈不堪。跑一程后，队伍停下来检查，还会发现更有趣的事：有的人没穿袜子，有的人没有带枪或者没带水壶，更有甚者裤腰带竟也没有扣好，手提着裤子跑步。这些人被叫到队前，众目睽睽下，弄得他们很难为情。每次紧急集合都有类似的事情发生，但随着集合次数的增多，这样的事情就越来越少了。

军队的生活是紧张、严肃、活泼的，一切活动都要集体行动。吃饭、上课、看电影都必须列队前往，步调一致，一路高歌。早晨有早点名，晚上有晚点名，外出时必须请假，还必须两人以上结伴而行。严格的军队生活，让这些自由散漫惯了的新兵开始时真是不习惯。个别学员甚至受不了啦，免不了叫苦喊累，还有人竟开了"小差"。虽然又苦又累，但也有让杨凤田向往和难忘的事情。

第一件让他难忘的事情，那就是哈军工吃得好，这是杨凤田经常提起的事。当时他被任命为革命军人俱乐部－中队俱乐部主任。那时在军工实行民主办伙食，他经常听取学员们的意见，并到食堂协助工作，想办法让新兵们吃饱吃好。包子、馒头、蛋炒饭等随便吃。这对吃高粱米长大的杨凤田来说，简直是上了天堂，大饱了口福。八月十五中秋节，每人领到4块月饼，这是他有生以来第一次吃上这么好、这么多的月饼。后来每逢中秋佳节的晚上，当他仰望星空，看那圆圆的、金黄色的月亮时，他就会倍加思念哈军工品尝月饼的情景与心情。

第二件让他难忘的事情，那就是实弹打靶。立式手枪打靶和卧式半自动步枪打靶，让杨凤田过了把枪瘾。平生第一次打枪，竟然打了个双优，自己很是满意。但遗憾的是打得太少了，每种枪只有10发子弹，没有过足瘾。由于是第一次打枪，尤其是对男人来讲，实是快事，难以忘怀。

第三件让他难忘的事情，那就是野外实战演习。一日清晨，野营的队伍出

学员练习手枪射击

发了,每个人都背着行装、武器、弹药,列队行进在野营路上。野营队伍像一条蜿蜒的长龙,一路行军,一路歌声,《我是一个兵》,《三大纪律八项注意》的歌声此起彼伏,回荡在广阔的田野上。傍晚时分,到了宿营地,搭起帐篷,准备食宿,开始了野营生活。

野营地是哈尔滨郊区龚家大桥,距市区有50华里。那是一片荒漠的开阔地,间有小山丘,堑壕沟壑。长着茅草和一丛丛的柳树,是一处比较理想的军事野营地。野营训练的内容包括战术训练、急行军、紧急集合、打敌空降兵、攻占山头等。为了演习,把人员按3人一组,3组一班,3班一排,3排一连的建制进行了组织。每个班有正、副班长共11人。每人发给30发子弹,5颗手榴弹。

站岗放哨是训练内容之一,每个班的学员都轮流站岗,每岗2小时。最苦的岗班是半夜12点至凌晨2点。有一次,他轮到这班岗。深更半夜一个人站在野地里,四周空荡荡的,漆黑一片,阴森森的,小风吹得草木飒飒作响,黄鼠狼、老鼠在地里串来串去,每出一点动静,就有点毛骨悚然,尽管手里端着枪,还是有些害怕。9月份的哈尔滨已有些寒冷,尤其是夜深人静时,尽管穿着大衣,还是感到又冷又困。然而一点也不能松懈大意,双眼必须像雷达一样搜索四方,因为不知什么时候查岗的人就摸上来了,如果你没有发现,就相当被俘,将受到点名批评。2小时真是难熬啊!只盼着下一个人快点来换岗。据说有胆小的学员站岗时怕得不得了,吓得直哭鼻子。

野营训练项目按照安排一项一项地进行,其中有一项是防化演习。每个人都要穿上防护服,戴上防毒面具,长长的"鼻子"与背上的滤毒罐连在一起,活像个猪八戒。当他们互相对视时,都情不自禁发出爽朗的笑声。

最后的训练科目是夜间进攻,抢占一个山头。杨凤田是模拟连长,那一夜他没敢熟睡,迷迷糊糊的。突然紧急集合号吹响了,全连新兵迅速列队待命。杨凤田下达了攻占山头的命令:"现在我命令大家,抢占东南方的无名高地,消灭全部敌人!"接着指导员进行了动员。他们向无名高地冲去,一会跑步前进,一会匍匐爬行,突然目标出现,"冲啊!"一声令下,大家争先恐后地冲向山头。明知山上没有敌人,大家还是高喊:"冲啊!冲啊!""缴枪不杀!"一边跑,一边喊,一边射击,没等攻到山顶,他的一梭子子弹早就打光了,手榴弹也扔完了。虽然打的是无弹头的训练弹,但射击发出的噼噼啪啪声音,再加上手榴弹的爆炸声与喊杀声连成一片,震耳欲聋。那枪口喷出的红红的火焰,手榴弹爆炸扬起的一缕缕烟尘,还真像身处硝烟弥漫的战火之中,这让他过了一把打仗的瘾。这次抢占山头是军训期间最有趣、最难忘的事。不过也有遗憾的地方。杨凤田的一只鞋子跑丢了。由于只顾打枪,忘记捡弹壳,天黑弹壳又找不到了,只好第二天还得沿路去找,找不到还得挨批评。因为按要求打完的子弹壳都必须捡回来,如数上缴。

3个月的军训生活还真使他们这些穿军装的大学生体验了普通一兵的滋味。培养了军人作风,习惯了军人生活,具备了军人素质。军人不仅是光荣的,而且有其神圣的职责。这对杨凤田后来的政治思想、工作作风、道德品质都产生了很大影响,在他的心中深深地打上了军人的烙印。3个月的军训时间并不长,可让他终生难以忘怀。

经过3个月的预科,杨凤田对哈军工逐渐有所了解了。

哈军工是党中央、中央军委为适应我军现代化建设需要而创办的第一所正规的高等军事工程技术院校,是陈赓大将于1953年亲自创建的。党中央、国务院把学院的创建列为国家第一个5年计划重点建设项目之一。中央军委主席毛泽东为学院颁发了《训词》，周恩来、朱德、刘伯承、贺龙、罗荣桓等中央和军委首长为学院题词，军委各总部、各大军区、各特种兵都给学院发了贺电、贺信。军事工程学院的任务是：为军队培养全心全意为人民服务，能为国防献身，掌握和驾驭现代化技术，从事维护、修理和使用现代化武器装备的军事工程师。陈庚大将为首任院长兼政治委员。1958年谢有法中将任政治委员。1961年陈庚大将逝世，刘居英少将任院长。

当年的哈军工教学区全景

整个哈军工在哈尔滨南岗区，占地100公顷，建筑面积65万平方米。院内有很多各式各样的楼房，其中较有名气的楼房有：八一楼、王字楼、马蹄楼、理化楼、文庙图书馆、体育馆、军人俱乐部和6幢雄伟的系教学大楼。每一个军种是一个系。学院由中央军委直接领导，大军区建制。学院按军兵种设立空军工程系、炮兵工程系、海军工程系、装甲兵工程系、工程兵工程系5个系。学院还有自己的军乐团、陆军医院、军事法庭、实验工厂、靶场、野营基地和一大片辅助建筑，构成了一座规模宏伟的军事学院城。全院有教员2000多名，专家、教授200多名，校官600多名，将军7名。在学生中还有越南等国家的留学生。这里是我国最高的军事学府，也是亚洲最大一所综合性高等军事工程学院，被誉为"中国的西点军校"或"中国的第二黄埔学校"，在全世界也很引人瞩目。

哈军工学员的组成也与其他院校不同。建院初期，学员的来源主要是从各军兵种部队中选调出来的有培养前途的现役军官或者是士兵，被称为是调干生，到哈军工深造。这些人有军人的素质，学习基础参差不齐，年龄也偏大，但他们很刻苦、认真。军工把他们培养成部队装备的维护、保养工程技术人员，毕业后，回到原部队去，都能胜任工作，成为技术骨干。随着军工的发展，培养学员目标的改变，军工招收的调干生逐渐减少，而开始从地方招收高中毕业生，要求学员要学习好、身体好、政治思想好、家庭出身好，先政审，后考试，合格者才能被军工录取。但1960年和1961年两届学员是政审合格后，由各校保送进哈军工的，学习成绩就难以保证，各高中学校不愿意把学习最好的毕业生送到哈军工，而是要他们参加高考，为本校争分、争升学率。只愿意将那些学习成绩中、上等的学生保送到哈军工。另外，学员中还有一个特殊的群体，那就是高干子弟。当时中央高级干部和军队中的将帅们都看好哈军工，纷纷将自己的子女亲属送到哈军工进行培养，以继承父辈的事业。十大元帅中有7位元帅的子女亲属、十位大将中有6位大将的子女进了哈军工，毛泽东主席将自己的侄子毛远新也送到哈军工，真可谓是高干子弟扎堆，使得哈军工一时名声大震，曾与清华、北大齐名。学院名师专家云集，优秀人才齐聚，能进哈军工学习，成了青年学生梦寐以求的奋斗目标。

杨凤田对军工的历史、现状了解得越多，他就越感到自豪，越热爱哈军工，越对未来充满了希望和信心。

大浪淘沙

军训结束后，新学员们集合在大操场上，宣布分配命令。杨凤田被分配到一系（空军工程系）。

他来到教学楼前时，抬头望去，看见的是一座殿宇式高大雄伟的建筑，非常气派、非常诱人。

空军工程系教学楼

在大楼顶部的脊梁上还镶嵌着一排小飞机,"这是什么意思呢?"他很好奇地想着,"啊!是不是代表空军工程系啊?对!是代表空军工程系。"他的思绪豁然开朗了。这时,不知道谁问了一句:"这些楼是谁设计的?这么雄伟、壮观啊!""是著名建筑家梁思成设计的。"有人答了一句。教学楼的东、西、南面还有3栋6层楼的宿舍和3处食堂。杨凤田将在这里学习、生活和操练。

空军工程系教学楼屋檐上的小飞机

杨凤田住的宿舍楼

入系后,他被分到飞机科,编到59－113班。班里共有29个学员,一半是从地方报考来的高中生,一半是从部队招来的调干生。飞机科主任是马明德教授。

入系后第一件事情就是领空军服装。他换上上绿下蓝的崭新军装,扎上武装带,戴上大盖帽,军徽在头上闪闪发光,再穿上黑亮黑亮的军钩皮鞋,显得神采飞扬、精神抖擞,他的脸上露出了无限的喜悦。他与大家不约而同地再次跑到照相馆,拍个全身照,留下了永久不能忘却的记忆。照片洗出来后,看着照片喜不胜喜,立刻把它寄回家,让家人分享他的喜悦。

第二件事是领到了教科书、各种学习用品、用具和生活用品,真是应有尽有。盼望已久的学习生活即将开始了。当他第一次列队去上课时,走进那宽阔、明亮、洁白的教室时,看见整齐摆放着的桌椅,正面墙上挂着一块很大的长方形玻璃黑板,一种学习气氛油然而生。中学时代的学习环境是无法与这里相比的。他能在这样的环境中学习,真是没有想到。这无疑又是激励他努力学习的一种动力。

哈军工时期的杨凤田

紧张有序的学习是快乐的,也是艰苦的。上课时他们要列队前往,并要一路行军一路歌。上课地点有阶梯教室或大教室,有时也在小教室,这取决于上课的人数,课程表上都会标明上课地点。下课时也是一样,要列队回到班级教室或食堂、宿舍。给他们讲课的都是戴着军衔的军官,最小的是中尉,最高的是大校。他们有的是主讲教员,有的是辅导员。每节课教员讲很多内容,有些内容是教科书上所没有的。因此要求学员认真听讲,认真记笔记,精神稍有溜号,就记不下来,只好课后找时间与他人对笔记,补上未记下的内容。每天晚上10点之前为自习时间。消化当天讲的内容,完成作业,预习新课。只有星期天才是自由时间,搞个人卫生、上街购物、洗澡或看电影。学生生活是很紧张的。

1959年中央军委决定将学院培养目标由维护、使用改为培养研究、设计、

杨凤田（后排左一）哈军工毕业照

制造方面的军事工程师。到了 1961 年以后，为了贯彻中央军委广州会议抓教学质量的精神，哈军工坚持又红又专的教学方针，要求学员树立革命世界观，全心全意为人民服务的思想，而学习上也要高标准，赶超清华、北大，以便学员毕业后分配到各科研院所，成为科研设计人员。学院为了提高教学质量，加强了教师力量，调进了国内知名教授、讲师，还增添了教学仪器设备。同时拓宽了学员的专业面，加深了专业知识的深度，学时增多了，课程内容也增多了。这样，学员们整天忙于上课、学习、作业，非常紧张，学员们的学习压力越来越大，大多数人已开始吃不消了，尤其是调干生。学员们感到自习时间不够用，课堂上讲的东西太多，没有时间消化，甚至连作业都来不及做。想开点夜车都不行，因为 10 点必须熄灯上床睡觉。而且学校规定：两科主课考试不及格，再有一科副科不及格，经补考后两科主课仍不及格者要退学转业；如还有一科主课和一科副科不及格，就要降级。为了不让一个阶级弟兄掉队，学院开展了一帮一、一对红活动。担任学员班长的杨凤田帮助吴锡昌少尉，他宁可自己少得一个5分，也不让吴锡昌得一个2分。尽管如此，有些学员还是跟不上，不光是调干生，就连正式招收的高中毕业生也感到非常吃力。特别是60级和61级的学员，因为他们没有经过高考，是保送生，因此有的学习基础较差，影响了哈军工的教学质量。在大浪淘沙中，有的学员就因为考试成绩不及格，退学转业了，他们含着热泪、依依不舍地离开了学院，让他们抱憾终生。有的学员降级了，还有的因为政审不合格被开除了。一个学习班原有20几人，到毕业时只剩下十六七人，有三分之一的人被淘汰了。据不完全统计，1964—1965年两年间，就有300多人离开了哈军工，大浪淘沙是无情的。

大浪淘沙剩下来的自然是金子，杨凤田就是其中的一粒。是金子总是要发光的。在后来的工作中，杨凤田确实发出了金灿灿的光辉，耀眼夺目。

难忘的教诲

哈军工从创建到建设发展，一直得到了党和国家领导人的关怀。周恩来总理亲自主持召开会议，决定从全国各大学选调78名教授、专家到学院工作。党中央决定，邀请80多名苏联专家组成顾问团到学院帮助建设。从1953年9月1日到1963年9月1日，周恩来、朱德、董必武、彭德怀、刘伯承、贺龙、陈毅、聂荣臻、叶剑英、邓小平、彭真等中央首长和8位元帅、6位大将以及军委总部首长共50多位先后到学院视察工作，并做了许多重要指示，为哈军工的建设发展起了重要作用。

杨凤田进入哈军工后，也多次目睹过董必武、刘伯承、贺龙、陈毅等党和国家领导人视察军工的风采，并聆听了贺龙、陈毅元帅的教诲。1961年11月15日，贺龙元帅在罗瑞卿、刘亚楼、陈锡联上将等陪同下，从朝鲜访问回国途中视察了哈军工。那时，正值国家困难时期，全国上下都在节衣缩食，吃不饱，饿死人的事情也时有发生。贺龙元帅非常关心学员们的生活，他亲自到食堂看

1960年11月，贺龙元帅视察学院

1960年11月，罗瑞卿大将、刘亚楼上将视察学院

1963年6月，陈毅元帅视察学院

1965年9月，刘伯承元帅视察学院

看学员午餐吃什么。当元帅走进食堂时，学员们都站立起来，元帅看看每个人碗里都是面疙瘩汤，便问："吃得饱吗？"学员们异口同声地报告说："吃得饱！"然后贺龙元帅走到食堂会计面前，开玩笑地问："你贪污吗？""不贪污！"会计有点紧张地回答。"好！那就好！"元帅边说边向门外走去。"谁是湖南老乡？"元帅又问道，见无人回答，元帅面带微笑离开了大家。其实按照国家规定，军人的粮食定量标准是每月45斤，而这时哈军工学员实际标准是每月30斤。这是怎么回事呢？当时杨凤田是革命军人俱乐部生活部部长，主管伙食。当他看到国家处在困难时期，有的老百姓在吃糠咽菜，他就提议节约粮食，每人每天只吃一斤粮，得到其他革命军人俱乐部的支持。这样他们开始"以菜代饭，吃稀饭"，当时是吃饱了，可过一两小时，肚子就空了，饥饿感就出来了。但学员们

谁也没言语。当贺龙元帅走后的第二天，学院又恢复了原来的定量。据系行政李副主任说，这是贺龙元帅的指示："学员们正在长身体的时候，不能让他们饿着，国家再难，也不要苦了他们。国家给多少，就吃多少。"为了搞好伙食，哈军工组织官兵自己种菜、种粮、做豆腐，还到内蒙古去打黄羊。那里的黄羊很多，用机关枪扫射，然后用卡车拉回来。冬天，在食堂的后院，黄羊都堆成了小山似的。当时军工的生活还是蛮好的，每当想起这些，杨凤田总是有说不完的话。

1963年6月18日，陈毅元帅到哈军工视察，应邀向全院教职员工作报告。那天，天气晴朗，大操场上坐满了人。刘居英院长、谢有法政委陪同陈毅元帅等首长在体育馆大门平台上就坐。杨凤田坐的地方距离体育馆大门平台不太远。他睁大眼睛，把目光聚焦到陈毅元帅的身上，只见他身材魁梧、满面红光，穿一件白色衬衫。讲话时带着浓重的四川口音，洪亮而有力。报告中不时站起来，挥臂做着手势。陈毅元帅重点讲了红专问题，他说："什么是红？'红'就是政治方向，是为谁服务的问题。什么是专？'专'就是专业技术好。我们提倡又红又专，就是要把两者有机地结合起来，既有熟练的专业技术，又有坚定正确的政治方向，自觉地为社会主义服务。"元帅还举了很多例子，进一步说明又红又专的要求。最后元帅还严厉批评了学员谈恋爱的事，"你们年纪轻，有这样好的条件，正是学知识、长身体的宝贵时期，一定要珍惜大好时光，专心致志、集中精力、刻苦钻研、学好本领，为将来工作打好基础。学院规定"两不准"，学习期间不准谈恋爱、不准结婚，我赞成。"元帅还说有违者就是"害群之马"，要赶出哈军工。杨凤田听了陈毅元帅生动、语重心长的教诲，心里感到热乎乎的，并暗下决心：一定要按元帅要求的那样，做个又红又专的有用人才，决不做"害群之马"。

两位元帅的光辉形象，铿锵有力的话语，让他至今难忘，已成为激励他奋勇前进、克服困难的动力。

原检阅台

夙愿得偿

杨凤田早在1959年高中三年级时就加入了共青团。进入哈军工后，在党、团组织的教育下，在哈军工这个红色大染缸的熏陶下，他在政治上、思想上和军事技术上都有很大进步。尤其是听了陈毅元帅的报告之后，更激起了"红"的意识，争取加入中国共产党的决心越来越强烈，于是更加靠近组织，向党交心，听取组织意见，努力克服自己的缺点。而在学习上，也是加倍努力、刻苦钻研。

1963年3月5日，毛泽东主席向全党全军和全国人民发出了"向雷锋同志学习"的号召，《人民日报》、《光明日报》、《中国青年报》、《解放军报》等全国各地报纸都在同日头版显著位置刊登了毛主席的题词手迹……全国掀起了轰轰烈烈的学雷锋热潮。哈军工也是如此，学雷锋活动广泛深入地开展起来了。学员们把学雷锋变成了自己的行动。杨凤田自从向雷锋学习以来，特别是听了雷锋事迹报告团报告以后，他深受感动："这些天来自己经过激烈的思想斗争，比较认真地检查了自己的过去，和雷锋比较起来差得太远了。自己的思想深处还存在着很多资产阶级个人主义和其他非无产阶级思想。因此自己感到必须向雷锋学习，以雷锋为榜样，学习他那平凡而伟大的共产主义品德和精神。"他还认识到："人活着就是为了使别人过得更美好，就是为了在全世界实现共产主义，也就是为了人类的彻底解放而奋斗。这也就是人生的最大幸福与快乐。因此自己下定决心，一定做个名副其实的共产主义者；一个毫不利己、专门利人的人；一个全心全意为人民服务的人。"于是，1963年5月18日他向党组织递交了"入党申请书"。

他在申请书中写道："我也下定了决心，在今后一定听党的话，和党一条心，把自己的一切都交给党，自觉地学习主席著作，严格要求自己，从大处着眼，从小处着手，一点一滴地改造自己，一定刻苦学习、发奋读书，出色地完成党交给自己的学习任务。请组织考验我吧！我一定以自己的行动实现自己的诺言。一定加速改造，争取早日加入光荣、正确而伟大的中国共产党。"

他说到做到，把信念付诸行动。1964年他曾主动给家庭困难的陆志城同学家里寄去15元钱。后来被陆志城和其他同学知道了，得到了同学们的赞扬和领导的表扬，并号召向他学习。

然而，他在哈军工没有实现入党的夙愿。他自己也很纳闷。他想："别人都入党了，自己也不比别人差啊！咋就入不了呢？"后来才知道，是因为他在1959年反右倾的时候，曾如实反映过他家乡的村干部"溜溜达达三千七八，不干活，多吃多占"的现象，被当时的领导认为是不满言论，有右倾情绪。直到反右倾结束"摘解疙瘩"时才告诉他这是误解。但这时已近毕业，造成他在哈军工没能加入党的组织。分到601所后，不久又赶上"文化大革命"，这个时期党组织基本不发展党员，这一等又是七八年。不过他没有灰心气馁，而且要求入党的决心和信心与日俱增。1972年4月，他多年的夙愿终于实现了，成为一名光荣的中国共产党员。党员的称号鞭策他更好地为人民服务，为共产主义事业奋斗终身。

名师出高徒

杨凤田到哈军工后，分到一系一科（飞机科），学的是飞机和发动机设计。但他还没看过真实的飞机和发动机是什么样，只是看见过天上飞的飞机。终于有一天让他如愿以偿。那是入系后的一天晚上，轮到他到一系停机坪站岗放哨。在停机坪上停着两架飞机，一架大的（伊尔18），一架小的（歼5），都用帆布蒙盖着。他很好奇，在大飞机的下面，用手摸摸机翼，用眼睛看看起落架。他想："这飞机真大啊！它在天上怎么就那么一点呢？"再到小飞机那里，掀开蒙布，看看座舱，可天太黑，看不清楚，不过有的仪表还发亮呢，这让他着实开了眼界。不过这飞机是怎么设计出来？是怎样造出来的？又是怎么飞上天的？一连串的问题，他一个也答不出来，脑子里一片空白。孟子说过："饥者易为食，渴者易为饮"。杨凤田这时对航空知识真是既饥又渴。俗话说："不怕识浅，就怕志短"，杨凤田是胸有凌云志的青年，他相信自己，在以后的学习中一定会找到答案的。

哈军工有一支具有一流学术水平的教师队伍，给杨凤田上课的就有飞机科主任空气动力学专家马德明教授，空气动力学教研室主任岳教授，讲《机械原理》的杨中书教授，讲《飞行动力学》的刘千刚教授，讲《飞机原理》的杨庆雄教授，讲发动机原理的发动机专家董绍庸教授和讲《结构力学》的陈伯平教授，还有讲数学的金教授。他们讲课严肃认真、思路清楚、推理严谨，讲出口的每一个字，几乎都是不可

1961年6月在哈尔滨时的杨凤田

缺少的。如果把他们在课堂上讲授的内容全部记下来，那就是一本很好的教材。他们不仅在学术上严以律己、为人师表，而且对学员也严格要求、一丝不苟。像岳教授讲空气动力学从来不用备课，上课时只带一个粉笔盒，深入浅出地讲课，把摸不着、看不见的空气动力学原理讲活了。杨凤田就是听了他的讲课，才知道飞机是如何飞起来的。再如杨中书教授，性格直爽，虽被错划为右派，但他治学仍很严谨，对学生要求非常严格。一次期末考试，他出5道题，据说是英国牛津大学的考题，题题相扣，第一道题答不出来，休想做第二道题，第二道题答不出来，第三道题也无法下笔。考试的结果29人只有7人及格。杨凤田还好得了4分。

哈军工在教学中，不仅重视基础教育，重视专业知识的学习，也重视专业面的扩展。杨凤田还学习了飞机自动化、无线电、各功能系统的工作原理和相关知识，这为他后来搞飞机总体设计打下了良好的基础。

另外，哈军工还注意理论联系实际，培养学员的独立工作能力。哈军工自己办有"四海机械厂"。杨凤田在这里实习，学会了车、钳、铣、刨、磨和木工的技能。一年级下学期，他到鞍山空一师下连队当兵一个多月。那里有歼6飞机。他和地勤兵同吃、同住、同出操，一起维修飞机。从此他对飞机有了亲密接触，有了感性认识。毕业前夕，他又到空一师和沈阳黎明发动机厂实习一个多月，亲眼看见发动机是如何生产、制造出来的。这对他的毕业设计起了很大的作用。

在哈军工学习的5年里，虽然学习也有压力，但比起其他同学来，他是轻松的。在三年级下半年，他由于神经衰弱住进了医院，一住就是4个月。为了不影响学习，他向班长孙玉峰借笔记看，自学课程，到期末考试时，成绩仍然优秀，两个5分、两个4分。尤其是毕业设计，那是考核学员真实学习成绩和综合能力的大考。杨凤田在董绍庸教授的指导下，设计出了后风扇发动机，受到了好评。有句谚语说得好"塞门出英雄，名师出高徒"，杨凤田在哈军工学习5年，学习的主要课程有24门，其中9门优秀、14门良好，只有1门是合格。平均分数为4.34分，班里排名第二。在那大浪淘沙的年代里，有这样的成绩实属不易了。

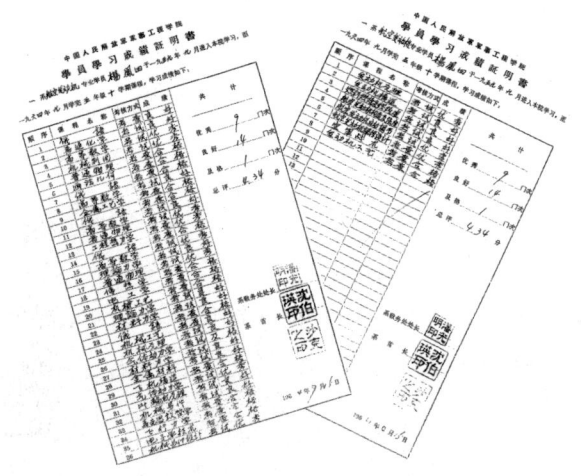

杨凤田哈军工毕业成绩单

一系给他的毕业鉴定是：

"能够开展批评与自我批评。对同志关心体贴、热心帮助。对工作积极热情、大胆泼辣，有一定的活动能力。关心集体，能较经常地进行谈心互助活动。能服从领导，执行上级的规定及制度。专业学习态度端正，理解和接受能力强，学习方法较好。虽因身体生病，误课较多，但能主动补上。学习中能帮助别人，独立工作能力较强，知识掌握较牢固，成绩优良。六三年曾被评为系积极分子一次，六四年曾被评为系优秀团员一次。"

积极分子证书

杨凤田 18 岁考入军工，毕业时 23 岁。在这 5 年里，他长了身体，学到了知识，成为一个既懂科学技术，又有坚定正确政治方向、自觉为社会主义服务的标准军人。军工的严格军训、紧张的学习生活，培养了他吃苦耐劳、坚定自信、大胆泼辣、勇往直前的性格。哈军工为他走向工作岗位铺垫出一条光明大道。

哈军工首先是军事院校，同时也是培养高级工程技术人才的高等院校。为我国培养了 100 多位将军，100 多位省部级领导、两院院士和数以千计的高级工程技术人才。杨凤田正是哈军工培养出来的两院院士之一，他为哈军工争了光、争了名，是哈军工的骄傲。

第四章　初露锋芒

踏进航空报国之门

经过 5 年的刻苦学习，杨凤田以优异的成绩从哈军工毕业了，被分配到地处沈阳的"中国人民解放军总字 922 部队"（1965 年 1 月改为三机部第六研究院第一研究所，简称 601 所）。

601 所地处沈阳市皇姑区后塔湾地区。沈阳是一座历史悠久，多民族共同开发的文化名城。因地处古沈水（现浑河支流）北岸而得名，素为举世瞩目。在逝去的漫长岁月里，尤其是近两三个世纪以来，在这方圆 8500 平方公里的土地上，曾爆发过多少震惊中外的事件，开创了多少绚丽夺目的文化遗存。

沈阳地区孕育了辽河流域的早期文化，是中华民族发祥地之一。沈阳城里现在仍保存着除北京故宫之外保存最完整的皇宫建筑群——沈阳故宫；在苍松古柏掩映中清昭陵（北陵）、清福陵（东陵），优雅庄重，成为文明遐迩的名胜古迹，被列入"世界文化遗产名景"。现代史迹有张氏父子（张作霖、张学良）官邸——大帅府；中共满州省委旧址；周恩来少年读书旧址；"九一八"历史博物馆；著名棋盘山风景区；森林野生动物园……风光旖旎，景色迷人。

现在，沈阳是辽宁省会，东北地区的经济、文化、交通和商贸中心。这样的地理环境为 601 所设计研究新型飞机提供了有利的条件。特别是飞机生产基地——112 厂（现沈飞公司）就在这里，离 601 所不足 10 华里。发动机生产基地——410 厂也在沈阳。这十分有利于厂、所结合，科研、生产相结合。技术人员与工人相结合，从而促进科研生产的顺利进行。

601所组建于20世纪60年代初期，那时我国正处在国民经济调整时期。由于1958年"大跃进"、"反右倾"的错误，加上当时出现的自然灾害造成我国国民经济的严重困难。世界上两个超级大国又加紧推行侵略和霸权主义的政策，美国长期敌视中国，实行封锁、禁运，不断侵扰我国领海领空。苏联政府于1960年8月撕毁合同，撤走专家，使我国社会主义建设主干工程、军事工业和尖端科研遭到极其严重的损失。面对两个超级大国的挑衅，有志气的中国人民，在中国共产党的领导下，遵照毛主席"独立自主、自力更生"的教导，克服了重重困难，战胜了自然灾害，胜利完成了第二个5年计划，为社会主义建设打下了初步的基础。

建所时期的施工现场

然而，航空工业在"大跃进"错误路线的指引下，自行设计超声速飞机3年没有成功，仿制的跨声速米格-19飞机质量长期不能过关，交付不了部队。人民空军装备的都是从国外买来的飞机或按外国图样仿制的飞机。在这种情况下，贺龙元帅视察了航空工业，对此提出了严厉的批评。于是中央军委决定组建航空研究院（简称六院），目的在于集中力量、形成拳头，加快航空事业的发展，从而使我国航空科研事业的发展进入一个新的历史时期。

根据航空科研任务的需要，经总参谋部批准，六院组建10个研究所。第一研究所（简称六院一所，即601所）为战斗机设计研究所，负责飞机的总体设计和研究工作。1961年8月3日在沈阳召开了601所成立大会。国务院任命刘鸿志为所长（后任六院院长），翟曾平为政治委员。国防部任命徐舜寿（新中国第一位飞机设计师）、叶正大（后任国防科工委科技委副主任）为副所长，黄志千为总设计师（我国自行设计飞机的奠基人）。

601所原行政大楼

601所人员来自3个方面：一是三机部四局设在112厂的飞机设计室人员（234人）；二是哈军工参加"东风"113飞机设计人员（39人）；三是组建不久的空军第一研究所的人员（711人）。

601所组建初期地址位于沈阳市小河沿地区，1962年下半年，接收位于沈阳市皇姑区后塔湾地区的炮兵侦察学校兵营，营区占地面积为73公顷，但建筑面积小，设备简陋，人烟稀少，一片苍茫。601所只好一边进行科学研究，一边改建车间和实验室，边干边建，从无到有，从小到大，逐渐完善，现在已是一座现代化的飞机设计研究所了。

空军刘亚楼司令员在六院成立大会上，代表中央军委宣布："六院的方向任务是生产和使用单位一起，共同发展我国的航空事业。在开始时以搞战斗机为主，兼顾并逐步掌握轰炸机，通过仿制到自行设计，研究试制比较有把握的飞机。在最近3年（1962—1964年）内，主要是仿制、摸透米格-21飞机，并兼带解决米格-19的返修工作。在摸透米格-21飞机的基础上，自行设计新战斗机。"

601所成立后，首要任务就是遵循中央军委确定的"从仿制走向自行设计"的方针，集中主要力量摸透米格-21飞机的设计图样和技术资料，在摸透的基础上自行设计比米格-21性能更好的飞机。

经过全所职工的共同努力，预期完成了摸透任务，而且对原图样和技术资料中的错误和不协调的地方进行了更改，向112厂提供了成套完好的设计图样和资料，受到112厂的好评，为飞机散装件装配和仿制歼7飞机（米格-21）提供了技术保障。

1962年2月，601所还派出胡除生同志任组长的工程技术员到112厂配合完成了15架米格-21飞机散装件的装配工作。直到1964年5月首架米格-21飞机试飞合格，同年9月首批10架米格-21飞机出厂，交付部队使用。

另外，在20世纪60年代，同我国处于敌对状态的国家和地区，北自南朝鲜、南至南越吴廷艳集团及台湾的蒋介石，经常出动高空和低空侦察机，各式战斗机对我边防、领海、领空进行骚扰破坏，我英勇的空军高炮部队每取得一次空战胜利，就给我们提供一次无法通过正常途径得到的航空科技成果和情报资料的机会。601所曾派专人直接参加对被俘的飞行员的审讯，从俘虏口供中获取敌机的飞行和使用数据。还先后对《RF-101飞机残骸》、美制《U-2飞机残骸》进行分析研究，这对我们自行设计新战斗机十分有益。

1964年9月，国防科委批准将原国民党上尉徐廷泽驾机起义飞回祖国的F-86飞机借给601所进行试验研究，无疑又为601所新机设计提供了技术借鉴。

第四章 初露锋芒

在上述工作中，601所的科技人员得到练兵的机会。既提高了科研设计的理论水平，又取得了实践经验，科研队伍成长壮大起来，这就为自行设计新战斗机打下了良好的技术基础。

1964年8月下旬，被分配到601所的哈军工毕业生一行20几人在庞凤歧、杨凤田的带领下，到沈阳报到，踏进了航空报国之门。

当杨凤田踏入601所大门的时候，601所已成了空军战斗机的设计研究基地，培养航空英才的摇篮。此后他一直生活、学习、工作在这里。他就像一粒颗粒饱满的种子，播种在601所这块肥沃的土地上，饱受阳光的沐浴、雨露的滋润，生根、发芽、开花结果。

光阴荏苒，他在这里已度过了46个春秋，几经蹉跎，从一个生龙活虎的青年，已成为一位鹤发童颜的古稀老人。但他很欣慰、很自豪，当他回首往事的时候，他已把自己的青春、自己的才华全部献给了601所，圆了自己的航空报国之梦。杨凤田正是在601所这只摇篮里成长起来的中国工程院院士。因此，他一直深爱着601所。

是601所给了他春天，冰雪的融化，让他知道了人生的短暂；
是601所给他了夏天，阳光的沐浴，让他身体有了加钙的尊严；
是601所给他了秋天，累累的硕果，让他尝到了收获的喜悦；
是601所给他了冬天，白茫茫的冰雪，让他经受了寒冬的历练；
他还知道是601所给了他高尚的人格，渊博的学识，让他懂得了奉献。
在他的心中还蕴藏着一个赤诚的心愿，
无论何时何地，哪怕是有那么一天，也要像战士一样，
为601所站岗放哨，护卫他深爱的家园。

"凤"舞蓝天——记中国工程院院士杨凤田

接受再教育

1964年8月，杨凤田到601所报到后，被分配到飞机总体设计室（一室）负责飞机总体设计研究、协调任务。不过他没有马上投入设计工作，而是根据领导的安排先参加"四清"（清政治、清经济、清组织、清思想）接受再教育。1964年9月1日，哈军工建院11周年庆典大会上，刘居英院长传达了毛泽东主席的指示："阶级斗争是你们的一门主课，如果不补这一课，哈军工给你毕业证书，我也不承认你毕业。"这个指示是暑假期间毛主席对其侄子毛远新说的，毛远新回学院后向刘院长汇报的。根据这一指示，罗瑞卿总参谋长批示：军工学院的全体官兵包括刚毕业分到军队院校的所有学生都必须参加"四清"运动，进行社会主义教育，这是百年大计、千年大计。

根据罗总长的批示，601所组织新来的大学生参加"四清"运动。按辽宁省的统一安排，601所组成两个"四清"工作队，一个开赴辽宁省开原县莲花公社。601所与辽宁省西丰县人员组成一个"四清"工作队。工作队队长是原西丰县县委书记孙维本同志，副队长是原601所干部科科长那树范同志。为了提高"四清"队员的政策水平，搞好"四清"运动，临行前进行了动员和学习。这次参加"四清"工作的目的是对刚来所的大学生进行一次阶级斗争教育，在大风大浪中锻炼成长，提高阶级斗争觉悟，树立无产阶级世界观。要求队员要做好思想准备，过好生活关、劳动关和阶级斗争关。杨凤田是个热血青年，听了动员报告后，已经热血沸腾、精神振奋，他要珍惜毛主席给的这次机会，决心在大风大浪里摔打自己，在现实生活中学习阶级斗争，提高阶级觉悟，成为真正的无产阶级革命接班人。因此，在学习党中央制定的"前十条"、"后十条"以及刘少奇夫人王光美的"桃园经验"时，他特别认真，对每句话每个字都仔细琢磨，认真领会。通过学习，他知道了"四清"的对象、"四清"的政策和"四清"的方法，为搞好"四清"工作做好了准备。

第四章 初露锋芒

杨凤田被分配到莲花公社莲花大队一小队，该大队"四清"工作组组长是西丰县副县长丁跃林同志，与杨凤田同去的601所人员分到莲花大队还有黄生月、赵峰、刘雅琴等人，并由黄生月和杨凤田带队负责。

根据"四清"工作队的规定：所有"四清"工作队队员必须遵守"四同"、"五不准"。"四同"是：与贫下中农同吃、同住、同劳动、同商量。"五不准"是：不准吃鱼、肉、蛋、面与大米，当然也不准喝酒。其实在实际执行中，凡是认为是好吃的，都不准队员吃，即使是农民给做了也不准吃，而且也不准到商店买着吃。如果吃了，就视为违犯"四清"纪律，将受到惩处。

杨凤田进入一小队后，被安排到一个姓陈的贫农家里，房间不大。为了防寒保暖，各家都是南北炕。南炕住着陈家夫妻及孩子，北炕住着杨凤田等几个工作队队员。两炕之间的距离只有1米多，没有任何遮挡。当时并没有人认为这是有伤大雅的事情。

这里的农民生活很困难，3年自然灾害的影响还没有完全过去，不少人家缺粮少柴。一般人家一天两顿稀饭，没有什么菜，有咸菜吃就是好的了。"四清"队员入住后派饭吃（地富反坏右家不派），可谓是吃"百家饭"。如果派到较富裕的人家，还能吃顿饱饭。如果派到生活困难的家里，那就不好说了。往往是吃高粱米稀粥，粥里的米粒都可以数出来，其实就是米汤，喝了两碗，肚子饱了。可过一两小时，上两次厕所，肚子就空了，饥饿感就出来了，又不能买东西吃，只好忍着、挺着。虽然杨凤田是在农村长大的，但也没有受过这样的苦，现在才体验到饥饿的滋味。可杨凤田毕竟还年轻，还可以挺住。然而从西丰县来的地方干部，有的年岁较大，平时生活条件比较优越，面对这样贫苦的生活，个别人就挺不住了，竟偷偷地买点吃的，不小心被别人看见了，结果挨了批评，做了检查，很是丢面子。

有一次，杨凤田被派到一家吃饭，这家做了一盘炒菜，看上去黑糊糊的，像木耳又不是木耳，吃起来没啥味道。由于他已是饥肠饿肚，哪管什么黑与白，有味没味，填饱肚子是真的，直到吃完，才想起来问那是什么菜。这家大嫂告诉他："这是野地木耳，特意给你们采来的。""谢谢大嫂了，吃起来很香啊！"杨凤田表示了谢意。

到了春节的时候，"四清"队员没有回家，而是集中到西丰县进行整训。601

所的政委于达康是西丰县解放后的第一任县委书记。所以西丰县对601所的"四清"工作队接待得非常好。虽然当时很困难，西丰县还是杀了大肥猪招待他们。杨凤田在这里才吃上大碗猪肉，"那个香啊，真是太解馋了！"饭后他还回味着那碗肉的余香味。整训7天，美美享受一把。春节过后，又回到了"四清"工作点。

进入冬季，正是北方的农闲季节，农民们都在家猫冬，因此"四清"工作队员也没有更多的农活干。杨凤田就主动找活干，给劳动力少的人家挑水、拾粪、扫院子。开春了，农民开始准备春耕，杨凤田帮助贫下中农刨粪、运粪。那可是力气活，经过一冬的粪堆冻得结结实实，像铁铸的一样，必须用镐头刨，不用劲是刨不动的。刨几下，就满身是汗，衣服都湿透了。当杨凤田看到农民刨得很轻松时，深感自己不如农民，缺少劳动锻炼，应向农民学习。

"四清"工作队进村后，第一项任务是扎根串联，访贫问苦。第二项任务是清理阶级队伍，挖出"四不清"分子和地富反坏右分子。为此，"四清"队员白天挨家挨户走访，收集情况。晚上开会宣讲"前十条"与"后十条"等"四清"政策，发动群众、提高认识，让他们积极投入到"四清"运动中来。杨凤田的任务是训话，是攻心而不是攻身。所以他用阶级专政的理论，去教育、改造那些坏分子，让他们知罪守法，重新做人。

随着运动的深入发展，上级的政策发生了很大变化。按照"双十条"的规定，这次运动是对农民进行社会主义教育，解决"四清"与"四不清"的问题，是属于人民内部矛盾。运动正在轰轰烈烈进行的时候，1965年1月，党中央又发布了二十三条，这个文件的内容与双十条是相左的，运动的目的是整党内的走资本主义道路的当权派，巩固和发展城乡社会主义阵地，运动的性质已变为敌我矛盾。这一突然的变动，"四清"队员头脑一时转不过弯来。于是"四清"总队把所有队员集中到县城，集中宣讲二十三条，让大家领会其精神实质。开始时，杨凤田也不理解，"为什么政策有如此大的变化？"农村一个普通干部，尽管有这样、那样的问题，也够不上走资本主义的当权派呀？也划不成敌我矛盾呀？于是，他的工作积极性受到一定影响，"四清"队员之间也出现了意见分歧。而更重要的是，农民参加运动的积极性也大为下降，甚至是躲着"四清"

队员。因为他们知道,"四清"队员是"飞鸽"牌的,而自己是"永久"牌的。如果给领导干部提了意见,将来"四清"工作队走了,干部又重新站起来,他们会倒霉的。这样"四清"工作就很难进行下去,由轰轰烈烈逐渐变成冷冷清清。没等"四清"工作结束,601所的"四清"队员就撤离了开原县,结束了"四清"工作。而西丰县的同志留在那里,继续做完善后工作。

后来杨凤田知道了政策变化的原因,是党中央领导人之间发生了分歧,毛泽东指责刘少奇形"左"实"右",是机会主义,于是废除双十条,而制定出二十三条。杨凤田是政策的执行者,理解的要执行,不理解的也要执行。"四清"运动中哪些事做对了,哪些事做错了,他自己也无法说清楚。

但是"四清"运动,确实给他一次很好的锻炼机会。再次体验了农村贫穷、落后的现实,亲历了农村的苦和累,得到了锻炼,经受住了考验。通过运动,增强了辨别是非的能力,提高了政策水平,同时也为他的人生敲起了警钟。在任何时候、任何地方、任何情况下,都不能有侥幸心理,以权谋私,去贪、去占,要遵守党纪国法。他要永远做一个清正廉洁的人,有益于人民的人。

最难忘的是歼8首飞

1964年7月,六院向所属单位下达了"米格–21飞机改型方案研究任务的命令"。

1965年5月17日,罗瑞卿总参谋长正式批准新战斗机为"歼8飞机"。由于与飞机配套的交流电源系统和新型雷达等设备赶不上飞机的研制速度,经上级批准,只好先研制配装测距器和直流电源系统的"白天型飞机"。从此,601所开始了自行设计研究飞机的历程。全所职工热情高涨,积极投入到新机研制中去,走出去到工厂参加仿制,到部队调研征求使用方意见,钻到资料室里收集资料,坐下来讨论方案,真是一派热火朝天的景象。

"凤"舞蓝天——记中国工程院院士杨凤田

歼 8 首飞准备工作

"四清"结束后，杨凤田回到总体室，立即投入到新飞机的设计中。这是他多年的期盼，他要使出全身的力气把理想变成现实。

总体室是 601 所的龙头室，而总体组又是总体室的核心组。设计新飞机，首先要进行飞机的总体设计、设备协调和飞机性能计算，然后才能进行飞机结构设计、强度计算、系统设计等工作。1965 年歼 8 飞机已经进入打样设计阶段，杨凤田有幸跟随叶正大副所长到 606 所协调 815 甲发动机，并由他起草了技术协议，又代表 601 所签字。这是他参加工作后第一件有成就感的工作。调整飞机的重心，这是飞机设计中最重要的工作之一。调整重心的方法很多，每个总体设计人员，根据自己的设计经验和思路，都可以提出一种调整重心的方法。但要从中找到一个最佳方案却不是件容易的事，经多方努力，认真讨论协调，最后认为杨凤田提出的方案（将发动机延伸筒延长 550 毫米，机身加长 400 毫米）是最佳的。飞机要不要加超载油箱，成了总体设计的另一个争论焦点。为此杨凤田特意到鞍山空一师调研，同飞行员、地勤人员在大树底下促膝座谈，他认为加装超载油箱利大于弊，得到了一致认同，使争论平息。他还负责飞机 14 - 16 框油箱区的协调打样工作，与其他同志一起确定了各油箱的油量、容积。杨凤田所做的工作，对于一个有经验的老同志来说，应该是不难的。可是，杨凤田是刚参加工作不久的新同志，就能够独立完成上述任务，实属难得。

杨凤田（左一）与飞行员鹿鸣东（右一）等交谈

杨凤田工作不错，自然受到好评，不过他的心里并不平静。1965年6月1日，根据上级的指示，601所就地集体转业。杨凤田只好摘下领章，帽徽，别无选择。从投笔从戎到集体转业，他的军人生涯只有6年时间，这是杨凤田没有想到的，也是不情愿的。他仍愿意穿那无领章的军装，戴那顶无帽徽的帽子，直到穿旧、戴烂，在他的心中他仍然是个军人。

杨凤田在哈军工最后学的专业是发动机。在601所搞总体设计，总觉得不如搞发动机好。当时，曾辅导杨凤田毕业设计的董绍庸教授已调至六院任总工程师，曾表示愿意带他到624所去从事发动机试验研究工作，他也有意前往。工作上的不安心，被室主任谢光看出来了，找他谈话："你在这干3年，行就留下，不行就放你走。"在那个年代，正是601所贯彻聂荣臻元帅"科研十四条"的时候，鼓励科研人员钻研业务，大练基本功。在这种氛围下，杨凤田按谢光的要求，开始自学空气动力学、结构力学等相关知识，还翻译一本俄文版《现代飞机燃油系统》。他的基本功大有长进，逐渐对飞机总体设计产生了兴趣，调走的念头逐渐淡薄。

1966年初，歼8飞机进入了发图试制阶段。为了迎接这一鼓舞人心的战斗任务，601所于3月下旬进行了全所动员，号召全体科技人员上歼8研制第一线，后勤保证部门要一切为一线服务。辽宁省委和沈阳市委对歼8飞机的研制工作也十分关心，给予了有力的支持。沈阳市委还于1966年3月25日发来《给试制歼8飞机及发动机全体同志的一封信》，"祝同志们旗开得胜，获得辉煌成就！"党的关怀，犹如春风，温暖着广大科技人员、工人、干部的心，激励着他们奋发努力，为早日试制出歼8飞机做出贡献。

1966年4月初，601所组织500多人的歼8现场设计队伍，扛着行李，抬着桌椅，登上大卡车开进112厂。科技人员在112厂的设计楼和各车间的地下室摆上设计图板，在昏暗的灯光下，开始详细设计，为工厂试制提供生产图样。兵马未动，粮草先行。后勤部门早在工厂为技术人员搭好了通铺。技术人员到达后，他们就把做好的饭菜送到设计现场。尽管吃住和工作条件较差，但技术员们人人精神饱满，干劲十足，勤奋工作。为了抢时间、争速度，许多技术人员连续几昼夜不离工作现场，饿了啃口馒头，困了爬在图板上打个盹，醒来继续干，有股战天斗地的精神。这样于1966年8月就完成了图样设计。

图样发到了112厂，开始了飞机的试制工作。但是这时"文化大革命"席卷全国，601所与112厂的各群众组织也群起效尤。主要党政领导被扣押、揪斗、专政。一时"夺权"、开除党籍、"打倒"和打砸抢之风甚嚣尘上，科研生产遭到严重破坏，歼8飞机的研制受到严重冲击。直到1968年9月中才进行歼8静力破坏试验。杨凤田第一次观看这样的试验，有比较深刻的印象。1969年7月5日，歼8 01架飞机经过充分严谨的试飞准备，具备了上天试飞的条件。601所派500多人到试飞现场观看了歼8飞机首飞，杨凤田也随队而行。

当日清晨，天空晴朗，微风习习，旭日透过薄纱般的云层把金辉洒遍祖国大地。一架暗黄色的歼8飞机停置在机场南端，振翅待飞。9点30分，两颗绿色信号弹射向空中，飞行指挥员苏国华立即下令飞机起飞。只见飞机冲向九霄，绕场飞行，矫健的雄鹰，欢快地在机场上空盘旋着。主持试飞的空军副司令员曹里怀，观看试飞的陈锡联、曾绍山以及三机部、辽宁省、沈阳市革委会的负

第四章 初露锋芒

责同志，601所、112厂、410厂等单位的领导、技术人员、工人等，仰望雄鹰在蓝蓝的天空中翱翔，穿过那朵朵白云，恰如一幅多彩的画卷，美不胜收。当歼8飞机爬升到3000米高处时，绕机场盘旋，两次通过机场上空后，徐徐下降，非常平稳地着陆。飞机滑行一段距离后，放出两具白色着陆伞，滑行速度很快减慢下来，歼8飞机安全归来了。"首飞成功了！"机场上响起欢呼声和雷鸣般的掌声。有的振臂欢呼，有的欢喜雀跃，有的热泪盈眶。那真是：

　　　　天空晴朗微风熠，
　　　　旭日金辉洒大地，
　　　　雄鹰首击白云间，
　　　　人群欢呼草坪里。

杨凤田看着自己参与设计研制的飞机，飞上了蓝天，首飞成功了，心情无比激动。他与战友们热烈握手互相祝贺着，这一场面让他永生难忘。当他成为院士接受记者采访时，还动情地说："到现在为止，我来所工作40多年了，从事歼8系列飞机的研制，难忘的事很多，最难忘的是歼8白天型飞机首飞，这是我终生最难忘的，是我第一次看到我参加设计的飞机从地面上飞起来。"

歼8首飞现场

首飞成功以后，领导接见了首席试飞员尹玉焕和全体机组人员。曹里怀副司令员说："我代表空军党委、空军部队向参加歼 8 飞机研制的工人、设计人员和干部致敬……歼 8 飞机是架好飞机，一定要支持这架飞机！" 7 月 9 日还给毛主席发去了《报喜书》。

由于"文化大革命"的影响，歼八机研制进度受到很大影响，直到 1979 年 12 月底才完成设计定型试飞，具备了设计定型的条件。

1979 年 11 月，601 所、112 厂开始对设计定型图样、资料进行预鉴定工作。当时任总体室副主任的杨凤田组织有关人员对歼 8 飞机的总体、气动力的图样、技术资料进行严格审查，确保没有差错。然后参加了歼 8 设计定型技术鉴定会和航空产品定型委员会设计定型现场办公会，在会上解答代表们提出的有关问题，为歼 8 设计定型提供了技术保障。1980 年 3 月 2 日，常规军工产品定型委员会批准了歼 8 飞机设计定型。

1979 年 12 月 31 日，歼 8 白天型设计定型大会会场

歼 8 飞机从设计开始到首飞仅用 4 年时间。但由于"文化大革命"，拖了 10 年才完成设计定型，这在中国的航空史上是绝无仅有的。

在歼 8 飞机设计定型后的 4 年间，先后交付空、海军部队。在部队试用、服役期间，既接受了考验，飞出了性能，达到了或超过了原设计指标，也暴露了一些技术问题，出现过重大事故。但在设计人员、工人、干部和解放军的共同努力下，排除了故障，解决了问题，使歼8飞机的声誉与日提高，作战性能日渐增强，已成为当时部队的主战机种。每当杨凤田等参研人员看到"美男子"般的战鹰从头顶掠过，听见那震耳欲聋的轰鸣声时，心里就会有一种无比的自豪感，脸上总会浮现出一种欣慰的笑容。正是歼8飞机让他有初显身手的机会，经受了锻炼、提高了水平、丰富了知识、积累了经验，造就他成为一名具有真才实学、经验丰富的航空工程技术人员。

在歼8飞机设计定型后，虽然已交付部队使用，但它不满足部队的作战需要。因为1965年中央军委批准研制的歼8飞机，本来就是全天候型的高空高速战斗机。由于歼8机拟采用的交流供电系统和新雷达的研制进度赶不上飞机的研制进度，无奈只好先研制歼8"白天型飞机"。然而它只能在白天作战使用。因此使用部门要求尽快研制歼8"全天候飞机"（歼8A型飞机）。全天候飞机在歼8白天型飞机基础上，加装（或改装）204雷达、506电台、50瓦短波电台、960杂波干扰机等11项电子设备，为此载机要做相应的改动。重新发图，补做试验，补充试飞。经过8年的风风雨雨、艰苦奋斗，于1984年12月通过了设计定型技术鉴定。

歼8白天型飞机与全天候型飞机研制成功并投入批生产，装备了部队，不但大大增强了国防力量，而且开辟了我国航空工业从仿制到自行研制设计的新纪元。通过两型飞机的研制，601所积累了宝贵的经验，培养了一大批科技骨干和有才华的管理干部，为我国进一步研制下一代战斗机打下了坚实的基础。走出了一条"独立自主、自力更生"、"从仿制摸透到自行设计"的道路。而且，歼8飞机成了中国自行设计战斗机的"母机"。在歼8飞机的基础上，对结构不断更改、设备不断完善、性能不断提高，相继研制出了歼8B、歼8C、歼8D等飞机，如同美国的"F"型、苏联的"米格"型系列飞机一样，在中国形成了"J8"型系列飞机，适应了空、海军不同时期、不同地域、不同敌机的作战需要，捍卫着祖国的大好河山不受侵犯。而重要的是通过歼8系列飞机的研制，不仅培养、锻炼出一批科技人员、工人和管理干部,还磨砺和培养了中国的空、海军队伍。有一批能熟练驾驶歼8系列飞机的英勇善战的飞行员,技术熟练的飞机维护人员。使空、海军不断成长壮大,壮了军威,壮了国威,备受世界瞩目。

歼8白天型和歼8全天候型飞机研制成功是我国航空科研领域里的重大科技成果。1985年10月,经国家科学技术进步奖评审委员会评定核准,授予其国家级科技进步奖特等奖。601所代表获奖者是顾诵芬、王南寿、叶正大,但大家都知道这份奖是集体荣誉,包含着杨凤田等广大技术人员、工人和干部的辛苦、智慧、心血和功绩,他们都为此而感到高兴和欣慰。

奖励证书

奖杯

奖牌

第五章 创业样板

白手起家

时光进入1974年,"文化大革命"还在如火如荼地进行着,各类学校尚未复课,青年学生大多流散在社会上,成为社会和家庭的负担。正在这时,湖南省株洲市创造了知青下乡的新办法,即由单位派干部把知识青年带到农村去创业,接受贫下中农再教育。当毛泽东主席闻知此事后,很合他意,得到了他的肯定和支持。于是湖南省株洲市的经验在全国推广开来。辽宁省立刻响应,快速布置。1974年5月,601所成立了知青办公室,又从中层干部中按优中选优的要求,选出管德、罗又根、赵国苏、杨凤田等20多名带队干部,分别带领601所的知识青年下乡,到广阔天地去锻炼,到农村去创业,接受贫下中农的再教育。

根据所里的安排和学生家长的要求,杨凤田被派到辽宁省铁岭县白旗公社哈尔边大队知青点。由于知青中女青年比较多,又派王荣同志协助杨凤田工作。哈尔边大队地处半山区,由10个生产小队组成,位于白旗公社的北边,离公社所在地大约8华里。

1974年7月,杨凤田在知青办主任柳华峰的陪同下,到白旗公社考察,并协商单独建立知青点的事宜。白旗公社同意在哈尔边大队二小队附近的山里建知青点,由10个小队各抽出一些土地交由知青耕种,其中有旱地,也有水田。还各抽一头牛交由知青队使用。再加上601所同意支援一辆马车,还给一台手扶拖拉机。有了土地和生产工具,知青创业就有了基础。

"凤"舞蓝天——记中国工程院院士杨凤田

带队干部、军队干部及地方干部（后排左三为杨凤田）

要在偏僻的穷山沟里，白手起家创建一个知青点困难多多。要把那些刚走出校门、初次离开父母和都市生活的十八九岁的中学生带到穷乡僻壤，安心地开荒种地、自食其力也不是那么容易的事。要解决几十人吃的、住的、用的、玩的，没有经费、没有物资，两手空空，一无所有，如何解决呢？

杨凤田有一颗火热的心，有一个聪慧的头脑，有一套办事的方法，这就是他的本钱。面对诸多困难，他从容不迫，知难而进，势如破竹。

诸难之中住为先。在北方，入秋以后，天气逐渐转凉，凄风冷雨、严霜盖地；一入冬季，就开始大雪纷飞，天寒地冻，鼻孔边和睫毛上都会结冰。如果知青们到了知青点没有房子住，其后果就可想而知了。只有安居才能创业。杨凤田决定首先解决住房问题。他经过设计和计算，先在601所筹集到建房的材料；7月中旬，他带领有关工人及部分下乡知识青年组成先遣队，用汽车把建房材料运送到知青点。在山坡上，自己动手建房。他同知青们同住、同吃、同劳动，晴天一身汗，雨天一身泥。在他的带领下，不到一个月的时间就盖起了4栋平房，有宿舍、厨房、食堂、办公室、仓库等。按北方农村的习惯，宿舍里搭起了火炕，在外走廊生火烧炕，既暖和又干净。每间宿舍住4个人，一人一个吊柜。洁白的墙壁、水泥的地面，显得整洁、明亮，这在农村也算不错的住房了。

水是生命之源，做饭、饮用、洗衣服都离不开水，知青一入住就要有水。杨凤田又到处寻找水源，功夫不负有心人，终于在附近一个山上发现了一眼泉水，他用手捧点水，喝上一口还很甜，"水是可以饮用的"，他对身边的人说。于是他就组织人员把这眼泉水砌成水井，再从601所找来300多米2英寸的不锈钢管，把水一直引到知青点的厨房，知青们可以用上"自来水"了。这样又解决了饮水问题，为知青入住创造了条件。

1974年9月3日，30多名知青正式进入知青点。在杨凤田的组织下，召开了进点后的第一次大会，正式宣布成立"601所知识青年哈尔边创业队"，选举了队领导。杨凤田在讲话中，对创业队成立表示热烈祝贺，同时也提出了希望和要求。为了加强知青点的领导和技术力量，哈尔边大队向青年点派了3位老农，帮助和指导知青耕种，学习农业技术。

1994年9月4日，杨凤田（右二）重回哈尔边与带队干部和村干部合影

创业艰难

创业队成立后的第一仗就是打柴火。做饭、烧水、烧炕都需要柴火。好在

"凤"舞蓝天——记中国工程院院士杨凤田

附近山上就有,"靠山吃山,靠水吃水",这是人类生活的基本经验。送走一个黑夜,迎来一个黎明。9月5日,天边刚刚露出一抹鱼肚白,大地仍在甜蜜的酣睡中,知青点的山沟里一片寂静。这时知青们起床了,吃过早饭,天已大亮了,朝霞映红了大地。大家集合在院子当中,杨凤田告诉大家今天上山割草的注意事项,特别叮咛要注意安全,别让镰刀碰了。只见知青们都穿着没有领章的绿军装,戴着没有帽徽的绿军帽,腰间系着一根绳子,人人显得精神饱满,迎着太阳的笑脸,三五成群地向山上走去。不大工夫,就到了荒草茂盛的地方,有的草已齐腰深,有的草刚没膝盖。风和日丽,树木葱郁,绿油油的青草在晨光的照耀下也挺起了腰杆,争相向上。风吹草动,波浪起伏,看起来真让人心旷神怡。有些知青迫不及待开始挥动镰刀割草了。这时杨凤田告诉大家"找草长得茂密的地方割,割下来的草要整齐地铺开放置、晒干,注意不要扎了手……"话音刚落,知青们就三三两两分头找草高茂密的地方割起来。大多数人右手握刀,左手抓草,一把一把地割,个别人是左撇子,但也是一把一把地割。只有杨凤田与众不同,只见他右手握刀,用力横扫,一扫一片,比一把一把地割快多了。知青小李好奇地问:"杨叔,你咋割得那么快啊?""我小时候经常割草喂牛,已经练出来了",杨凤田多少有点自豪地说。于是小李模仿杨凤田的割法,抡起刀来横扫,一扫一大片,还挺来劲。可是抡一会儿,就感到肩膀有点酸痛。"杨叔你的肩膀不痛吗?"小李问道。"也有点酸,不要干太猛了,适应一阵子会好的。"杨凤田虽然这样说,肩膀着实有点酸痛,毕竟多年没干这种活了。他们边干边说着。突然有位知青"哎哟"一声,"怎么啦?"杨凤田忙问。"手扎出血了!"那位知青一边说一边用手纸把血擦去。"没事了,好啦!"他又低头割起来。"大家割草的时候要看着点,不要叫荆刺扎了!"杨凤田又一次叮咛大家。

知青们头一次干这活,但都很卖力气。不过有的人手上很快就起了血泡,但还是咬牙坚持着。干一天下来,腰酸腿痛,回到宿舍,来不及脱鞋,就躺到炕上了,身如一滩泥,再也不愿动弹了。

有一次上山打柴,刚干一会儿,突然听见一声"看哪,兔子!"大家不约而同地立起身来,向野兔跑的方向望去,还有几个人追了过去,可是,哪追得上啊，一会儿兔子就没影了。"这不是龟兔赛跑吗？真是不自量力！"一个青年打趣地说，引起一阵哄堂大笑。知青们在一起干活有说有笑，很是热闹。这样坚持干了半个月，他们打的柴火在院子里堆成了小山，足够一冬天用的了。有付出，就有收获，大家看到这样的战果，有如打了一个大胜仗，高兴极了。

"民以食为天"，知青们每天3顿饭必须保证，但一个月每人45斤的定量还感到不够吃。"知青们正是长身体的时候，不能让他们饿着，而且还应该让他们吃饱、吃好，才有力气去创业"，杨凤田在心里想着。可是那个时候国家还实行粮食定量制度，大米、白面、鱼、肉、蛋都按计划定量供给，且量很少。为了改善知青的生活，杨凤田又有了主意。离知青点不远的地方，有个叫红石子的村庄，驻有工程兵部队，是雷锋生前部队。杨凤田和王荣一起到该部队拜访并请求支援，经与部队周副政委协商，同意派一名干部到知青点，对知青训练，实行军事化管理。因为杨凤田原来就是个标准的军人，知道实行军事化管理可以让知青们养成良好的生活习惯和工作作风，这对他们的成长是大有好处的。部队还答应在伙食上给予关照，知青们可以到部队去购买些细粮和鱼、肉、蛋。这样，知青们不再整日吃高粱米了。吃得饱，吃得好，不但干活有力气，更重要的是更加安心，不想家了。

吃粮问题解决了，还得解决吃菜问题。那么多的人，一天要吃好多菜，在山沟里上哪去买呀？杨凤田是个有心计的人，通过他的走访、观察，发现老魏家比较富裕，他家还有好多大白菜。他想白菜是北方人常吃的菜，又好保存，于是他就去老魏家商议买白菜的事宜。老魏家人很热情爽快，没怎么说，就同意卖些菜给知青点。还请杨凤田吃顿饭，白菜炒肉片，还有松蘑，他吃得特别香。在那困难时期，魏家这样热情，他真的没有想到。这让他很高兴，也很感动。

青年人好像早晨八九点钟的太阳，朝气蓬勃。好动、好玩是青年人的特点。杨凤田因势利导，在知青点修建了篮球场、乒乓球室，闲时让知青们在这里运动，有时还举行篮球赛和乒乓球赛，胜者有奖，还到部队去进行友谊赛。有的知青喜欢唱歌、跳舞，于是成立了文艺队，与部队、农民搞联欢，还请部队放映露天电影，引进了有线广播，使知青点的文体生活丰富多彩。歌声、笑声、欢闹声打破了山林的寂静，惊醒了黑土地的沉睡。到处洋溢着青年人无忧无虑的活力。知青点是他们温暖的窝，是他们快乐的家。

常言道："没有种子不开花，没有知识难成器。"杨凤田知道要把这些知青琢成器，就必须让他们学习知识，掌握技术，因此他把学习贯通到知青的活动中去，请农民讲种地的知识，请工人讲铸造技术，请解放军讲军事理论和训练方法。而他自己经常讲党的方针政策，讲做人的道理，应树立怎样的人生观、价值观。他身教重于言教，让知青做到的事，首先他自己做到。在知青们的眼里，杨凤田是可敬的长辈，又是可敬的师表。在他的传、帮、带的教育下，知青们健康地成长着，决心用自己的双手开创达到自己理想境界的新天地，知青点里有如人民解放军的连队一样，洋溢着团结、紧张、严肃、活泼的正气。不到一年的时间就有6名知青光荣地加入了共产党，4名知青加入了共青团。在知青中形成了积极向上，争取早日加入党团组织的热潮，形成了踏踏实实的学习风气，相信这里的明天一定会更好。

创业难，难在起步。时至秋收季节，高粱成群结队，踮着脚尖，举着火红的穗子，齐声喊着："熟了！熟了！"豆子笑咧了嘴，噼噼啪啪，急不可耐地叫着："熟了！熟了！"农民喜笑颜开，忙活着收割。知青们初来乍到，即没有种粮，也没有种菜，收获什么呢？杨凤田带着几个知青爬上山去，看到在那绿草丛中树立着一丛丛各式荆条，长势茂盛。这让他喜出望外，心情豁然开朗。他毕竟是在农村长大的，知道黄杏荆条可以编筐编篓，可以做篱笆墙。"如果把他们收割下来，送到集市上卖掉，不就可以挣些钱吗？"他心里盘算着。回到知青点后，经过商议，大家都表示赞成。他又请示了生产队，也同意让他们收割。第二天，他就带领青年上了山，要求每人至少割20千克。大家在榛子杆、山枣树、山葡萄藤中穿行，寻找着黄杏荆条。大家很快找到了黄杏荆条，于是就奋力割起来。细荆条还算好割，粗荆条割起来就比较费劲了，特别是女孩子和体弱的男孩子，咬着牙，使出浑身的劲也割不下来，只好求救别人。正当干得起劲时，突然听到一声"哎呀！"一声，大家抬头望去，只见一个女生吓得惊慌失措、魂不守体，直往后跑。经问才知道有一条蛇爬了过去。这一说，胆小的女生都跑到一起，不停地往脚下看。这时，杨凤田安慰大家说："不要怕，蛇怕人，一见到你，就会跑的。"虽是这样说，一条大蛇突然从身边爬过，还真叫人有些猝不及防，吓一跳呢。在杨凤田的安慰下，大家只好又干起活来。他们把割下来的荆条去掉枝叶，整齐地堆放在一起，然后再捆成捆，扛回知青点。入冬后，下了雪，下山的路很滑，扛着八九十斤的荆条，行走很是困难。后来，他们就学当地人的办法，把荆条捆成两捆，搭成马鞍形，架在肩上，就觉得轻松多了。女孩子干脆就顺着山坡往下拉，也可以省些力气。杨凤田也扛着六七十斤的荆条下山，每扛一次都是汗流浃背，衣裳全都湿透了。这样经过一个冬天的努力，共打了10000多斤荆条，请部队派车将荆条送到铁岭县，每斤卖3分钱，一共卖了3000多元钱。这些钱全都用在买粮、买菜，改善伙食上了。

铁水滚滚

　　割荆条解了燃眉之急，可这不是创业之本。杨凤田通过观察，看到当地农民有个习惯，冬天每家炕上都摆着一个火盆，用来取暖，抽烟人还可以把烟袋锅伸进火盆里点烟。火盆一般由铸铁制成，大跃进后就没人做了。杨凤田通过调研认为可以开展这项工作，一是601所可以支援技术和物资，二是有市场，另外通过制作火盆还可以使青年学到技术。他把这个想法向601所知青办做了汇报，所领导很支持，于是他就开始筹建小工厂。他带领几个青年回到601所，在铸造车间实习，试做火盆。在工人师傅的指导下，用砂模浇出的火盆成品率较低，这样做不会挣钱。他又动起脑筋来，从电话簿查到沈阳小北关有个锅炉铸造厂，他骑上自行车就去该厂调研、学习。该厂一般用硬模制造铸件，他还了解到用硬模的好处。在他的请求下，该厂支援几套小铁锅模具和几套火盆模具。有了模具，他就带领知青们在院子里建起了小高炉（化铁用），筹集到了一些相关工具。从 601 所无偿拉来了"王八"铁（铸铁块）和焦炭。经过筹备，开工条件俱全。他又把知青们做了分工，体力强的男生烧炉化铁、浇铸成形；体力较弱的男生和女生取铸件，检查铸件质量。在工人师傅的指导下，铸造厂开工了。只见小高炉流淌出火红的铁水，浇铸工戴着墨镜，端着铸铁勺，迎着铁水的烘烤，胆怯地接了一勺铁水，小心翼翼地将铁水注入火盆和小铁锅的模具里，经过一段时间的冷却，打开模具，一个个成形的火盆、小铁锅呈现在面前。"成功了"！大家情不自禁地欢呼雀跃。晚上特意会餐庆祝了一番，在创业的路上又迈出了可喜的一步。

硕果累累

小铸铁厂的兴建，一举成功，为全铁岭县树立了榜样，成为模范知青点。

为此，县里奖励 3000 元，创业队又购买了一匹大红马。这给创业队极大的鼓舞，决心要闯出一条新路，做出更大的成绩。

冬去春来，大地复苏。哈尔边的山坡上绿草青青、杨柳返青、春意正浓。杨凤田又带领创业队上山伐树，平山造田，开荒种地。好像红军时期的南泥湾，"自己动手，丰衣足食"，白天耕耘、播种、铲地，指望着秋天有个好收成。晚上学习、娱乐，欢声笑语，知青们尽情地歌唱、跳舞。在那个年代，尽管生活上有点苦，但在这里的知青们精神都很充实，因为创业让他们看到了希望。

1975 年 8 月，杨凤田结束了带队生活。在这一年的工作中，他创建了哈尔边知青点，创建了哈尔边知青创业队。那红红的铁水，那绿绿的禾苗，知青们的深情厚意，部队的鱼水之情，给他留下了永远的记忆。在哈尔边的山山沟沟里，在创业队的院前院后，留下了杨凤田深深的足迹，在人们的心中刻下杨凤田的名字。

第五章 创业样板

1994年9月4日，杨凤田重回哈尔边

1994年9月4日，时任601所副所长的杨凤田，带领40多名老知青和十余名带队干部，再次走进哈尔边大队，看望当地的老乡，感谢他们昔日给创业队的支持与关怀。他走进创业队的老屋，当看到当年栽种的各种果树已硕果累累，长满枝头时，他激动不已，一下子让他的思绪回到20年前。"正是那一年的艰苦创业，才有今日的硕果累累，看来那一年的汗水没有白流啊！"

1994年9月4日，杨凤田（后排左六）重回哈尔边与知青们和带队干部合影

第六章　中流砥柱

相传在河南西部三门峡东边的黄河里，有一座砥柱山，像一根高大的石柱，耸立在黄河的急流之中。黄河以万马奔腾之势，直对着砥柱冲去，而这根高大的"石柱"却迎着险恶的水势，巍然屹立、毫不动摇。后来人们就把砥柱山称为中流砥柱，来比喻在艰难险恶的环境中起巨大支持作用的力量和英雄人物。

在歼8Ⅱ（即歼8B）型飞机研制期间，杨凤田先后任总体室副主任、主任，型号总设计师助理，型号副总设计师，成为总设计师顾诵芬的得力助手。他参与组织了从技术方案准备，型号上马，战术技术要求制定，动力装置选择及协调，总体方案论证，样机研制，设计发图，试验，到首飞成功等所有重大技术活动。

他像耸立在黄河急流中的砥柱山一样，迎着型号研制中出现的各种技术难题，组织人员一个个攻克、排除，千方百计地保证歼8Ⅱ型飞机的研制顺利进行。

首先提出歼8改成两侧进气

在歼8飞机研制过程中，杨凤田还先后参加了歼9飞机的设计，完成了动力装置的协调和总体方案的论证（后来飞机转给611所继续研制）；910发动机吊舱的设计，完成了总体设计和协调（后来转给172厂试制成功）；垂直起落飞机和"双三"飞机的总体设计与总体协调（后因故停止研制）；米格–××MC飞机的摸透分析工作，写出了分析报告。尽管上述工作无果而终，但对杨凤田来说，无疑又拓宽了眼界、储备了技术、积累了经验，为以后的新机设计打下了良好的技术基础。

20世纪60年代发生了中东战争和越南战争，通过这两次战争，我国空海军和航空界的人们对战斗机的战术思想有很大转变。从强调高空高速的截击机，转变为突击中低空，以跨声速机动性格斗为主，兼顾对地攻击的战术战斗机。随着航电技术的发展，又要求战斗机能够进行目视距离以外的作战，既要安装作用距离远的火控雷达和相应的中距拦射导弹，同时还要有完善的电子对抗设备，即全向雷达告警器、杂波干扰机及消极干扰投放器等，以保护自己。

然而我国空军当时装备的战斗机，显然不能满足上述要求。特别是20世纪70年代初，苏联研制的米格-××型飞机已开始装备苏联空军，成为苏联前线的主力作战机种。同时苏联还将米格-××飞机出售给了古巴和越南。米格-××飞机不仅有较好的中低空性能，而且有较大的航程和装载能力，其火控系统有较齐全的功能。在当时中苏、中越关系紧张的情况下，无疑米格-××飞机对我国的安全构成了威胁。我国空军当时装备的歼6、歼7飞机的作战性能赶不上米格-××飞机。正在研制的某型飞机作战性能也低于米格-××型飞机。

我国自行研制的歼8飞机定型后，将是装备空、海军的主战机种、拳头力量。但歼8飞机能否制胜米格-××飞机？这是备受关注的问题。为了摸清和对抗米格-××飞机，我国引进一架此型飞机，并组织专门人员开展技术分析工作。在总师顾诵芬的组织下，杨凤田担任总体分析组组长，与相关人员参与分析研究工作。1979年7月由杨凤田主笔写出了《歼8与米格-××空战性能对比分析》一文，其中分析表明：高度在5千米以上，歼8飞机飞行性能全面优于米格-××飞机；高度在5千米以下，歼8飞机与米格-××的飞行性能各有所长；垂直面歼8飞机优于米格-××；水平面米格-××优于歼8飞机；歼8飞机可与米格-××匹敌。但歼8白天型飞机因采用机头进气，限制了机载雷达的性能，而米格-××是两侧进气，其武器火控系统优于歼8飞机，这对歼8飞机作战不利，也不能满足空军的要求，歼8飞机尚须进一步改进。

在这种情况下，研制什么样的飞机，在空、海军，在工业部门出现了不同的声音，争论不休。科研部门的科研工作也走到了十字路口，左右为难。是研制全新飞机，还是走改进改型的道路，这是20世纪70年代末到80年代初的一个实际问题。当时空军提出研制歼6后继机——歼13飞机。由于经验不足，战线太长，资金有限和对设计方案认识的不统一，长期在动力装置的选择与战术技术要求上议来议去，难以决断，致使总体方案迟迟冻结不了，不得不于1981年停止研制，整整酝酿10年之久。

我国买来米格-××飞机之后，在112厂召开了有一大批人参加的讨论会，专题研究是否仿制米格-××飞机问题。参加会议的有军方、院校、有关厂所的人，601所顾诵芬总师和杨凤田参加了会议。当时顾诵芬总师和杨凤田的意见是：仿制米格-××飞机不划算而不主张仿制米格-××飞机。可是112厂的代表认为下一步不是搞歼8Ⅱ飞机，而是仿制米格-××飞机。会上意见不统一，争来争去。后来空军司令员张廷发来了，杨凤田就找机会见到了司令员，并向司令员解释不能仿制米格-××飞机，而应研制歼8Ⅱ飞机的理由。司令员听明白后，认为搞米格-××飞机很费劲，性能还不好，就不同意仿制米格-××飞机。然而112厂代表并不死心，仍坚持他们的意见。他们请示了王震副总理，王震副总理支持112厂的意见。这样双方意见各不相让，使会议陷入了僵局。最后还是时任112厂总工程师的管德出面协调，做了大量工作，112厂才放弃了仿制米格-××飞机的意见，同意研制歼8Ⅱ飞机。

顾诵芬院士回忆说："如果真的要仿制米格-××飞机，那601所后来的日子就不好过了，歼8Ⅱ型飞机的研制也会受到重创，就很难有后来的歼8系列飞机的发展。"顾总和杨凤田为601所的生存和歼8系列飞机的研制真可谓是劳苦功高，永载史册，没齿难忘。

面对当时的中越自卫反击战的严峻形势，空军和海军航空兵，也提出了改进歼8飞机的要求。

其实，1979年1月601所在研究歼13飞机的同时，就已开始研究歼8飞机的改型问题。杨凤田组织总体组黄超逸等同志，探讨歼8增加外挂的方案，并提出了将歼8由机头进气改成两侧进气，加装大口径雷达，增加挂弹点，从而使飞机具有超视距作战能力,并可攻击地面目标。这一建议得到了总设计师顾诵芬、副所长管德等的支持。

1980年3月18日,杨凤田参加了三机部副部长王其恭在601所召开的座谈会,王部长传达了空军司令员张廷发的指示:"歼8要大改,改两侧进气,发动机换××××千克的,改进机载电子设备,并要求歼8大改在1985年拿下,歼8大改放在第一位。"

座谈会后,杨凤田组织总体室人员对歼8大改总体方案进一步讨论研究,又提出只改前机身的原则,并采用歼8全天候飞机的座舱盖,这样既减少技术风险,节省经费,又能保证研制周期。于是很快完成了歼8大改总体方案论证,绘制了总体布置图、外形数据图,编写了总体布置说明、重量①重心计算报告。顾诵芬总师又组织有关专业对歼8大改方案进行了讨论,根据讨论情况,顾诵芬做出以下结论:

(1)两侧进气不要动摇,非走不可,抓紧两侧进气道的设计及试验工作;

(2)明年初提供初步打样的依据,总体要可信,航炮要好好安排一下;

(3)大改要考虑前缘扭转及增加外挂。工作以总体室为主,有问题主动找各专业室。

1980年4月10日,三机部电话通知,要求601所派人到部汇报,而且要求顾总必须参加。为了抢时间,在顾总和杨凤田准备去京汇报的当天上午,顾总在总体室进气道组组织有关专业讨论两侧进气道设计方案时,由于连日辛劳,不慎摔倒,伤势很重,昏迷不醒,急送沈阳医大一院抢救,直到晚上5时仍在抢救中。当他醒来时,置自己的身体于不顾,用很微弱的声音对杨凤田说:"我去不了,你一个人去,到北京后找老管(指管德副所长)。"接着又昏迷过去。顾总一贯把事业和工作放在第一位,时刻牢记航空报国的信念。就是在重伤中,他心中仍然想着工作,想着航空,这是多么可贵的精神啊!杨凤田强忍着忧悒,按顾总的要求,于当天晚上一个人登上进京的火车。途中,他思绪万千,久久

---

① 本书所提"重量"均为"质量"概念,单位为千克、吨等。

难眠，和顾总共事的片段一幕幕浮现在他的脑海……他暗下决心，一定以顾总为榜样，把歼 8 大改的工作抓好。

杨凤田与顾诵芬院士在一起

杨凤田到京后，立即找到管副所长，一起到部机关，向有关局、办汇报了歼 8 大改的情况。112 厂总工程师罗时大、总工艺师顾元杰也参加了会议。会议确定要准备材料向部党组汇报。由杨凤田执笔编写了《歼 8 两侧进气全天候飞机研制设想》。1980 年 4 月 16 日上午，在部二楼会议室，由管德向出席部党组会议的吕东部长，段子俊、油江、王其恭、于辉副部长，刘鼎顾问等简要汇报了歼 8 大改的研制设想。

杨凤田与管德院士在一起

会议进行了认真的讨论，吕东最后发表了结论意见。他说："歼8大改部党组已在会前交换了几次意见，可以定下来。会后尽快联系，向国防工办汇报。"吕东部长做结论时的坚决态度和发言的简洁明了给杨凤田留下了深刻的印象，更坚定了他搞好歼8大改的信心。

4月18日下午，国防工办叶正大副主任主持召开空军、海军航空兵、总参装备部、三机部参加的会议，听取了歼8大改汇报。

4月24日，国务院王震副总理召集国防工办、总参装备部、空军、海军、三机部领导开会，确定研制歼8大改。

从3月18日三机部王其恭副部长到所开座谈会，到4月24日国务院王震副总理召集有关方面负责人开会确定歼8大改正式上马，前后只用了一个多月的时间，从各有关单位认识的高度统一到办事效率之快，都是我国战斗机研制史上少见的。领导机关对研制歼8大改认识的高度统一，为后来歼8Ⅱ型飞机顺利进行奠定了良好的基础。

歼8Ⅱ型飞机的立项意义非常重大，不仅使歼8飞机起死回生，有了新的出路，为形成歼8系列飞机迈出了关键的一步。而且使空、海军航空兵看到了希望，更使工业部门的一盘棋走活了。"一分耕耘，一分收获"，杨凤田为有这分收获感到非常高兴。从此，601所的科研又迈进了新的里程，掀起了新的研制高潮，广大技术人员、工人、干部以极大的热情投入战斗，有信心、有决心打好这一仗。

组织总体方案论证

1. 参加制定战术技术要求

歼8大改立项后，首先要解决研制什么样的飞机问题，即制定飞机的战术技术要求，它是确定飞机总体方案的必备条件。在中国的条件下，制定飞机的战术技术要求，一般由使用方和研制方共同制定，杨凤田代表研制方601所参加了这项工作。

1980年4月下旬，空军提出了歼8大改战术技术要求的交换意见稿，经601所认真讨论后，形成了统一意见。责成杨凤田与战术组李兵一起去北京与有关领导机关进一步协商，然后向王其恭副部长汇报了601所讨论出的意见。王副部长指示："设备配套可搞两个方案，国内和国外的一起论证。总的想法是歼8大改要装上国外的先进设备，但要服从时间要求（1985年设计定型），来得及就上引进的，来不及就上国内的。"王副部长还要求601所起草一份战术技术要求，设备配套按3个方案设想：（1）强5改装设备；（2）3机（指强5、歼7、歼8）改装设备混装方案；（3）国内11项电子设备作为过渡方案。

根据王副部长的指示，杨凤田起草了《歼8两侧进气全天候型飞机主要战术技术要求》，经与空军反复协商后确定了草稿，又经张廷发司令员签发上报。

总参谋部、国务院国防工办，在反复征求各有关方面意见后，1980年9月4日，正式批复歼8改进型主要战术技术要求，并定名为歼8Ⅱ型飞机，要求1985年设计定型。火控电子设备配套，要求采用从国外引进生产的先进电子设备和国内研制的成果，第一步采用204雷达改进型以及引进的平视仪，并进一步考虑改装脉冲多普勒雷达，实现下视、下射、全向攻击。

2. 选配发动机

所有航空人都知道，发动机是飞机的心脏，他决定着飞机是否能飞起来和飞得怎么样。因此选择一台合适的发动机对飞机设计来说，是一个非常关键的问题，也是一项非常艰巨的任务。这项工作又落到了杨凤田身上。

当时可供选择的发动机，有贵阳011基地测绘仿制的涡喷13发动机，有成都420厂研制的涡喷7乙改型，有沈阳410厂的涡喷7甲改型。杨凤田先后组织有关专业技术人员到3个单位调研，3个单位也先后派人来601所进行技术交底，经所内有关专业讨论，最后确定选用贵阳011基地测绘仿制的涡喷13发动机。在所内充分准备的基础上，杨凤田带领李凤文、凌政国、叶梅君、霍艳芳等人到贵阳 011 基地二所进行技术协调，通过充分的讨论，就性能、外形尺寸、重量重心、安装、电气接口等达成了协议，签订了歼 8 Ⅱ 型飞机选用涡喷 13 改（涡喷 – 13A Ⅱ）发动机协调纪要。涡喷 – 13A Ⅱ 发动机静推力比歼 8 用的涡喷 – 7 甲提高了 10%，使歼 8 Ⅱ 型飞机的低空爬升率比歼 8 飞机提高了 17%，而稳定盘旋过载也提高了 7%。满足了空军张廷发司令员提出的推力要求。

3. 正确选择进气道参数

歼 8 Ⅱ 型飞机改成两侧进气后，进气道要重新设计。正确选择进气道参数是设计进气道的先决条件。在顾诵芬总师亲自指导下，杨凤田组织进气道设计人员着重研究了进气道设计点的选取和波系的设计问题。经反复论证把设计点选在 $Ma2.0$，而没有选择在 $Ma2.2$。在波系设计上吸取歼 8 飞机的经验教训，把波系置于唇口前，把进气道的喉道面积设计得足够大，保证发动机所需气流顺畅通过。就像人的气管一样，畅通无阻，呼吸才能顺当。经过进气道模型吹风试验，证明了上述参数的选择、采取的措施都是十分正确的，为进气道的设计提供了依据。

经过多年的研究和试验，并参考了国外飞机两侧进气的设计特点，终于设计出了歼 8 Ⅱ 型飞机的两侧进气道，这是保证全机满足战术技术要求的基础。

4. 据理力争选择配套设备

飞机设计好比包饺子，飞机的外壳好比饺子皮，飞机配套的设备好比饺子馅。既要有好的外皮，也要有好的馅。不同的馅，有不同的口感和风味。飞机内装的设备不同，其性能也不同。选择好配套设备直接关系到飞机的作战效能，所以这是不容忽视的问题。飞机总体设计时，就必须认真选好配套设备。但这是个很复杂、很困难的问题，因为这涉及到各工业部门、各承制单位，空、海军及飞机研制主机厂、所等很多单位。每个单位都有各自的需求、各自的利益。要把飞机的配套设备确定下来，不是件容易的事。为此上级机关曾多次开会协调、考察。杨凤田协助总设计师参加了各次成品协调会，组织有关专业讨论研究，去相关单位考察调研，还不得不与使用部门进行激烈的争论，讨价还价。在一次由三机部主持召开的歼8Ⅱ型飞机方案论证会上，当审查火控系统配套时，601所与空军发生了尖锐的分歧。空军希望飞机加装先进的设备，坚持一步到位，要求上613所研制的平显；601所杨凤田等人认为平显研制赶不上飞机的研制进度，火控系统只能分步实现。第一步上03C瞄准具加拦射计算机，第二步上平显，这样才能保证飞机按研制计划节点完成任务。双方的争论到了难解难分的地步，各不相让，使会议无法进行。在国防工办邹家华副主任的干预下，空军才勉强接受了601所的意见。后来歼8Ⅱ型飞机研制的实践证明，火控系统分步实现的意见是十分正确的，它保证了歼8Ⅱ型飞机按计划时间完成了首飞。

歼8Ⅱ型飞机的配套设备定下来之后，签订了研制协议，这样就为确定飞机总体方案提供了条件。

1981年一季度，杨凤田组织总体室人员完善了总体方案，绘制了总体布置图、三面图、外形数据图，提出了设备设计要求。4月份完成了歼8Ⅱ型飞机总体方案论证报告和各分系统论证报告。这标志着歼8Ⅱ型飞机总体论证阶段胜利结束。

杨凤田在歼8Ⅱ型飞机方案评审会上作汇报

歼8Ⅱ样机是最好的样机

1. 建议研制全尺寸样机

飞机的总体方案确定后，飞机研制就进入了打样设计阶段。研制木制样机是首要任务。杨凤田受总设计师顾诵芬的委托，全权负责木制样机的设计与研制工作。

样机的设计、制造和审查是新机研制的一个重要环节。样机不仅要全面、准确地反映新机方案论证、总体布局阶段的成果，供上级领导、使用部门、生产部门审查，而且也作为飞机详细打样阶段的协调依据。所以必须在样机上完成外形协调，系统、设备、成品与结构之间的协调和结构部件与结构之间的协调，并能反映飞机使用维护性以及地面设备等情况。

飞行员可以坐在样机的座舱里，亲身体验飞机操纵是否方便，检查仪表、设备布置是否合理；而地勤维护人员可以亲自体验维护工作的方便性、可达性。

鉴于上述要求，应该研制一个什么样的样机呢？在当时没有一个人能说清楚。为此顾诵芬总设计师先后两次召集木制样机的专题会。会上有多种意见，有的主张制造"东风"107飞机那样的样机（一个机身，一个机翼，一个平尾），有的主张制造歼8原型那样的样机（一个座舱段，一个发动机舱段），而杨凤田和冯家斌（飞机外形设计员）根据国外样机的情况，提出研制全尺寸、全外挂样机的方案。最后，顾总敲定研制全尺寸、全外挂木制样机。经报上级批准，木制样机的方案得以确定。

2. 提前完成样机发图任务

根据歼8Ⅱ型飞机研制计划的安排，定于1982年6月进行木制样机的审查，9月进行木制座舱红光照明的审查。为此601所从1981年底就开始了木制样机的设计工作。

设计发图只有2个月的时间，而工厂制造只有3个月时间。时间紧、技术难度大。空军和上级机关一些人都怀疑能否在1982年上半年完成样机的制造,有的好心人甚至说在1982年底完成就是一大胜利。其实杨凤田何尝不知道制造样机的困难?不过他是个敢于蹚地雷的人,明知山有虎、偏向虎山行,"想别人不敢想、言别人不敢言、行别人不敢行",他就是这样的性格。

为了按时完成木制样机的研制任务,他采取的第一项措施是发挥团队精神,"一个篱笆三个桩,一个好汉三个帮"。他找了3个助手,组成了601所木制样机研制工作组。总体室的张权负责木制样机的总体方案论证、协调,发出总体设计图样和技术文件。总体室的冯家斌负责木制样机的外形设计和施工。结构室的夏淑芬负责木制样机的结构设计。分工明确、各负其责。第二项措施是木制样机的发图、制造实行承包制。按计划完成任务的发给承包奖,提前完成任务的给予嘉奖。尽管奖金不多,但很起作用。实行承包制也是当时一个大胆的行动,那时还是计划经济时代,干多干少一个样,人们已经习惯了吃大锅饭的模式。实行承包后,还真调动了人的积极性,上班时间出满勤、干满点;下班后自觉加班加点,这就大大加快了样机的发图进度。

木制样机工作现场

杨凤田不仅调动他人的积极性,他自己也身先士卒,经常到发图现场,与设计人员一起加班加点。他这个人无论干什么工作,都是雷厉风行、踏踏实实的,有一股要干就干好的劲头。他不仅腿勤,嘴也勤,经常向顾总等主管领导汇报样机进展情况，取得领导的支持和信任。顾诵芬总设计师很有感触地说："干部都像杨凤田这样就好了。"杨凤田办事让领导放心，让群众满意，所以他的口碑很好。在他的组织下，经过全体人员的日夜奋战，1981年3月上旬就发出了样机的全部图样，比计划时间提前20天，为工厂制造赢得了时间。

3. 一个背破旧书包的人

按三机部的要求，木制样机的制造分工是：全尺寸木制样机和红光照明座舱由112厂负责；02架改装由601所负责，公司予以协助。为保证完成样机设计、制造任务，112厂要求加强领导。根据这一要求，601所与112厂组成了专门联合工作组，由专人负责，一抓到底。

工作组组长：肖玉经（112厂）

副　组　长：杨凤田、王肖云（112厂）

工作组成员：冯家斌、张权、王锦云、夏淑芬等十几位同志。

工作组职责：全面组织领导木制样机的技术、生产工作，保证木制样机按质、按量、按进度完成任务。

显然，这是厂、所结合，设计员与工人相结合的班子，这为加速木制样机的研制起到了重要作用。

112厂木工车间接到图样后，在这个工作组的组织下，抓紧施工准备，1982年2月中旬就开始了木制样机的生产。但木制样机不全是木头造的，还有不少金属件。座舱里的仪表板、操纵台、座椅及各种仪表、按钮、开关等金属件都由112厂或成品厂、所提供。金属件能否按期到齐，成为关键。为了省钱，上述产品不能用新的，只找些废旧产品代替。为此，杨凤田经常背一个破旧书包骑自行车或者步行到112厂去。112厂距离601所有8华里，只有一条沙土路，不管刮风下雨，他坚持到现场去。车间工人们总是看见他背着一个破旧书包，在车间走来走去。一会儿问问工人师傅生产样件情况，一会儿去解决生产中出现的问题，显得很随和，相处时日工人师傅知道他是"厂总师办"的，逐渐熟悉亲热起来，有的还成为好朋友。当他催要废旧金属件时，工人师傅都很帮忙，如果工作台处没有，就帮着到废品库去翻找，实在没有，就给做个新的。和他一起工作的同志说："要不是他，这些金属件不会这么快、这么全完成。"他为样机制造节省了一大笔钱，只是没人去算这笔账罢了。

在有关成品厂、所的大力支持下，经过112厂的努力，到5月底木制样机已全部组装完毕，并运到了601所陈列现场。红光照明木制座舱也按计划完成了任务。601所负责的发动机安装样机已清洗改装完毕，等待发动机运到后安装。样机制造提前一个月完成了任务。令那些怀疑在1982年上半年完成样机制造的人目瞪口呆、惊叹不已，对杨凤田竖起大拇指，佩服得心服口服。

4. 召开样机审查会

为了按计划完成样机的审查工作，在抓紧木制样机生产的同时，杨凤田就组织601所和各成员厂、所进行样机审查所需图样和文件的准备。其中601所为会议准备的资料有：飞机三面图、总体布置图、机身受力系统图及各功能系统原理图、飞机性能计算报告、重量重心计算报告等。与歼8Ⅱ型飞机配套的有关系统、设备厂所也需要向会议提供审查资料。为了落实准备工作，开好审查会，601所党委专题研究了木制样机审查会问题。会议决定成立由顾诵芬等4名同志参加的会议准备工作领导小组。领导小组下设业务、会务两个组具体组织实施，保证会议开好。

1982年6月22—28日，航空工业部在沈阳主持召开了歼8Ⅱ型飞机木制样机审查会。空军、海军航空兵派出了飞行员、地勤人员参加了审查会。总参谋部、国务院国防工办、电子工业部、兵器工业部、辽宁省国防工办的领导及有关部门负责同志参加了会议。歼8Ⅱ型飞机总设计师系统的各级设计师、航空、电子、兵器工业部门有关院校厂所的工程技术人员也应邀参加了会议。参加会议的有80个单位250余人。

空军曹里怀副司令员，国防工办副主任叶正大，航空工业部段子俊顾问、何文治副部长等领导同志到现场审查了歼8Ⅱ型飞机木制样机，听取了汇报，并向全体到会人员讲了话。

第六章　中流砥柱

1982年6月22日，杨凤田（右一）向国防工办领导陈彬介绍木制样机情况

经过严肃认真的评审，会议提出了审查结论："歼8Ⅱ型飞机全尺寸样机形象逼真，为审查座舱布局、使用维护性能等提供了直观条件。在座舱空间有限，仪表、开关数量增加，体积仍然较大，且各专业矛盾集中突出的情况下，经过工程技术人员与飞行人员共同研究、调整和安排，使调整后的座舱布局更加符合飞行人员提出的好看、好用、好记的原则。飞机维护性将比歼8白天型有明显提高，特别是29框以前（即前机身部分），其可维护性将超过我军现有的任何一种战斗机，部队同志对研制部门采取各种措施，努力改善可维护性的负责精神给予很高的评价。"会议认为：飞机的飞行性能、飞行品质、配装武器、设备、可维护性等基本满足歼8Ⅱ型飞机主要战术技术要求。

但是在样机审查会上，也出了一道难题。空军不同意将2门双23航炮改为1门，因为歼8原型机就是2门双23航炮。由于飞机改成两侧进气后2门炮用炮舱吊起来，飞机鼓了很大一个包，顾总看后认为这样阻力太大，就决定改成1门炮。可是空军代表认为这样降低了飞机的攻击能力，故不同意改动。会议一时出现了僵局。杨凤田面对这样的僵局又开动了脑筋，凭他的总体布局和协调经验，提出了在机翼内侧增加1副导弹挂架，而不增加飞机阻力，这两全其美的方案，立即得到空军的同意，僵局被打破了。

在样机审查会上，空军副司令员曹里怀对歼8Ⅱ全尺寸全外挂木制样机给予高度的评价。他说:"歼8Ⅱ样机是最好的样机,可以作为一个标准,以后研制的飞机都要参照歼8Ⅱ样机制作样机。"

木制样机审查现场

根据样机评审意见,601所调整了飞机的总体方案。这架样机为后来的设计发图、培训空地勤人员都起到了重要作用。

歼8Ⅱ木制样机研制的质量之好、速度之快是前所未有的,它成为以后研制木制样机的样板、标准。之所以有这样的成果与杨凤田的精心设计、精心组织、身先士卒、冲锋在前是分不开的。因此他得到了领导的信任、群众的好评,并且为此立功受奖。

木制样机审查组成员与部分领导合影

(后排右一为杨凤田)

组织发图会战

木制样机评审通过后，就转入到设计发图阶段。

为了推动发图工作，1982年8月7日，601所召开了歼8Ⅱ型飞机发图动员会，会上顾诵芬总师做了发图动员。会后各单位进行了补充动员和讨论，普遍认为顾总讲的全面深入，情况摸得准，受到了鼓舞。全所职工都行动起来了，后勤也采取措施，为加班的同志每晚10点送夜餐，食堂师傅准时把肉饼亲自送到设计员手中，其场面十分亲切动人，极大地调动了广大设计员的干劲。宣传工作也动了起来，各设计室都出了板报，及时报道好人好事，鼓舞士气。

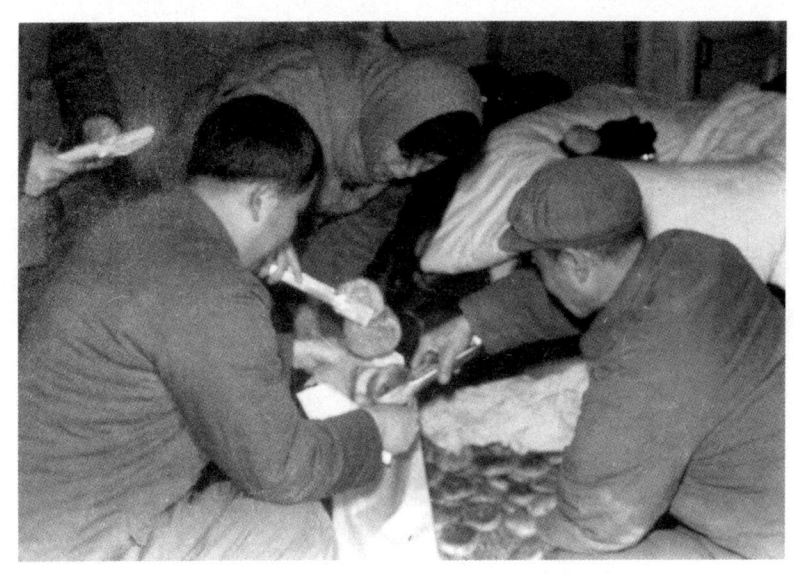

歼8Ⅱ型飞机加班发图加餐

601所成立了以总设计师顾诵芬为首的发图领导小组，主要成员有陈嵩禄、宁树权、丁吉元和杨凤田，日常工作由杨凤田负责。他每日带领科技处孙广信等人到各室巡视。在发图高峰期间，领导小组每晚都召开碰头会，及时解决发图中的技术问题和其他协调问题。党委书记吕万春、副所长权高俊也经常到发图现场看望，及时了解发图情况，做好后勤保障和政治思想工作。

在发图中，广大技术人员表现出了高度的政治热情和事业心。设计室每天晚上都是灯火通明、热气腾腾。设计人员加班加点不计报酬，有好些同志连日加班累病了，仍然坚持工作，好人好事层出不穷。刚来所的82届大学生立即投入到紧张的发图工作中，他们边学习边工作，受到老同志的好评，得到了锻炼，其中大多数人后来都成为各专业的技术骨干。

为了保证发图质量，满足工厂生产条件，杨凤田请工厂工艺人员提前到所里进行工艺审查。他们吃住在601所，做到图样随时完随时审查、随时分工。有几位女同志是孩子妈妈，她们日夜加班，置自己幼小的孩子于不顾，给发图人员留下了深刻的印象。印象最深的一次是1982年12月31日晚，进行航炮图样工艺审查时，工艺人员一直从早审查到晚上10点钟，还有12个设计和工艺问题没有统一。这时顾总来到航炮专业组现场，他认真听取了双方的意见，经过反复协商，双方终于达成共识。午夜11点多钟工艺人员才签完了最后一张图样。大家工作虽然很疲劳，但心情很愉快。他们用辛勤的工作辞别了1982年，迎来了1983年元旦的曙光。在大家的共同努力下，终于在1983年4月完成了除外挂以外的全部图样（大约4万张）的发图任务。

每当杨凤田回忆起歼8Ⅱ型飞机发图的日日夜夜，总是激动不已。当时的政治思想工作、组织领导，各方面的协助和支持，广大设计人员的积极性和干劲，厂所之间的协调、合作都是建所以来最好的。在组织发图中，他得到了锻炼，增长了才干，并和许多设计人员及工艺人员结下了深厚的友谊。

坚持科学试验

601所参加歼8飞机研制的技术人员、干部都清楚地记得1980年6月25日，对于601所、112厂来说那是个黑暗的日子，因为那一天是歼8S05架飞机的祭日。这一天 S05 架飞机首次地面开车试验,开车后不到 2 分钟,飞机就燃起了熊熊烈火,黑烟滚滚、热浪扑人,参加试验的人马上远离飞机,不敢靠近,以防飞机爆炸造成次生灾害。大家眼巴巴地看着飞机烧毁,烈火吞食着飞机,也吞食着每个人的心。好多人都心疼地落下了眼泪,有的女同志竟哭出了声。

S05 架烧毁的后机身

事故发生后,经过设计人员认真查找事故原因,发现是液压系统供压导管破裂,液压油喷射到发动机扩散段壳体上,引起了火灾事故。由于首次试车时没有脱掉后机身,致使起火后很难扑灭。再加上场站消防设备不齐全,救火不及时,造成全机烧毁。不仅造成了重大经济损失,更是影响了歼 8 全天候型飞机的定型试飞。那么液压导管为什么会破裂呢?进一步查找原因发现,飞机开车后,导管振动频率与飞机发动机振动频率产生了共振点,导管动强度不够而导致破裂,最后导致 S05 架整机烧毁。这使参研人员痛心疾首、后悔莫及,悔不该为了赶进度,地面共振试验没有做,没有发现共振问题。这是一个沉痛的教训。601 所将这起火灾写进了《歼 8 飞机研制史》、《第 601 所所史》及《第 601 所大事记》里,让全体员工、特别是工程技术人员,永远记住这次火灾。以史为鉴、以史为戒,避免再次发生。

现在到了歼 8 Ⅱ 型飞机试验阶段,杨凤田作为试验的抓总人,他没有忘记

S05 架飞机的惨痛教训，非常重视每项试验。他清楚地知道：科学试验是新机研制的基础，只有充分而高质量的试验，才能保证新机研制的顺利进行，才能保证新机安全试飞，才能保证飞机研制成功。在歼8Ⅱ01架飞机首飞前，他组织完成了40多项地面试验，重点抓了歼8Ⅱ01架的操纵、液压、电源、进气道斜板调节、燃油系统的地面全系统模拟试验。由于种种原因，特别燃油系统地面全系统模拟试验实验室的土建工程于1983年底才全部竣工，离1984年"七一"上天的目标只有半年的时间，而试验设备仍在制造中，能否按时建好试验台并完成一定飞行小时的试验，一时成了歼8Ⅱ型飞机研制的关键。他协助歼8Ⅱ型飞机现场总指挥管德和型号总设计师顾诵芬，采取了非常措施，经过112厂62车间和601所实验室同志的共同努力，终于在1984年4月完成试验台的组装和调试，并于5月完成了50个起落的试验。当时被认为无法实现的事情，都被601所硬是干出来了。在歼8Ⅱ型飞机研制中，好多看来无法按时完成的工作，在杨凤田的组织下都完成了。

首飞成功，批准定型

112厂接到生产图样后，采取了非常措施，抓紧时间赶制零批飞机。为了使试制工作统一计划、统一指挥、统一步调，航空工业部调601所副所长管德到工厂任第一副经理，主管新机试制工作。厂、所间成立了主管工程师办公室作为管德的办事机构，协调厂所关系。601所派出强有力的跟产队，处理生产中出现的技术问题。杨凤田经常到跟产队，深入工厂车间，了解情况，疏通各种关系。这样112厂按计划时间完成了S01架飞机的试制任务，并做好了首飞前的各项准备工作，通过了放飞评审。

1984年6月12日，型号总设计师顾诵芬、型号现场总指挥管德、型号试飞指挥员王昂签字同意放飞，型号总指挥、航空工业部副部长何文治批准放飞。

歼8Ⅱ飞机首飞签字现场

11点，首席试飞员曲学仁进入座舱，开车检查，试飞员报告飞机一切正常，指挥员命令起飞。11点14分，01架歼8Ⅱ飞机腾空而起，机场一片欢呼。飞机升至高度1500米，速度500千米/小时，试飞员报告飞机、发动机及其他系统工作正常，飞行感觉良好。在飞机完成规定任务后，试飞指挥员下达返场着陆命令，飞机于11点28分安全着陆，机场顿时一片欢腾。领导同志接见了首席试飞员曲学仁，少先队员献上了鲜花。人们在欢呼，在跳跃，此时人们的心情是难以用语言表达的，电影、电视真实地记录了这令人难忘的场面。

歼8Ⅱ型飞机首飞

"凤"舞蓝天——记中国工程院院士杨凤田

歼8Ⅱ飞机首飞成功引起中央的高度重视。6月17日,总参谋长助理谭旌樵、国防科工委主任陈彬、副主任邹家华,空军副司令员王定烈,海军副司令员李景以及有关航空工业部的领导,由航空工业部部长莫文祥、副部长崔光炜陪同,亲临沈阳检查飞机的研制工作。17日上午,听取了型号总设计师顾诵芬的汇报。下午,总参谋长助理谭旌樵、沈阳军区司令员李德生、辽宁省委第一书记郭峰、省长全树仁及省、市委其他领导,空、海军等领导,观看了歼8Ⅱ型飞机的飞行表演。20日,各位领导亲临601所视察。21日在112厂文化宫召开沈阳地区军工单位厂、所干部会议,各位领导向参加飞机研制的工程技术人员、空地勤人员、广大干部和工人表示热烈祝贺和亲切慰问,对歼8Ⅱ型飞机首飞成功给予高度的评价。

歼8Ⅱ首飞现场合影(后排左一杨凤田)

首飞成功后,飞机开始了定型试飞。到1986年,歼8Ⅱ型飞机的定型试飞与试验工作取得了较大进展,601所开始了飞机定型前的准备工作。首要任务是定型发图、技术文件与资料的编写,要求按歼8Ⅱ型飞机的技术状态及试飞中暴露出的问题和飞机零批生产中的有效技术单一并改入图样,而且还要贯彻4项新标准(普通螺纹、表面粗糙度、机械制图和法定计量单位)。因此这是一项工作量很大的工作。在杨凤田副总师的精心组织下,经过4个多月的苦战,胜利地完成了发图任务。接着601所又编写了定型审查文件，为定型技术鉴定做好了准备。

1988年3月11—15日，航空产品定型办公室在沈阳组织召开了歼8Ⅱ型飞机设计定型技术鉴定会。鉴定组成员分成4个组对飞机的全部研制工作进行了审查与评议。鉴定组的评审意见是：歼8Ⅱ型飞机主要战术技术性能和技术状态，已达到了上级批准的有关设计定型的指标要求；各项试验、试飞工作已基本完成；图样、技术文件基本完整、正确、协调、清晰；定型新成品已定点生产或供应渠道畅通；专用新材料已鉴定并已定点供应；工厂小批生产的工艺技术及设备已基本完整配套。

鉴定组认为歼8Ⅱ型飞机已具备设计定型条件。建议航空产品定型委员会审议并呈报国务院、中央军委军工产品定型委员会批准歼8Ⅱ型飞机设计定型。

鉴定会结束后，航空产品定型委员会于1988年3月17—18日在沈阳召开了第46次现场办公会。会议认为：601所、沈飞公司在总参谋部、国防科工委领导和航空工业部的直接组织及国务院有关部、委，空、海军机关的大力支持下，与承担装机成品研制任务的70多个主要厂、所密切协作，勇于开拓，不断创新，攻克了很多技术关键，研制出了性能比较先进的高空、高速战斗机，为改善空、海军航空兵部队装备，提高部队的战斗力做出了贡献。同时，也为我国航空装备的发展走"渐改"道路提供了新的经验。认真总结和运用这些经验，对今后新机研制，特别是对搞好歼8Ⅱ型飞机下一步的工作，有着十分重要的意义。与会同志同意航空产品定型委员会《呈请批准歼8Ⅱ型飞机设计定型》的请示。建议国务院、中央军委军工产品定型委员会批准该产品设计定型。

国务院、中央军委于1988年10月15日批复《同意歼8Ⅱ型飞机设计定型》。

歼8Ⅱ型飞机设计定型后，在沈飞公司文化宫召开了庆祝新机设计定型大会。文化宫门前彩旗飘扬、锣鼓喧天、鞭炮齐鸣，一派节日的气氛。身穿节日盛装的少年儿童兴高采烈地跳着迎宾舞，热烈欢迎上级首长光临庆祝大会。

"凤"舞蓝天——记中国工程院院士杨凤田

1988年3月18日,在沈飞公司召开歼8Ⅱ型飞机设计定型庆祝会

光临庆祝大会的上级首长有:中央军委副秘书长刘华清,中顾委委员原空军副司令员曹里怀、海军副司令员李景、国家经委副主任谢光、沈阳军区副司令石宝源、航空工业部部长莫文祥、辽宁省副省长肖佐夫、沈阳市委书记张国光等。

文化宫里坐满了来自沈飞公司、601所新机科研生产前线的代表们,他们喜气洋洋,忘记了昔日的辛苦,分享着丰硕的成果。

下午2时许,主持大会的601所所长解思适宣布庆祝大会开始。首先由航空产品定型委员会主任、空军副司令员林虎宣布歼8Ⅱ型飞机技术鉴定审查结果:航空产品定型委员会现场办公会议认真听取、审议了歼8Ⅱ型飞机设计定型技术鉴定会的报告,认为歼8Ⅱ型飞机达到了设计定型的技术要求,同意报请国务院军工产品定型委员会审批。这时,全场立刻响起了热烈的掌声。数百名天真活泼的少先队员手持花束,像春天的雏燕,欢呼雀跃着涌入会场,奔向主席台,向大会献词。

庆祝大会收到上级机关、兄弟厂所发来的数十封贺电、贺信。上级首长和领导分别在会上讲话。歼 8 Ⅱ 型飞机通过设计定型，标志着我国的航空工业进入了新的发展阶段。这是经济、政治体制改革的丰硕成果。人们都希望早日把歼 8 Ⅱ 型飞机装备部队，为巩固国防出力。

杨凤田坐在 601 所代表的人群中，当他听到上级机关和兄弟单位的贺词时，当他听到上级首长的勉励与希望时，内心感慨万千、无比激动。从 1980 年 3 月歼 8 Ⅱ 型飞机立项研制，到 1988 年 3 月完成设计定型，整整 8 年啊！2920 个日日夜夜，无时无刻不在为歼 8 Ⅱ 型飞机的研制呕心沥血、出谋划策、孜孜不倦、攻坚解难。那技术人员热火朝天发图场面，那工人夜以继日的大干场面，那首飞成功的热烈欢呼场面……都在脑海中一幕幕闪过。正在这时，沈飞公司总经理唐乾三的讲话打断了他的思绪。唐总经理代表沈飞公司和 601 所全体职工表示："决不辜负中央军委的期望，继续发扬团结、拼搏、求实、创新的精神，不断深化企业改革，将竞争机制引入新机科研之中，加速歼 8 Ⅱ 型飞机的研制进程，为实现国防现代化不断做出新贡献。"这正是他要说的话，也正是他下一步奋斗的目标。

杨凤田（前三左三）在庆功会现场

歼 8 Ⅱ 型飞机研制进度之快、质量之好、效率之高，均创下我国航空工业新机研制史上的纪录，同时也研制出了一批科研成果，提高了航空科技水平，为新一代战斗机的研制打下了坚实的基础。还培养造就了一大批思想好、作风硬、技术精、专业配套的研制战斗机的科技队伍，这是我国航空科技界的宝贵财富，也是研制新一代战斗机的主力军、航空技术发展的希望。

航空兵的主战机种

已设计定型的歼8Ⅱ型飞机，在飞行性能方面，特别是在超声速范围的飞行性能，都优于F-16、"幻影"2000及米格-××飞机。然而已定型的歼8Ⅱ型飞机只满足空军提出的第一步技术状态。进入20世纪80年代，美国、苏联及欧洲研制的战斗机，均开始装备先进的机载雷达、中程导弹及敌我识别设备，使其具有"先敌发现、首发成功"的能力。但歼8Ⅱ型飞机的电子设备、武器系统、火控系统与上述飞机相比，都有较大差距。因此空军提出不要歼8Ⅱ型飞机，造成歼8Ⅱ型飞机未能投入批生产，出现定型即停产的局面。

在歼8Ⅱ型飞机研制过程中，一些新的机载电子设备和机载武器也开始全面研制并取得了一定成果。780厂研制的208雷达具有了拦射能力；613所研制的平显已有很大进展；空军与电子部引进了超短波电台和短波电台；经中央批准，决定引进西欧国家的先进导弹。在调研、考察、谈判和签订合同的基础上，决定研制ZLD导弹。

空军鉴于世界上战斗机的发展水平和国内航空工业的发展现状，在歼8Ⅱ型飞机设计定型后，就要求：歼8Ⅱ型02批飞机应在歼8Ⅱ型飞机设计定型状态基础上，加、换、改装一些新的配套设备，以提高歼8Ⅱ型飞机的作战效能，达到交付部队的飞机具有拦射能力，即能用于作战。因此要求沈飞公司、601所派人进京与空军协商歼8Ⅱ型02批飞机的交付技术状态问题。沈飞公司派主管工程师办公室副主任王树棕前往，与航空航天工业部机关同志一起同空军科研部、装备部、订货部等有关同志进行具体协调落实，经过反复磋商，提出了初步配套方案。在国防科工委六局马俊杰处长的组织协调下，航空航天工业部与空军对歼8Ⅱ型飞机02批交付状态取得了一致意见。

经空军批复02批飞机在歼8Ⅱ型飞机设计定型技术状态的基础上，加、换、改装以下8项配套设备：

（1）加装平显火控系统及其配套的附件；

（2）换装超短波电台，加装短波电台及配套的附件；

（3）加装带垂直极化天线的208雷达（含连续波照射器）及配套的附件，改挂具有中距拦射能力的导弹；

（4）加挂霹雳8空空导弹，改装有关设备以实现离轴发射；

（5）换装数传/导航兼备设备；

（6）换装座椅；

（7）加装新机轮；

（8）加装组合自卫电子对抗系统。

由于02批状态飞机加、改装了上述8项设备，经601所与空军多次协商，最终确定了歼8Ⅱ型02批状态飞机（歼8B）的战术技术指标，然后签订了研制合同。

在这8项设备中，有的设备改装工作量大、技术复杂、涉及面广、周期长。而且对飞机的性能、使用将带来一定影响，为此601所和有关单位对这些设备的装机进行了单项方案论证。根据飞机改装和改进项目的不同进度，只能做到成熟一项，改装一项，并完成相应的试验，适应试飞或补充鉴定试飞，这是歼8B型飞机研制的最大特点。自1989年开始研制以来，所有参研人员在总参谋部、国防科工委、空海军、各有关工业部门和辽宁省、沈阳市的大力支持帮助下，发扬"自力更生、艰苦奋斗、大力协同、无私奉献"的行业精神，克服一个又一个困难，突破关键技术，经受了演习的考验，出色地完成了任务。不仅打破了国外对我国的技术封锁，而且使我国研制水平上了新的台阶，填补了我国在该项技术领域的空白。

1995年12月2日，歼8B型飞机通过了设计定型审查，随后航空产品定型委员会批准设计定型。

杨凤田（右一）向上级领导汇报

从1989年起，歼8Ⅱ型02批状态飞机先后装备了空、海军作战部队，经过试用、训练、演习和作战值班，已成为空、海军的主力作战机种之一。

歼8Ⅱ型02批状态飞机的研制成功并装备部队使用，标志着我国航空工业已经从仿制走向完全自行设计，并逐步成熟。而且在歼8Ⅱ型02批状态飞机基础上，又研制成功了歼8Ⅱ型受油飞机（歼8D），后续研制的各型飞机，都是在歼8Ⅱ型飞机基础上改进改型和发展而成的。

歼8Ⅱ型飞机代表着我国航空科技和工业20世纪80—90年代的综合水平。通过歼八Ⅱ型飞机的研制为后续新机的研制打下了坚实的基础，为航空技术的持续发展培养出了一支科技队伍和各行各业的专家。其国防、社会和经济效益非常重大。因此，歼8Ⅱ飞机获得了"2000年度国家科技进步一等奖"。

当歼8Ⅱ型飞机总设计师顾诵芬回忆歼8Ⅱ往事时，深情地说："歼8Ⅱ型飞机从方案论证、立项、组织发图，一直到试飞、组织设计定型，杨凤田不仅是个参加者，也是个组织者。他从总体室副主任，到总师助理，歼8Ⅱ型飞机好多重要的事他都参加了，而且出了些好点子、好主意，保证了飞机研制顺利进行。他不仅在所内起了很大作用，就是在所外，跟成品厂、所也打得火热，调动了他们的积极性。印象最深的一次是在成都开会，当时会上要求 1984 年歼 7Ⅲ飞机、歼 8Ⅱ飞机都要飞起来。歼 8Ⅱ飞机飞起来的关键问题是成品，杨凤田就把成品厂、所的人召集到一起，调动他们的积极性，研究成品供货问题，保证按时供货，从而保证了飞机的研制进度，提前完成了首飞。"

不难看出：杨凤田参加了歼 8Ⅱ型飞机研制的全过程，起到了中流砥柱的作用。因此，他荣立所二等功 2 次，部级二等功 1 次。

在歼 8Ⅱ型飞机研制中获二等功

第七章 天降大任

3个小人物领回一项大任务

2009年10月1日是中华人民共和国建国60周年华诞。在举世瞩目的国庆盛典上，举行了人们期盼已久的盛大阅兵式。44支精神抖擞的地面方队在雄壮的中华人民共和国国歌声中，迈着整齐的步伐由东长安街走来，威武雄壮的队伍经过天安门、金水桥，接受全国人民的检阅，吸引着全世界亿万人的目光。11时10分，天安门广场上空响起了隆隆的轰鸣声，由远及近。陆、海、空三军组成的12个空中梯队呼啸而至，151架飞机低空飞过天安门广场。在12个空中梯队中第四梯队是由2架空中加油机和2架歼8Ⅱ空中受油机、2架歼10空中受油机组成的空中加油梯队。只见加油机在前，2架受油机在后形成一个楔队。飞过天安门广场上空时，空中加油机放出机翼下的输油软管，左右2架受油机与加油机共同保持550千米/小时的速度，模拟空中加油状态，公开向世人展示它们的威武雄姿。尽管这是空中加油梯

受油机飞过天安门广场上空

队第二次编队通过天安门上空,接受检阅,但它仍然激奋人心、雄振国威,赢得了国人的热烈掌声;外国政要、军界高官为之瞩目;世界各国媒体竞相报道;周边反华势力望而兴叹,反华势头得到扼制。

然而大多数中国人却不知道,第一次世界大战后美国就开始了空中加油技术的研究。第二次世界大战以后,美国和英国先后研制出实用的空中加油装置和系统,即美国波音公司研制的滑槽伸缩管式加油装置和系统,英国空中加油有限公司研制的插头—锥管式加油装置和系统。

空中加油的作用在于:可以加大飞机的航程和作战半径;加大飞机的载弹重和载货量;延长飞机的留空时间。因此,半个世纪以来,空中加油技术得到了迅速发展和广泛的应用。尤其是在现代战争中,空中加油技术已显出巨大的威力,已成为军用飞机完成战斗任务不可缺少的重要手段,是取得现代战争胜利的关键技术之一。在1982年英国和阿根廷之间为马尔维纳斯群岛归属问题发生的战争中,空中加油起了重要的支援作用。此外,空中加油还可在巡逻、运输、搜索、救援活动中发挥作用。然而到20世纪80年代末期,我国在空中加油技术方面还是一片空白。

中华民族是有志气的民族,也是有智慧的民族。"别人有的,我们要有;别人没有的,我们也要有","有志者,事竟成","民族有志,国必兴"。

尽管在空中加油技术上,西方国家对我国封锁,联合起来卡压我们,使我国的加油技术进展缓慢,但我们不甘落后,我们要奋起直追,自力更生地研究空中加油技术,造出我们自己的加油机、受油机,填补我国在空中加油方面的空白。320厂、172厂、601所、609所等单位先后起步研究加油技术,并有了一定的技术储备。

1988年8月26日,一架专机从北京飞往襄樊。专机上乘坐着总参谋部何其宗副总长、国防科工委谢光副主任、空军林虎副司令员、海军李景副司令员及空海军有关部门的负责人,还有航空航天工业部林宗棠部长、王昂副部长及各司局负责人等共30多人。601所总体室工程师李凤文、燃油室副主任潘广江和沈飞公司主管工程师室副主任王树棕(601所派驻沈飞公司代表)也一同前往。这 3 人面对这些高官将领，坐在飞机上，有点丈二和尚摸不着头脑，心里有些忐忑不安。因为派他们出差的单位没有接到开会通知，只是根据电话记录要求派他们参加加油工程会议，是什么级别的会议，有哪些人参加，主要内容是什么，这 3 人一概不知。当他们看到这次会议级别这么高，知道这可能不是一次普通的会议。"我们参加这样的会议合适吗？"这 3 人心里犯起了嘀咕。

当飞机徐徐降落在襄樊老河口机场后，与会人员就直接驱车奔襄樊宾馆。还没有来得及休息，林虎副司令员就分别找各单位汇报本单位空中加油工程进展情况。会议开始后，会议代表先听取 601 所、609 所、172 厂等单位有关加油技术和工程进展情况的汇报，然后参观了 609 所预研的加油吊舱。会上，领导、将军们分别讲话，重点讲了研制加、受油机的目的、意义和急迫性。

当世界进入缓和与和平时期后，局部摩擦和局部战争仍然不断。我国的周边也不安宁，边境冲突时有发生，特别是进入 20 世纪 80 年代，我国南方边境局势更加紧张。南海海域辽阔，包括西沙、中沙、东沙和南沙 4 个群岛，总面积为 360 多万平方公里，地处沟通太平洋与印度洋、连接亚洲及大洋洲的十字路口，自古以来是东方各国海上交往的要道，素有"海上丝绸之路"的美誉，近代已发展成具有世界经济、军事意义的重要战略海域。

在 20 世纪 70 年代以前，国际上公认南海是中国的领海。到了 70 年代，越南、菲律宾、马来西亚等国出于战略和经济利益上的考虑，开始对南海诸岛大举进行军事占领。到了 80 年代，东南亚各国对南海诸岛的侵略已进入战略巩固和经济开发的新阶段。据统计，南海共有 900 多个岛屿，我国只占 9 个，而越南却占领了 28 个，还有菲律宾、马来西亚、印尼等一些国家也占领一定数量的岛屿，将近 60 多万平方公里的领海。

自 20 世纪 60 年代末南海海域被探明蕴藏丰富的油气资源，是世界四大石油产地之一后，越南、菲律宾、马来西亚等国加紧军备扩充，联合起来对付我国，每年从南海海域采走石油约 1800 多万吨，还偷走海洋渔产，扣押我国渔民。另外印度也伺机挑起边境冲突，对我国领土存有野心。这对我国的安全构成了严重的威胁。

无论从地缘政治利益还是从地缘经济利益的角度来看,南海地区都将注定要成为东南亚各国和某些西方国家争夺的焦点和重点之所在。21世纪是进入海洋的世纪,我国不能无所作为。为了生存与发展,我国必须向海洋进军,捍卫南沙群岛不仅是主权问题,还是保卫资源问题,一个稳定的南沙将有力地促进我国的繁荣。无疑,保卫南沙群岛就成为空、海军的最神圣的职责和最紧迫的任务,是空、海军的头等大事。但是20世纪80年代初期,空、海军装备的飞机腿短,尽管歼8Ⅱ型飞机增大了作战半径,还是不够用。航空兵去不了南沙地区,海军的舰艇,没有空军的掩护和配合,作战力量就小。因此,对我国18000公里的海岸线,320万平方公里的海面,不能进行较好的保卫。然而越南离南沙群岛近,有40多架苏-22飞机,在其作战半径范围之内。这样,越南等国长期霸占我国的领土,掠夺我国的资源。

中央军委领导对我国南方边境紧张的局势高度重视,为了使我国的领土、资源不受侵犯,1988年两次开会研究对策,提出了一定要维护我国的领土主权,不能软、不能丢脸、不能吃亏的要求。然而制海必制空,加强空、海军的装备建设是当务之急。于是,1988年3月,军委刘华清副秘书长主持召开了专题汇报会。国防科工委副主任谢光、空军副司令员林虎、海军副司令员李景、航空工业部副部长王昂及有关机关负责人听取了航空工业部有关单位的汇报。经过会议讨论研究,立即决定用海军已装备的歼8白天型飞机进行改装。即将原悬挂的2个760升机翼副油箱和850升机身副油箱改挂3个FYX1400副油箱,机内加注610千克超载油,并挂2枚霹雳2乙导弹作为应急方案(被称为"八三工程"),以增加载油量,加大作战半径。(后经海军试用,达不到作战要求而停止。)但是,这不是长久之计,还必须研究空中加油技术,造出我们自己的加油机和受油机。

中央军委领导下了决心,紧急下达命令,全面启动加油工程的研制。所以在这次现场会上,何其宗副总参谋长强调说:"空中加油工程,中央军委领导非常重视,七八月份召开了两次会议研究这个问题。杨尚昆副主席专门批示要搞这个项目。这个项目一定要搞好，军委曾想过到国外去买，或者租空中加油机、受油机，可这是战略武器，这样办是不行的，只能自己搞。"国防科工委副主任谢光要求："干得越快越好，要立足国内，争取外援。"航空工业部副部长王昂表态说："我是主管这个项目的，这项工作靠外国人是靠不住的，只能靠自己去摸索……现在一天到晚就琢磨这个事情，要脱身皮，我一定组织好。"

李凤文、潘广江和王树棕3人听了领导和将军的讲话，如梦初醒，知道了这次会议的重要性和自己肩负的责任。当会议进行讨论时，主持人要求各单位根据自己单位的情况报出研究计划和所需经费时，可把这3个人难坏了，他们既不是管计划的，也不是管经费的，而且也不知道有多大工作量，这不是让巧媳妇做无米之炊吗？他们只好打电话向自己的领导请示，然而领导对这一新任务一无所知，也不知所云，只好说："根据任务情况，酌情处理吧！"皮球又踢回来了。在会议主持人的追问下，只好凭以往研制型号的经验报了个数目，算是应付过去了。

根据会议讨论的情况，现场办公会确定：用轰炸机改成空中加油机；自行研制空中加油吊舱；用歼8Ⅱ型飞机改成空中受油机。并要求立即上报战术技术指标，进行方案论证，开展研制工作。力争3年、确保4年完成空中加油工程的研制任务。

在这次会议上，空中加油工程就算立项了。航空航天工业部林宗棠部长要求各单位："一定把空中加油工程抓上去，这是航空工业的首要任务。我们要急国家之所急，急战争之所急，用最大的干劲、最快的速度拿出加油机、受油机，维护国家的尊严，打击大小两霸的力量。现在我们国家还很困难，没有钱，即使卖裤子也要干出来。"林部长还要求各单位立即开始工作，设专人管，全线开绿灯，力争3年、确保4年把任务拿下来。

就这样，3个小人物领回了一项大任务。

第七章 天降大任

临危受命

襄樊办公会后，李凤文、潘广江、王树棕回到单位，立即向领导做了汇报。601所领导经过研究决定由两位副总师负责受油机的工作。过了一段时间，航空工业部主管空中加油工程的领导对601所受油机的研制工作开展情况表示不满意，并要求更换领导人。这让所领导很为难，因为这两位副总师专业知识精通，且又是资深的副总师，再找一位比这两位副总师能力更强、更适合主管受油机的人是比较困难的，这让总设计师李明陷入了沉思。这真是"千军易得，一将难求"，李明只好去找顾诵芬总师商量，顾总把所里的十几位副总师在脑海里过了一遍后说："你干脆把杨凤田调出来，让他抓这个事情肯定能干好。"就这样敲定了人选，由杨凤田副总师接管受油机的领导工作，任命他为常务副总师，总师是李明，但李明总师主要抓"八二工程"，受油机的工作交由杨凤田主抓。后来航空工业部下文，任命杨凤田为受油机的型号总设计师，李明不再担任受油机的型号总设计师职务。这样杨凤田在受油机危急时刻，毅然领命，担任受油机研制的主帅。杨凤田知道这项任务的重大意义，更知道这项任务的艰巨性和急迫性。技术难度大、协调关系多、研制周期短，可谓是困难重重。杨凤田面对大的风险、大的压力，并没有一丝胆怯，他以坚强的斗志、刻苦的精神、开拓与务实的态度，带领攻坚团队去攻克一道道技术难关。

虽然杨凤田已参加和主持过歼8飞机、歼8Ⅱ型飞机等飞机型号的研制，但他总觉得这一次不一样，肩上的担子有如千斤重，沉甸甸的。"我能挑起这付担子吗？万一……"他心里也曾七上八下地翻腾过，这无形的压力重重地压在他心上。不过，凭自己多年在型号研制中的摸爬滚打，多年对航空技术、理论的研究与摸索，虽然没有三国时期美髯公关云长挥舞青龙刀的绝技，可他过五关斩六将，刀不血刃；虽然没有常山赵子龙耍银枪举世无双、单骑救主的壮举，但他对飞机的研究已有深厚的理论、丰富的经验，对飞机的设计已是轻车熟路、如履平地；再加上他有运筹帷幄、远见卓识之才，因此，他心中更多的是自信和坚强。自信是成功的第一秘诀。经过一段默默的沉思后，他暗下决心"我要担起这付担子，不能辜负党和国家多年的培养，该出力的时候就得出力，就是用尽全身的力气，也要完成好这项任务。"于是他在受油机的研制中，就像开路先锋，遇山劈山，遇水搭桥，在中国的这块土地上，硬要开拓出一条通往受油机技术顶峰的大道。他跃马扬鞭，带领广大科技人员驰骋在受油机研制的征程上。

办事难，难在起始

常言道：办事难，难在起始；成事难，难在坚持。

良好开端、事成一半。研制受油机首先要解决什么问题呢？那就是研制一架什么样的受油机问题。

襄樊现场办公会后，空、海军就加速了这项工作的研究，并很快拟出了《受油机战术技术要求》草稿，多方征求意见。杨凤田清楚地知道，战术技术指标关系着受油机研制的成败。指标定高了就脱离了中国国情，难于在较短时间内拿出飞机，而不能解燃眉之急。相反，指标定低了，虽然可以较快拿出飞机，但飞机的性能、可靠性等难于与敌机抗衡，起不到捍卫祖国海疆的作用。这是一个左右为难、较为棘手的问题，必须深入研究、慎之又慎。因此，杨凤田组织有关专业人员对受油机的战术技术指标进行讨论研究，并组织人员到国内空八所、172厂、182厂、320厂、试飞院等兄弟单位调研。在1984年，这些单位曾搞过加油机、强5改成受油机的加油工程，后因故停止，半途而废。但他们的资料、经验、教训对歼8Ⅱ改受油机是有借鉴作用的，而且他们还从国外厂家获得了一些资料。与此同时，杨凤田组织参研人员将所有有关空中加油的资料，如美国的军用标准，英国、俄罗斯等国的加油资料等进行消化吸收，初步了解并逐步掌握了加油技术。

靠我国自己的力量在较短的时间内搞出加、受油机，上级领导还没有足够的把握，还想争取些外援。于是1989年中旬先后组织考察团到某些国家考察。杨凤田有幸参加了某国的考察，同去的有总参谋部装备部、空司科研部以及西飞公司的有关同志。

在考察中，杨凤田非常专注，认真地听、仔细地看，按事先准备的问题，及时提出，寻求答案，一次不行，再次提问，直到所有问题都有了满意的答案为止。通过这次考察，他收获很大。

回国后，根据外国受油机装固定式探头的经验，他提出歼8Ⅱ受油机也装固定式受油探头的想法。在当时受油探头有多种方案的情况下，杨凤田说服了空军副司令员林虎，这样受油探头方案之争才算结束。

在受油机全面铺开设计之前，杨凤田提出了受油机的设计原则：

(1) 在歼8Ⅱ02批7项改进的基础上改装空中受油机。装歼8Ⅱ原型机的电子对抗系统。

(2) 研制中应贯彻'经济、可靠、实用'三者紧密结合的原则，充分进行技术、经济、进度三坐标论证，全面衡量，着眼于综合效益，争取尽快（争3年、保4年）拿到成果，以解决我军装备的燃眉之急。

本着上述原则，在技术方案的取舍、设备的选用上，在力所能及范围内求先进，对于一时难以达到的技术要求，要采取分步实现的方针，以减少风险，求稳妥、可靠，获得好的总体效益。

(3) 坚持自力更生的原则，以自行设计为主。鉴于西方国家对我国研制空中加油系统实行技术封锁，我们必须在"改革、开放、搞活"方针指引下，发扬自力更生、艰苦奋斗的精神，研制自己的空中加油系统；同时，我们也要采取各种手段打破封锁，尽一切可能收集、研究国外有关空中加油的资料为我所用，通过各种渠道引进关键技术和关键设备，解决自行设计中的难点。

(4) 从歼 8 Ⅱ飞机的实际情况出发，参照、应用国外有关空中加油的标准和规范。按上述设计原则，601 所技术人员根据多年研制歼 8 机的经验和已掌握的加油工程技术，对空、海军提出的战术技术要求，提出了修改意见。明确了空中加油系统的作战使命，是通过空中加油增加飞机的作战半径或航程，执行远距离作战任务。首批歼 8 Ⅱ受油机采用可拆卸的固定式受油探管装置，基本飞行性能、最大使用过载、操稳特性同歼 8 Ⅱ型飞机，还明确了最大受油率和加油速度。空、海军在 601 所等单位的配合下很快拟制出《空中加油系统战术技术指标》，联合上报总参谋部和国防科工委。

破解受油机技术之谜

按战术技术要求，我国采取的空中加油方式是插头——锥管式。加油设备安装在加油机机身外的外挂加油吊舱内。其空中加油过程是：当加油机与受油机接到加油指令后，飞到加油空域。加油前，加油机将带锥管的软管放出，受油机飞入加油机后下方预对接位置，当飞行员看到对接信号时，操纵飞机缓慢加速使安装在受油机上的插头插入锥管加油插头内并锁紧，加油机和受油机保持同一速度，接通加油系统开始对受油机加油。加油完毕，通过加油机油量控制发出停止加油信号，停止加油后受油机减速，受油插头与加油接头脱开，受油机脱离，加、受油过程完毕。

加油过程是在空中进行的，受油机飞行员能准确地将受油探管插到加油机的锥套里吗？

加、受油机加油时相距只有 15 米，两机会不会相撞啊？加油机的锥套是否会打在受油机的座舱盖上呢？

受油机插头会不会折断？

受油机安装受油探管后，对飞机的结构、强度和气动力有否影响？发动机会停车吗？

加油过程是否因漏油而着火呀？

对于刚刚起步研制受油机的人们来说，无疑这些问题都是未解之谜。必须一个个给予破解，否则就无法继续研制下去。

尽快找出谜底已成为当务之急，前人没有言传，书本上没有现成的答案。常言道：成人靠骨气，成事靠灵气。杨凤田还知道"群众是真正的英雄，实践出真知"的道理。于是，他开动脑筋，依靠群众，坚持在实践中找答案。

1. 模拟编队飞行

为了破解空中加油时，加、受油机是否会相撞的谜。杨凤田提出用加油机、歼8飞机按空中加油要求进行编队飞行，以验证编队飞行的可行性，并探索编队飞行的程序和训练方法。经空军司令部同意，601所发出了《加、受油机领先编队飞行任务书》。

1988年10月，空军飞行训练中心按任务书的要求，组织编队试飞，杨凤田带领601所工程技术人员到试飞现场跟飞。虽然时间已进入了10月，但地处沧州的空军飞行训练中心还是显得比较炎热。一般试飞都在天晴日朗的白天进行，飞机跑道上热得烤人，真可谓头顶烈日、脚如火烤。北方人没有受过这样的苦，但他们还是坚持着。在601所的配合下，空军飞行训练中心圆满完成了任务，验证了加油机、歼8飞机实现空中加油编队飞行的可行性，为空中加油工程的研制测绘了必要的数据，积累了第一手资料。

1989年6月，601所配合空军飞行训练中心又完成了第二次加油机、歼8飞机的领先编队飞行任务，进一步验证了实现空中加油编队的可行性。

这样的编队飞行，在中国空军史上还是第一次，它不仅为研制加油工程开了好头，还充分证明了我国空军飞行员的英勇果敢，不怕苦、不怕死的精神，有过硬的技术和本领，他们是完全可以胜任空中加油任务的。

模拟编队飞行后，就解开了加、受油机是否会相撞的谜底。

2. 选型试验

为了破解受油探管对飞机的影响，确定受油探管的设计参数，杨凤田组织了选型试验。

受油插头对进气道影响试验 为了确定受油探管的安装位置和受油探管对飞机进气道的影响，1989年2月进行了进气道和全机选型高速风洞试验。对吹风结果分析发现：所设计的固定式探管在试验范围内，特别是在亚跨声速时的横向特性比较差，有的状态甚至达到了不可接受的程度，为此决定进行第二轮风洞试验。

根据第一轮试验结果，确定了4个方案进行第二轮风洞试验。1989年5月27日，试验在沈阳626所正式开始。不久后，在北京发生了"六四"事件，波及全国。601所和626所克服了电力紧张和"六四"事件的影响，于6月13日完成了全部吹风试验项目，达到了预期的目的。在吹风期间，李明总师、杨凤田与李天副总师以及有关技术人员多次到吹风现场，讨论了试验结果，并确定了歼8Ⅱ受油机探头的安装位置，作为打样发图的依据。

探管测力试验 为了测定受油机受油探管在不同状态下作用在探管上的气动载荷，并为计算探管强度、结构设计提供试验数据，1990年3月29日在626所进行了受油探管的测力试验。试验结果表明：

飞机在受油时，由于飞行速度不大，气动力载荷与受油探管工作载荷相比，其值很小；

由于受油探管参与飞机各种机动受载，其气动载荷较大，但与工作载荷相比，其值也较小。

高速校核试验 为了校核固定式受油装置对受油飞机的纵横向气动特性的影响，校核平尾效率、方向舵效率，1990年5月6—19日在626所AT-1风洞进行了高速校核试验。试验结果表明：

歼8Ⅱ飞机加装固定式受油装置后，零升阻力稍有增加，全机焦点前移不大，增加了低头力矩，对其气动特性也无大的影响。

低速风洞试验 为了研究受油装置对飞机纵横向气动力特性的影响，特别是对起飞着陆性能的影响，1990年8月7日在701所进行了6分量的测力试验。

试验结果表明：

在巡航和起飞着陆时，受油装置对飞机的纵横向气动力特性影响不大。

通过上述试验，杨凤田及有关设计人员心中有了底。

3. 领先飞行

受油探头的布置是直接影响歼 8 Ⅱ 受油机作战性能的关键。

受油探头的位置和可视性关系到与加油机的编队、对接和加油过程是否容易操纵，从而保证飞行安全的问题。所以，在选型试验完成后，601 所又做了 1∶1 的受油插头木制模型，装在歼 8 Ⅱ 飞机上，请飞行员在座舱中观察，提出意见。当方案确定后，再把插头装置全套模型装在木制样机上，请参加座舱布置评审人员进行评审。评审员认为：受油插头在空中受油对接时，容易观察，飞机起降、飞行和作战中不影响对目标的观测。这样，确定了可拆卸固定式受油探头装于飞机座舱右侧，探头前端位于座舱右前方。这样的布局方案结构简单，便于安装，利于飞行员的观察。后来，外国专家来沈阳讲课时谈到，其公司为非洲等国家的米格－××改装固定式受油插头后，由于插头振动，飞机只能飞 $Ma\,1.4$。歼 8 Ⅱ 受油机加装固定式受油插头后能否全包线飞行，一时成为人们关注的焦点。无论是地面试验，还是风洞试验，都无法模拟。在这种情况下，杨凤田根据工程经验，提出在歼 8 Ⅱ 04 架飞机上加装固定式受油插头进行领先试飞的设想。领先试飞也可验证歼 8 Ⅱ 受油机加装固定式受油插头后对飞机的操稳特性、结构强度及对进气道和发动机的影响，极早发现问题、少走弯路。这种设想得到了现场指挥部总指挥唐乾三的支持，并制定了受油探头领先飞行的试验计划。该计划也得到使用部门的支持。在 1989 年 5 月 9 日受油机现场指挥部的第二次会议上，研究确定在歼 8 Ⅱ 04 架飞机上进行领先飞行试验。

为了保证领先试飞安全顺利进行，在放飞前进行了质量评审。对试飞员、指挥员进行了理论、操作培训，然后按新机放飞程序要求，总工程师、总设计师、总检验师签字后，由唐乾三经理签字批准放飞。1989 年 12 月 16 日，歼 8 Ⅱ 04 架飞机首次领先试飞成功。首飞试飞员是试飞大队一级飞行员李均田上校，首席指挥员是沈飞公司特级飞行员鹿鸣东副经理。航空航天工业部加油工程总指挥王昂总师、军机司毛德华司长、加油办祁玉祥处长等部机关同志，受油机现场总指挥唐乾三经理、副总指挥顾元杰总师、解思适所长、李明总师、杨凤田副总师等厂所领导及驻公司总军代表吕杰等同志，不畏严寒亲临现场指导。在首飞时，有歼教6飞机伴飞，观察受油机探管情况和对飞机的影响，用摄像机拍摄记录。另外，04架飞机座舱中也改装有M10摄像机监视探头飞行情况。

根据首飞试飞员的评述和飞行参数记录仪记录，这次首飞，最大飞行高度为10千米，最大飞行马赫数是$Ma1.2$。

飞机从起飞到着陆一切正常，未出现异常情况。只是在低表速上升飞行时，飞行员目视探管有轻微抖动现象，但没有引起飞机振动，飞行员无感觉，仪表观察正常。另外，在马赫数达某一数值时，飞行员感觉座舱右下方有轻微响声。

这次首飞成功，给杨凤田及参加受油机研制的领导、工程技术人员和工人同志们以极大的鼓舞，增强了信心，增添了干劲，给受油机研制工作加了一次油。

受油探头装置的领先试飞，经历了大表速、大马赫数、升限、复杂特技等科目的飞行，得到了设计方案可行的基本结论。

谜被一个个破解了，如拨云见日一样，为以后的设计研究带来了光明。

排难解困，抢发图样

1989年下半年，受油机的研制进入到了设计发图阶段。杨凤田组织专业人员确定了受油探头的安装位置和支臂形式，随后又协调了加油总管的通路。把影响发图的技术问题一一解决了。但是，飞机座舱是飞机的关键部位，座舱布局是飞行员最关心的，必须经过他们的评审同意才能打样发图。第一次评审时，其座舱仅是纸面上的平面布置，缺乏立体感，评审组建议：最终评审应在真实的或1∶1木制座舱内进行操作后进行。

遵照评审组的意见,杨凤田立即组织队伍,于1989年7月1日成立了木制座舱课题研制组。在解思适所长与杨凤田副总师的领导下,积极开展工作,制定了在歼8Ⅱ木制样机上进行改装的计划。

杨凤田与解思适向国防科工委领导汇报

由于当时正值国内动乱,国外对我们所需引进的设备停止出售。在上级机关尚未决策的一段时间里,此项工作一度停止。在歼8Ⅱ受油机的技术状态日趋明朗化以后,课题研制组的同志立即按备份方案开展工作。经过601所8个室、3个车间、2个处等单位60多人的大力协同,辛勤劳动,于9月23日按期、优质、安全地完成加装全尺寸受油探头的座舱布局工作,为按时进行座舱评审提供了条件。

1989年11月1—2日,在601所召开了第二次座舱布局评审会。与会代表对601所排除动乱干扰和克服原定引进设备改用备用方案所带来的困难,做了大量卓有成效的工作,按时提供评审表示赞赏。以空军何新明处长为组长的12名评审组成员认为:提交评审的座舱布局是忠实于5月会议所通过的座舱布局方案,并在此基础上有所改进,在总体上是合理的,是可以接受的。座舱评审的顺利通过,使座舱布局冻结,为系统设备发图工作提供了先决条件。

"凤"舞蓝天——记中国工程院院士杨凤田

1991年6月6日，样机评审

由于"六四"风暴波及全国，某些成品厂、所没有按规定时间提供相关图样、资料，使601所某些专业无法发图。同时使引进设备工作受阻，外国借机不执行合同，不提供产品和资料，致使两项设备由引进改成自行研制，这无疑拖了受油机的研制进度，又给发图工作增添了不利因素。

另外，发图时正逢元旦和春节两个节日。有些人早有休假的安排，人心不稳，发图积极性不高。再加上新同志多，缺乏发图实践经验，给发图增加了一定的困难。面对这种局面，杨凤田与解思适所长先后召开两次发图动员会，传达上级的要求，宣讲空中加油工程的重要性和紧迫性。唤起设计人员的积极性，已安排休假的同志自动放弃休假。广大设计人员昼夜赶班，连续奋战，争分夺秒抢时间，在沈飞公司的配合下，提前完成了发图任务，打了一个发图会战的大胜仗。

发图会战的日日夜夜，杨凤田与设计人员一样同甘共苦，奋战在现场，给设计人员极大的鼓舞。当最后一批图样送往沈飞公司后，他如释重负，紧绷的心开始舒展了，浑身上下好像轻松多了。回到家里脸上露出了笑容，老伴疑惑地说："今天太阳从西边出来啦！怎么阴转晴了？"当她得知发图会战结束时，老伴心疼地说："这回你该睡个好觉了！"是的，一个进入花甲之年的他，和青年人一样，连续日夜奋战，怎能不感到疲劳呢？然而他重任在肩、身不由己,他还是没有睡上一个安稳觉,还有那么多的试验工作等着他去指挥呢!

力排众议,坚持地面对接试验

歼8Ⅱ受油机在歼8Ⅱ02批技术状态基础上加、改装受油系统和相关机载设备,并进行了相应的结构更改。因此,燃油系统是受油飞机研制成败的关键。飞机燃油系统要占整个飞机空间的50%以上,大的改动势必会影响其他飞机系统的更改,从而加大研制的工作量。为此杨凤田提出:飞机燃油系统最好能在歼8Ⅱ飞机燃油系统地面压力加油的基础上,将系统的更改包络在本系统范围内,除了充分借鉴歼8飞机的研制经验,做好理论分析和计算外,要充分进行试验验证工作,并将试验验证工作贯穿到整个研制的全过程。因此,在初步确定方案—发图之前进行了地面原理方案试验;发图后—总装完成前进行了系统地面模拟试验;受油机首飞前进行了飞机地面模拟加油试验。在空中加油对接前还需要做加油机—加油吊舱—受油飞机地面联试,可直接检查加、受油机空中加油系统的相容性,联合工作的安全和可靠性,检查加、受油机空中系统联合工作功能,以确保空中对接加油时的安全、可靠,并能顺利进行。为此,加油工程总师系统于1991年1月末在北京主持召开了"空中加油工程总师系统联席会"。在会议讨论中出现了不同的声音,有的代表认为该项试验工作量大、时间紧、耗资多,试验设备也不全,此项试验可以不做,而由各承制单位分别保证加油机、受油机、吊舱的研制质量,保证达到战术技术指标要求。杨凤田没有苟同这种意见,他借鉴外国的研制经验,坚持要做这项试验。为此,他与潘广江一起主动找其他单位代表协商、沟通、讨论。阐明"各单位的分散试验,不能代替加、受油系统地面功能试验。因为分散试验只能检查各单位产品自身的功能、可靠性,无法检查整个加、受油系统各设备间的接口的正确性、兼容性,无法检查全系统的功能和可靠性。所以,加、受油机地面联试是必要的,也是可能的,不能不做。"在他的坚持下,这项试验于1991年7月在西飞公司正式开试。为了保证试验顺利进行,开试前,专门请专家进行了评审。评审组认真审查了技术文件;实地考察试验现场,设备布局;检查了测试设备改装和调试;考核了参试人员的定岗、定位、定职状况。评审组认为:加油机已通过了闭环调节试验,受油机通过了大流量的加油试验,两机系统状态良好,联试的组织工作周密,试验设备完好,试验的后勤保障工作落实,保安措施可行,试验准备各项工作满足试验大纲和工作大纲要求,具备试验条件,建议开试。经总设计师系统审核,试验领导小组批准,按规定的试验程序开始试验。林宗棠部长、王昂副部长亲临试验现场,检查指导试验。经过两天的紧张工作,试验顺利完成。

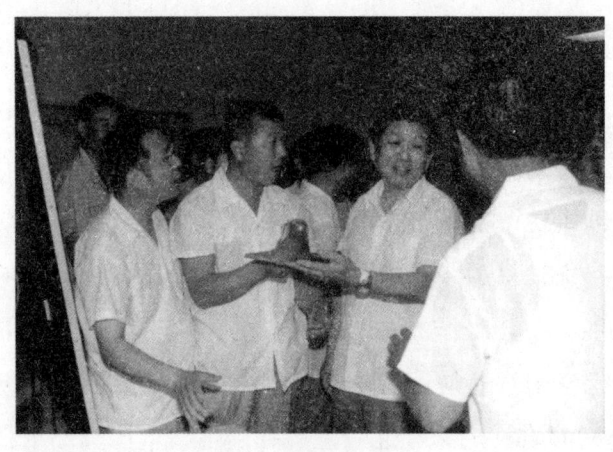

1989年8月5日,顾诵芬(左一)、杨凤田(左二)向林宗棠(中)汇报工作

试验结果初步表明,加、受油系统方案正确,主要技术参数基本满足了战术技术指标要求,为实现加、受油机的空中对接输油,积累了经验,增强了信心。

该项试验的成功,打破了西方国家对我国的封锁。充分发挥了自力更生、艰苦奋斗、大力协同、无私奉献的精神,证明了中国人有志气、有能力掌握和发展先进技术。

这项试验，对加油工程是至关重要的。在一无资料、二无经验、三无先例的情况下，用很短的时间，就完成了这项试验，是非常不容易的。因此，中央军委刘华清副主席、总参谋部何其宗副总长、海军李景副司令员收阅了林宗棠部长签发的试验成功的电报后，分别做了批示，空军加油办发来了贺电。贺电说："欣闻××加油机与歼8Ⅱ受油机地面对接加油试验成功，空军首长和机关特向你们表示热烈祝贺，向参试人员表示亲切的慰问。希望你们在此基础上，精心设计、严密组织、圆满高质量地完成空中对接试飞及设计定型工作，争取早日装备部队，为国防现代化建设做出新贡献。"

试验结束后，林宗棠部长和王昂副部长讲了话，祝贺试验成功，并对今后的工作提出了要求。

在受油机研制过程中，601所及各兄弟单位先后做了大量的充分的试验，才保证了受油机安全上天，安全对接加油，飞机交付部队后，安全飞行。这与杨凤田坚持试验的思想和决心是密切相关的。

打响第一炮

经过沈飞公司的努力，第一架歼8Ⅱ受油机（0305）总装工作于1990年10月胜利完成。公司在总装厂召开了报捷和试飞动员大会。会场上红旗招展、锣鼓喧天，在欢呼和掌声中，披着红花彩带的飞机，推出总装厂房。总装厂长向试飞站长递交了合格证；试飞站长表了决心。驻公司军代表柏树葆副总，601所杨凤田副总师，公司党委书记许焕刚、经理唐乾三在会上讲了话。在肯定试制阶段成绩的基础上，再次对试飞工作进行了动员。随后将首架歼8Ⅱ型受油机移交给试飞站，从而进入了试飞准备阶段。

为了按期安全首飞，成立了试飞领导小组，公司副经理鹿鸣东任组长，601所杨凤田副总师、驻公司军代表柏树葆副总任副组长。

"凤"舞蓝天——记中国工程院院士杨凤田

经过沈飞公司和601所上下的共同努力，0305架飞机已处于待飞状态。1990年11月21日，总指挥唐乾三签署了放飞的命令。上午10时许，太阳露出了笑脸，小北风将烟雾吹散，远远的村庄、树木清晰可见。这时0305架飞机随着一颗绿色信号弹的升起，也箭一般地冲入蓝天。试飞员李均田上校驾驶着战鹰在指挥员鹿鸣东的指挥下，在机场上空盘旋。机场观看的人群中有总参谋部、国防科工委、空军、海军、沈阳空军及航空航天工业部机关的有关领导、专家评审组成员及有关机载设备厂所代表，大家屏着气，鸦雀无声，所有的目光都投向了那矫健的雏鹰。这时，杨凤田的心里是不平静的，他既喜悦，又担心。喜悦的是，自己主持研制的飞机在空中展翅翱翔，有如自己的孩子长大成人了，可以参军报效祖国了，这是多年的期盼、多年的心血，终于实现了。担心的是，这毕竟是首次上天，千万别出闪失啊！雏鹰在飞翔，杨凤田的心在悬着。"儿行千里母担忧"，杨凤田自然会担忧这刚刚出世的雏鹰。18分钟过去了，雏鹰平稳安全着陆了。机场上响起了雷鸣般的掌声。当飞行员走下飞机舷梯时，杨凤田随着领导群走向飞行员，与他握手，向他祝贺。

0305架飞机的首飞成功，比预定计划提前了40天，为整个加油工程的完成打响了第一炮。同时也标志着空中加油工程将进入一个崭新的阶段。

航空航天工业部特意向沈飞公司、601所发来贺信：

"欣悉歼8Ⅱ受油机首飞成功，向参加受油机研制工作的全体同志表示亲切的慰问和热烈的祝贺！

歼8Ⅱ受油机自1989年1月开始研制以来，在总参谋部、国防科工委、省、市领导的指导帮助下，在空海军及有关承制单位的大力配合下，你们充分发扬了"自力更生、艰苦奋斗、大力协同、无私奉献"的行业精神，勇克难关，励精图治，经过不到两年时间的艰苦努力，提前一个月完成首飞任务，其意义十分重大。受油机不仅是我部今年"六机上天"的一个重要机种，更是空中加油工程的重要组成部分，受油机的首飞，为整个加油工程奠定了基础……"

第七章 天降大任

迈出关键的一步

受油机首飞成功极大地鼓舞了参研人员。杨凤田趁势调动各单位的积极性，加紧准备受油机和加油机的空中对接试飞。空中加油对接时，是亚声速的加油机在前，超声速的受油机调整到与加油机同航向，以接近的速度在加油机后下方飞行，并将受油插头准确地插入加油吊舱拖曳的直径30厘米的锥套中，好像在运动中将棉线穿入针孔一样。两架飞机都在空中飞行，受油插头插入锥套后，两架飞机要保持同航向、同速度，避免相撞，直到受油结束，才能脱离。飞行员操纵飞机的难度可想而知了。面临着这重重困难，杨凤田亲临现场，组织飞行员和技术人员反复进行对接试飞、超密度编队飞行训练，总结经验，使飞行员逐步掌握了对接操纵技术，为对接加油首飞打下了技术基础。

与此同时，空中加油工程在上级机关和航空航天部的领导下，各参研单位做了大量工作，都取得了可喜的进展。加油吊舱的研制，突破了新技术，填补了国内空白，在大量调整试飞中，初步解决了存在的问题，具备了对接加油的首飞条件；加、受油机完成了地面对接输油功能联合试验，达到了对接加油首飞的技术状态。因此，1991年11月17—19日，航空航天工业部在阎良试飞院召开了加、受油机空中对接技术评审会。会议组织了以航空航天工业部飞机设计顾问组，空、海军，航空航天部工业有关单位的专家、教授等29人参加的评审组。听取并审阅了试飞院、西飞公司、沈飞公司、601所、609所等单位的汇报和有关技术资料，观看了加、受油机及加、受油装置。在飞行组、系统组进行专业评审的基础上，进行了综合评审。评审组认为：加、受油机已经具备对接加油的首飞条件，飞行员有良好的飞行技术基础。评审通过，可以进行对接加油试飞。

1991年12月23日下午，加、受油机首次实现空中对接，两架飞机飞行平稳，对接、脱开正常。

"凤"舞蓝天——记中国工程院院士杨凤田

加、受油机在空中的姿态

加、受油机首次空中对接加油成功后,时任国务院总理李鹏、国家科委宋健主任以及中央军委、总参谋部领导等相继发来贺信和指示。中央军委的贺信中写道:

"首次空中加油的成功,是空中加油工程迈出的关键的一步。这一重大成果,结束了国产飞机不能进行空中加油的历史,标志着我国已经掌握空中加油技术,打破了西方国家对我国的技术封锁,为我军航空兵发展远程作战提供了技术基础。对于增强我空、海军作战能力具有重要的战略意义。"

另外,总参谋部迟浩田总长、空海军首长、林宗棠部长、王昂副部长也分别发来贺信和重要指示。

加油工程当时是保密的,但空中加油成功后,美国人却得到了消息,还放言"中国人一夜之间就掌握了加油受油技术,但他们要推广使用需要 15 年。"美国人的讲话不是危言耸听,因为空中加油确实是一项高难度的飞行技术,是需要胆量和毅力的。在后来的一次空中加油中,由于受油机飞行员操作动作稍猛了一点,在受完油后,受油机稍微高了一点,几乎贴着加油机机翼上面飞过去,危险极了。当飞机着陆后,飞行员坐在车里一句话不说,就回宿舍了。对空中加油失去了信心。杨凤田只好跟到宿舍，做飞行员的工作，"以后还得继续飞啊！"说了很多鼓励的话。不久空军司令员带一些参谋干事到试飞院了解情况，在与试飞员座谈时，试飞员讲了加油机与受油机的对接过程中多么难、多么危险。司令员听后认为这么难的飞行技术怎么推广呀！因此加油工程在推广使用中遇到了很大阻力。空军不愿意飞，杨凤田只好找海军，请海军支持。因此加油工程的推广使用首先是在海军开始的。过了两年，倡导加油工程的军委副主席刘华清见空军没有飞加、受油机，便问空军司令是怎么回事。空军司令不好说什么，以后便开始在空军推广使用。中国的飞行员是勇敢坚强的，明知前方危险，他们还是不顾个人的安危坚持飞下去。经过多次的飞行，终于掌握了这种对接技术，不到15年就已推广使用了。

遇难不惊，多谋善断

从1990年11月21日受油机0305架首飞成功后，研制工作就进入设计定型试飞阶段。参加定型试飞的有0305、0306两架飞机。到1993年12月13日，试飞院按定型试飞大纲规定的试飞科目全部飞完，经历3年22天。完成了空中受油技术的飞行，受油机的飞行性能、操稳特性和37项新成品设备的鉴定试飞和适应性试飞任务，共338个起落277小时50分钟。在定型试飞期间，先后发生各类故障154次。

歼8Ⅱ型受油机空中加油系统技术要求高，研制周期短，既没有预研基础，又没有任何技术储备。在现有的歼8 02批飞机上改装设计，给研制工作带来很大困难。在借鉴外国飞机资料和国内兄弟单位先期工作经验的基础上，依靠自己的力量进行研究设计，在试验、试飞中出现各类故障是不可避免的。而试验、试飞的目的也就在于暴露设计、工艺、生产中的缺陷，以便加以改进，达到技术指标要求。

出现故障后,关键在于如何排除故障。杨凤田作为型号总师,他组织了跟飞技术工作组,派往试飞现场。他自己也常到试飞现场去,了解试飞进展情况,处理出现的各类问题。俗话说"处乱不惊,气死神仙",面对出现的故障,他总是精神镇定,冷静思考,查找原因,摸索出解决问题的办法,然后果断处理。

受油机工作现场

在154项故障中,主要故障有:座舱噪声问题,惯导"死机"问题,受油插头断裂问题,机翼副油箱加油通气阀门和安全阀门排油问题,等等。

1. 排除噪声,开路辟径

在歼8Ⅱ型04架飞机加装受油插头进行领先试飞和第一架受油机(0305)在沈阳和阎良进行调整和定型试飞过程中,试飞员都感到座舱中噪声比歼8Ⅱ型飞机大,有时影响收听无线电。对于这一问题,杨凤田和其他设计人员在设计时是没有预料到的。

噪声容易引起飞行员的烦躁、不安情绪,并产生疲劳,长时间在噪声环境下,对飞行员的健康也会产生影响;同时影响飞行员与地面塔台的通信联系,影响飞行员的操纵;在强噪声环境下,听不清发动机的声音,难以判断发动机的工作状态及变化情况。严重的情况下,会导致机毁人亡的重大事故。

噪声问题发生后,各级领导十分重视,参加飞机研制的科技人员在没有任何技术储备的情况下,做了一些定性的测试。在航空航天工业部加油办的领导下,601所、试飞院于1991年5月成立了攻关组:

组　长:杨凤田(601所)

副组长:屈见忠(试飞院)

顾　问:张克荣(试飞院)

攻关组成立后,组织试飞院对噪声进行了测试。测试结果表明:歼8Ⅱ型02批飞机座舱的噪声最大未超过100dB(A),而加受油装置后座舱的最大噪声已超过110 dB(A),并且座舱噪声随飞机飞行速度的增大而增大。在较低飞行速度时,存在某一速度界限(噪声产生速度),当飞机超过该速度界限值时,座舱噪声变化非常明显。

杨凤田心里很清楚,排除噪声不是个简单的技术问题,它涉及的专业面广,涉及的单位多。自从我国自行研制飞机以来,还是第一次出现这样的问题,没有先例,也没有经验教训。完全靠他领导的攻关组去闯出一条新路,劈出一条捷径。这真让他有点食不甘味、夜不安寝、朝思暮想。英雄面前无困难,困难面前识英雄。杨凤田在困难面前是从不畏惧的,而且越是困难,斗志越强,有股不排除困难决不罢休的劲头,"不与寒霜斗,哪来春满园"啊。为了解决问题,他特意买了马大猷的一本有关噪声的参考书,反复翻看,反复思考,寻找解决问题的办法。后来他想起了古代大禹治水的故事。大禹的父亲鲧看见洪水淹没了村庄和田野,房屋倒塌了,牲畜被冲走了,庄稼也被冲毁了,人们只好四处逃荒。鲧很急,就把天上的土偷下来去堵洪水,但没有堵住,而被天帝处死了。鲧在临死前,叮嘱儿子禹:"一定要把洪水治理好"。禹改变了鲧的做法,带领人们开凿了龙门,挖了9条河,垒起了堤坝,把洪水引到东边大海里,最终洪水退了。大地又恢复了欣欣向荣的景象。禹因此成为人们世世代代敬仰和爱戴的英雄。"排除噪声与治理洪水应该有异曲同工之处吧,治理洪水不能堵,只可疏。而排除噪声是该堵,还是疏呢?"他在脑海里思考着。俗话说:"细嚼有滋味,细思出智慧",他终于想出点头绪来了。于是,杨凤田组织601所技术人员进行讨论研究，制定了降低噪声的 3 个方案：

(1) 受油探管与身体连接处加装阻尼材料；

(2) 在受油探管"直立段"加装后整流罩；

(3) 改变受油探管角度。

受油机噪声攻关试验

这 3 个方案都是减噪的办法。经在 0305、0306 两架飞机上改装试飞后，噪声有所降低，但并没有彻底解决。那么噪声降到多大才算合适呢？当时国内还没有标准可依，而且每个飞行员对噪声的感觉也不一样，为了统一对座舱内噪声的评价标准，1993 年 2 月在西安召开了受油噪声攻关第一次专家咨询会议，会议对试飞院与空四所提出的座舱内噪声评定标准取得了一致认识。同时建议尽快研制有源消声头盔，把噪声堵在飞行员耳朵外边，不让他听见，这是一种防噪措施。国防科工委 507 所根据 601 所的技术要求，研制出了高性能的隔声头盔，隔声效果很好。经过多次试用，符合技术标准，满足了飞行员的要求。

至此攻关组经过 3 年多的艰辛工作，终于使噪声攻关取得了可喜的成果。联合攻关组认为：现有受油探管与机身连接处粘贴阻尼材料，采用经改进的头盔，这既有减噪又有防噪的措施，使飞行员听无线电通话不受影响了。

这项攻关成果，不仅解决了歼 8 II 型飞机加装受油探管后产生的噪声问题。也在以后研制的新机上推广使用，这是开创性的成果，它为中国航空史又书写了新的一页。

2. 指点迷津，解开"死"穴

歼 8 Ⅱ 型受油机是在歼 8 Ⅱ 02 批飞机基础上进行研制的。改进燃油系统，加装受油装置是研制受油机的关键。可是要在万里长空使加油机和受油机在各种气象条件下准确飞向指定空域、靠近、对接，顺利完成加油，还需要对飞机的导航、仪表、显示、氧气、环控等系统作相应改进。按空军的要求，受油机原定采用从法国引进的惯导系统，因受"六四"风波的影响，引进设备已成为泡影，只有采用 618 所新研制的 563B 惯导，然而这个新产品又大又笨，飞机没有那么大的空间装它的各个附件。如果重新更改设计，重新研制，显然赶不上飞机的研制进度。杨凤田再三思考后，带领专业技术人员赵松梅等带着一大包飞机协调图样到北京小汤山空军招待所与 618 所协调惯导装机事宜。经商议，杨凤田决定：601 所想办法把惯导的主机装到飞机上去，但惯导的显示装置必须符合飞机的要求尺寸，才能装入飞机的座舱。618 所所长冯培德听后一下子由阴转晴，脸上露出了笑容，心想"这下惯导有救了"。因为他知道：显示装置要一分为二，这只是小改动，完全可以赶上装机进度。从此他们研制的惯导像自己丑陋的女儿一样终于找到了婆家，可以出嫁了。563B 惯导成功地装到了飞机上。

但事情没有那么简单，1993 年 8 月，歼 8D 受油机在阎良机场试飞过程中，特别是在飞机发动机起动时，563B 惯导计算机曾多次出现"死机"现象，使系统无法工作。另外，还出现了速度误差异乎寻常的"大数"，而在地面重新起动系统时，该现象又不复现。当时成了试飞中的一个"拦路虎"，引起了现场指挥部、飞机总师系统的高度重视。什么原因引起的呢？各说不一，争论不休。618 所说是飞机的电源品质不好，601 所说是惯导的问题。杨凤田经过分析判断，初步认为机上电源未曾改过，各设备都用此电源，所以故障应该出现在惯导本身，惯导应适应飞机电源的要求。于是，他亲自到 618 所参加了技术讨论会，分析故障原因，积极出谋划策，具体提出了 3 条意见，使到会人员很受启发。最后，他对 618 所所长冯培德说："老冯啊，别扯了，问题就出现在惯导本身，你好好查查吧！"

根据会上大家的分析，618 所积极组织技术攻关，通过对试飞数据的分析，现场测试以及大量的地面模拟试验，终于搞清了造成"死机"和"大数"的原因。主要是当惯导计算机 5 伏电源受到干扰出现负尖峰并低于某一电压时，就会出现"死机"。显然，一方面系统必须提高自身的抗干扰能力；另一方面，一旦出现"死机"，计算机应有"激活"功能。为此，当时在系统采取了几项措施，如：加强 5 伏电源的入口滤波，保证 5 伏电源波动在允许的范围内，以防止负尖峰干扰造成 5 伏电源幅值瞬间过低；增加软件"激活"功能，使计算机重新复活等。

由于采取了以上措施，在 9 月以后的试飞中再未出现过故障，保证了定型试飞的顺利进行。

3. 巧断断裂，搬掉拦路石

受油插头是空中受油过程中关键部件。在空中受油过程中，为防止受油失败而损坏其他的连接机构，在插头与受油探管间连接处采用弱连接。根据苏联的经验，并参照英国某公司设计规范，弱连接的横截面采用 3.5 毫米直径的铆钉。结果在对接受油试飞中发生多次受油插头断裂、掉铆钉、漏油、变形等故障，又成了研制路上的一块拦路石。面对这块拦路石，杨凤田召开专题会议研究，参加会议的各方，又是争论不休。这时杨凤田就拍板说："不要像出现事故分析时的态度，各自站在自己的角度，使工作无法进行，都要从自我查起，该改的就改，不要推诿！"会后，他组织 601 所自查，将铆钉的直径由 3.5 改成 4.0，经过多次强度试验，完全满足静强度要求，但是在空中试飞时还是断裂。问题出在哪呢？杨凤田再次把影响断裂的环节排查一遍。"难道是加油时的对接速度问题？"他想到这里，就没有再往下想，因为对接速度不是 601 所定的。他只好再次组织各单位继续查找原因。试飞院是负责试飞的，副总师侯玉燕也想到了对接速度问题，与有关技术人员一起，参照外国的经验，经过仔细计算、对比，认为应该把对接速度降到某一值，以减少动强度的影响。该方案却遭到其他单位的反对，杨凤田支持侯副总的意见，经过几次试飞，探头都没有断，成功了。在杨凤田的组织下，采取连接铆钉加粗、降低对接速度 2 项措施后，只用了 2 个多月时间就解决了探头断裂问题，他与攻关的人们一样高兴极了。这不仅搬掉了加油工程的一块拦路石,而且为以后研制各型带有受油功能的飞机铺平了道路。真是前人栽树,后人乘凉。

打破常规,抢先定型

"上天难,设计定型更难。"这是研制飞机的人刻骨铭心的一句警言。歼8Ⅱ受油机从1990年11月21日首飞上天后就进入了定型试飞阶段。按《空中加油研制任务书》的要求,应在1992年完成空中加油工程的设计定型。601所应于1992年9月完成歼8Ⅱ受油机设计定型技术资料、文件的编写工作,10月完成设计定型技术鉴定工作。然而,由于定型试飞未能如期完成规定的试飞科目等多方面的原因,1992年底歼8Ⅱ受油机未能进行技术鉴定。

1993年8月,中航总又下文要求601所于11月完成受油机的设计定型。这对杨凤田的压力是很大的,别无选择,只能迎着困难上。1993年10月7日,杨凤田主持召开了受油机定型工作准备动员会。会上,他作动员讲话说:"中航总要求我们于11月完成受油机定型的准备工作。从现在算起已经不足2个月的时间,而定型试飞尚未完成,困难确实很大。不过大家想想,我们干了这么多型号,有哪个型号没有困难?我们不都克服了吗?没有困难还要我们这些人干什么!在困难面前,我们从来没有低过头,弯过腰。我们要迎着困难上,发扬我们敢打敢拼的光荣传统,再打一次漂亮仗,要打赢这一仗!要开动脑筋,想尽一切办法,决不能让定型的列车在我们这一站晚点,而且尽量把已晚点的时间抢回来!"然后,他又布置了有关定型资料、文件、摄制录像片、布置受油机展室等工作。虽然杨凤田的动员话语不多,但很有号召力。会后,各单位领导立即组织此项工作,机关也给予了大力支持。1993年底,设计定型的各项准备工作基本完成。

按正常程序和上级要求,设计定型资料准备好后,就要申请设计定型。可是601所与沈飞公司的领导都担忧起来。原因是：歼8Ⅱ型受油机是在歼8Ⅱ型02批状态飞机基础上改进设计的，按正常程序，歼8Ⅱ型02批状态飞机应先于或同时与歼8Ⅱ型受油机完成设计定型。歼8Ⅱ型02批状态飞机原定于1991年完成设计定型，然而由于第一次ZLD弹定型靶试失败，致使歼8Ⅱ型02批状态飞机定型拖后。到1993年末，ZLD弹定型靶试攻关还在进行。而受油机的设计定型试飞工作预计可全部完成，其他各项定型准备工作也可完成。难道还要等歼8Ⅱ型02批定型后，再申请歼8Ⅱ受油机设计定型吗？杨凤田与厂、所领导都在衡量这个问题，经过商议认为歼8Ⅱ型受油机可先于歼8Ⅱ型02批飞机完成设计定型。这样有利于沈飞公司维持歼8Ⅱ型飞机生产线，有利于歼8Ⅱ型受油飞机及早交付部队试用，掌握空中加油技术。因此于1993年11月2日向中航总和空军司令部呈送了《关于歼8Ⅱ型受油飞机设计定型程序意见的报告》，要求受油机先于歼8Ⅱ型02批飞机定型。同日，601所向航空产品定型办公室呈送了《关于歼8Ⅱ型受油机设计定型安排意见的报告》。

1993年12月，歼8Ⅱ型受油飞机设计定型试飞工作结束。试飞结果表明：受油机的飞行性能、操纵稳定特性、空中受油能力已经基本满足战术技术指标要求，研制任务书中规定的各项工作也已经基本完成。1993年12月14日，601所、沈飞公司及驻沈飞公司军代表再次联合向航空产品定型委员会呈送了《关于歼8Ⅱ型受油飞机设计定型的请示》，建议于1993年12月25日召开设计定型审查会。但因受油机的拦射火控系统未能定型，航空产品定型委员会不同意召开设计定型审查会。因此1993年仍未完成受油机的设计定型任务。

光阴似水，春夏秋冬又一年。

1994年11初，驻沈飞公司军代表室代表使用方对歼8Ⅱ型受油飞机的设计定型工作进行了预审。经审查认为各项设计定型工作已经全部完成，同意受油机在歼8Ⅱ型02批基础上的改进部分进行设计定型，并向空军和航空产品定型委员会做了报告。

1994年11月15—17日，航空产品定型办公室在沈阳601所主持召开了歼8Ⅱ型受油飞机设计定型审查会。审查组认为：歼8D型飞机已经具备设计定型条件。鉴于歼 8D 型飞机是在歼 8B 型飞机基础上改进研制的型号，而歼 8B 型飞机尚未完成设计定型工作，建议歼 8D 型飞机的设计定型审批工作报航空产品定型委员会和上级领导机关确定。

1995 年末，航空产品定型委员会审查通过了《歼 8D 型飞机设计定型审查报告》，并向国务院、中央军委军工产品定型委员会请示。而这时歼 8 Ⅱ 型 02 批飞机尚未设计定型。因此国务院、中央军委军工产品定型委员会并没有马上批准定型。直到 1995 年 12 月歼 8 Ⅱ 型 02 批飞机设计定型后，1996 年 4 月 23 日，国务院、中央军委军工产品委员会才批准歼 8D 型飞机设计定型。由此不难看出，抢先定型的愿望是好的，但这好的愿望未能实现。再次说明"定型更难"的说法的确是经验的总结之谈。

歼 8 Ⅱ 受油飞机研制成功后，于 1996 年开始交付空、海军使用，从而大大增加了空、海军的作战能力，大大扩大了航空兵的活动范围和机动性，无论是对远程作战，还是近距战斗都十分重要。有了受油机和加油机就使空、海军有可能在战区争取制空权，为赢得战斗的胜利创造了条件。尤其是对南海、黄海资源的保护起着威慑作用。

杨凤田获受油工程国家科技进步特等奖

为了及时解决空、海军使用中出现的问题,杨凤田派出飞机技术服务组。尽管他已经主持歼8Ⅲ型(即歼8C)飞机的研制工作,但他一直关心着受油机在部队的使用情况,受油机的外场简报他总是份份必看,发现问题还亲自过问解决。歼8Ⅱ受油飞机是他亲自主持研制的第一个型号飞机,如同长子一样,他倍感亲切,倍感关怀,更倍感自豪和欣慰。

第八章 争气未成

就是要争这口气

  20世纪80年代我国自行研制的歼8飞机和歼8全天候型飞机装备部队后，成为空、海军主力作战机种，大大提升了空战能力。1980年开始研制歼8Ⅱ型飞机，在技术上又上了一个新的台阶。但歼8Ⅱ型飞机的武器火控系统仍落后于国外飞机的水平。一位巴西空军参谋长看过歼8Ⅱ型飞机后说："这是一架好飞机，可惜它像轿车装了吉普车的仪表。"不能满足空、海军的作战要求。面对当时的国内、国外形势，部队的装备急待改善。国家领导人，空、海军首长也非常着急，迫切要求改变武器装备落后的现状。恰在这时，中美关系有所改善，双方领导人互访频繁。1985年3月，中美双方商谈了中美在陆军武器及电子设备方面的合作事宜。借此机会，决定歼8Ⅱ型飞机改装美国的电子火控系统，即"和平珍珠"计划，国内称为"八二工程"。空军把改装后的歼8Ⅱ型飞机视为在2000年前后对付敌人进攻性飞机的拳头力量。可是好景不长，好梦未圆，到20世纪80年代后期，东欧巨变，苏联解体，世界上两霸相争的冷战格局被打破，其余波也传到中国，1989年爆发了"六四"风波。以美国为首的西方国家，粗暴地干涉我国内政，借此对我国举起了"制裁大棒"，美国单方面终止"八二工程"合同，使我国蒙受重大经济损失。这是对中国人民的极大羞辱，极大伤害，也激起了中国人民的极大愤慨。中国是有自己国格、有自己尊严的国家，中国人民是有志气、有智慧的民族，对"制裁"这口气是咽不下去的。中国的上上下下，都想用一种新机来替代"八二工程"飞机，证明中国人民的能力，出这口恶气，并很快形成了一种思潮。"八二工程"刚一停止，601所就建议尽早召开"歼8B型飞机改装/改进方案论证会"。在1989年8月，国防科工委主持召开的专题会议上，601所全面阐述了立足国内航空科研的实际水平，以歼8Ⅱ型02批飞机为基础，充分利用已有的或即将成熟的预研成果，改装功能和性能与"八二工程"相当的国产化数字综合火控系统，使飞机具有下视下射和全向拦射的空空全天候作战能力，并具有一定的空地攻击能力。改进飞机机体提高机动性，换装大推力的发动机，使飞机性能进一步提高，从而提高空空作战能力，有效地对付低空突防目标，并具有一定的空面导航攻击能力，经过这样的改进，飞机的综合作战性能超过"幻影"2000，可以与F-16相抗衡，可以应付我国边境可能发生的局部战争。尽管这次会议没有做出最后决定，但601所的决心始终不渝。于是，1989年9月27日又与沈飞公司联合行文向航空航天工业部请求歼8B改型飞机立项，得到林宗棠部长的支持，而且在企事业领导干部会上，林部长要求各单位立即行动起来，以拼搏奉献的精神投入到工作中去。并将歼8B改型飞机命名为歼8C型飞机。

民心所向，得道多助。事也该成，恰逢时任党中央书记的江泽民视察沈飞公司。1989年10月31日，江总书记观看歼8Ⅱ型飞机飞行表演，沈飞公司总经理唐乾三抓住机会向江总书记汇报了"八二工程"被美国制裁的情况，及沈飞公司和601所干歼8Ⅲ型飞机的决心："以沈飞公司遇到的情况看，军用飞机的发展必须走自力更生的道路，靠别人是不行的，过去苏联制裁我们，现在美国又制裁我们。中国人民并不笨，只要给钱、给时间，一定能搞成功。"江总书记认真地听了汇报，最后说："那好，我们中国人就是要争这口气。"

1989年11月10日晚上，江总书记又给林宗棠部长打了电话，江总书记说："在军委领导会上，我讲了到沈飞公司看了歼8Ⅱ型飞机，歼8Ⅱ型飞机是个好飞机，工厂搞得很好，经理不错，很有干劲，愿意为国防多作贡献。歼8Ⅲ型飞机一定要搞，钱，我想办法筹集，我们这么大的国家，买几架飞机解决不了问题，还是要自力更生，靠我们自己，搞它200架……"江总书记的决策与决心，是一次强有力的政治动员，是一声震撼祖国山河的进军号，说出了航空人的心声，激发了航空人的斗志。

1989年10月31日，江泽民总书记到沈飞公司视察

1990年11月23日，总参谋部批准歼8Ⅲ型飞机作战使用性能，批复中强调：歼8Ⅲ型飞机是中央军委和中央专委批准研制的重点项目，是我军主战战斗机中的高档机种，是2000年前应付边境冲突和突发事件的"拳头"力量。歼8Ⅲ型飞机的研制重点是落实专委提出的换装"昆仑"发动机，改装与"八二工程"功能相当、性能相近的火控系统及其他有关系统。命名为"歼8C"型飞机。

歼8Ⅲ型飞机被列为国家重点型号，从一开始研制就成为了"宠儿"。其研制受到党中央、国务院、中央军委的高度重视，专款专用，大力支持。可谓是天时、地利、人和，万事俱备。1991年5月4日，国防科工委、国家计委和财政部发出通知，要求各相关单位：按照总参谋部、国防科工委批复的战术技术指标要求，立即开展歼8Ⅲ型飞机的研制工作。从此，歼8Ⅲ型飞机的研制工作在全国展开。只待一架崭新的飞机飞向蓝天！开创中国航空工业新的篇章！

为了使研制顺利进行，确保研制目标的实现，601所于1990年3月9日召开了科研生产会议，专题研究部署歼8Ⅲ型飞机的工作，决定由李明总师担任型号总设计师，杨凤田任常务副总师，负责日常工作并抓总。航空航天工业部成立了"八三工程"总指挥系统、总设计师系统、总质量师系统、总会计师系统。

李明被任命为"八三工程"的总设计师,杨凤田被任命为"八三工程"常务副总设计师(1996年7月被任命为"八三工程"总设计师)。从此,杨凤田开始率军踏上了研制歼8Ⅲ型飞机的征程。

杨凤田在歼8Ⅲ飞机研制动员大会上讲话

抢建环控实验室

歼8Ⅲ型飞机是在歼8B型飞机基础上进行重大改进研制的全天候战斗机。

歼8Ⅲ型飞机总体设计状态可以概括为在歼8B型飞机基础上进行的改型设计,即两大改、两适应和八改进。

两大改:

(1)改装自行研制的数字式综合火控系统;

(2)改装2台自行研制的"昆仑"发动机。

两适应:

(1)具有空中受油能力;

(2)具有组合式自卫电子对抗系统。

八改进：

（1）混挂3种导弹；

（2）增加炸弹种类；

（3）采用补偿空速管；

（4）改进弹射座椅；

（5）改善起降性能；

（6）使用过载提高到8；

（7）改善飞机的维护性和可靠性；

（8）调重心和采取减重措施。

由于上述改进，还引起飞机相关系统、结构的改进。

歼8Ⅲ型飞机环控系统采用了一套新研制的大制冷量、综合设计的环控系统，既可以满足飞机座舱通风、增压和除雾要求，又满足雷达、电子和电源设备的通风冷却与增压要求。新的设备、新的接口附件多，管路复杂。因此要求在1994年年底歼8Ⅲ全状态飞机03架首飞前，必须做完环控系统的地面试验。可是，由于种种原因，到1994年初环控实验室土建工程才完成个壳子。距离完成试验时间已不足一年，而且实验室必备的大储气罐、低压舱段等设备尚待订货。在这种条件下要完成试验，在正常人看来是绝不可能的事。在601所所长办公会上，明确由杨凤田负责完成此项试验。面对别人不愿意干的工作，他眉头没皱一下，就爽快地接受了任务。但他知道靠他一个人是无济于事的。俗话说得好"浑身是铁，也打不了几个钉"。必须依靠集体的力量和智慧。于是在他的建议下，601所成立了以所长刘春义为组长、杨凤田为常务副组长，由经济副所长施荣明、基建副所长孙志德、生产副所长王德纯、总会计师赵铭津及各有关机关领导参加的领导小组。在他主持下，领导小组每周召开现场例会，检查进度，协调解决各种问题，保证各项工作都按计划节点进行。由于参试的人员多、设备多，在管理上他采取了措施，成立了QC小组，保证工作质量和安全，设专人记试验日志和协调更改记录，建立会签、加班补助等制度。50多人的试验队伍形成一个整体，不分单位、统一调度、统一指挥，每个人各尽其责，使试验工作井井有条。那么多的工作该从何抓起呢？他用自己的智慧，与有关人员一起详细分解工作项目，提出影响进度的主要工作，并制定了网络图。经分析，影响进度的主要工作有土建及设备安装、实验舱段制造、压气机采购、非标准设备制造。他分轻重缓急、分步实施。实验舱段如不按时到位就无法封闭实验室大门，土建工作无法继续进行。他就派专人到辽阳的制造厂跟班督促，直到设备按时发来。土建及设备安装是沈阳第三建筑公司负责，春节前他专门去拜访，与其领导沟通，讲清该项目的重要性，请求他们春节一过就来到现场。要知道，春节后的沈阳仍是天寒地冻的时候，不时有北风呼啸、大雪纷飞的天气出现。一般土建工程都已停工，等3月份后才能复工。可是这个项目等不及，工程队的工人们战天斗地，不惧风雪严寒，日夜加班，只用3个月时间就完成了土建和设备安装任务，为该项试验赢得了时间。

在压气机采购的问题上，有人主张到南方购买，有人主张在沈阳赶制。杨凤田权衡利弊后组织专人调研，最后，决定采用沈阳气体压缩机厂的压气机。但按正常的生产周期是不能满足试验要求的。他就亲自到市政府找主管副市长张瑞昌汇报，得到了支持。张瑞昌指派市经委国防处的负责同志和他一起到气体压缩机厂进行协调，取得了很好的效果，特意调整计划保证按进度提供产品。

测控系统也是这次试验的关键问题之一。杨凤田从长计议，主张采用当时国内领先的设备和技术，以提高实验室的综合测试能力。可是经费不足，一时又难以解决。但他并没有因此而却步，多方协调、绞尽脑汁，最后硬是从尚有缺口的土建费中挤出200万元，购买一套多控制、多测试回路的自适应控制机，为高质量完成试验创造了条件。

但是问题还没有完，就在安装压气机时，发现压气机的底座高度不够，要浇灌水泥，可是时间来不及了，怎么办？施工人员急得来回转，不知所措。正在这时，杨凤田来到现场，问清情况后，他与孙志德副所长筹谋一会儿，决定用厚钢板垫，并亲自跑到物资仓库找材料，这样解决了问题，保证了工期。

在试验大干的日子里，杨凤田和试验人员打成一片，白天工作忙几乎每天晚上他都出现在现场。参加试验的李幼奎同志回忆说："他知道大家的辛苦，和我们打成一片没有催进度而是问有什么困难，有什么问题，需要哪个部门支持和帮助，帮助我们解决信号电缆不够、设备地基偏差、超大型设备晚间运输和墙壁开孔预留方案等具体问题。在现场他也和我们工作在一起，我们在桥架上布线，他也帮忙扶一把梯子、递一根线，同时告诫注意安全，使人感到亲切，心里温暖，干劲也就更足了。由于他的感染力，大家心往一处想、劲往一处使，形成集体力量，最终只用3个月时间就完成了设备组建和调试任务。为试验奠定了坚实基础，使试验如期得以开试。"

环控实验室按期建成并提前完成试验，受到上级的好评。杨凤田在试验总结会上深情地说："只要我们加强领导，认真组织，采用切实可行的办法，一些看来似乎按期完不成的工作也是可以完成的。"

老杨的这个建议很好

1997年4月23—24日，时任中共中央政治局常委、中央军委副主席的刘华清在有关领导的陪同下到阎良航空工业有关单位视察。杨凤田参加了汇报会，在他汇报时，讲到中央领导对歼8Ⅲ型飞机非常重视，基层也非常认真，但是中间有些不协调，希望能成立"八三工程"领导小组。刘副主席插话说："老杨的这个建议很好！"刘副主席听完汇报指示说："成立'八三工程'领导小组的建议很好，请曹主任（原国防科工委主任曹刚川）回京后尽快落实。"根据刘华清副主席的指示，于1997年6月正式成立了"八三工程"领导小组。领导小组的组成是：

组　　长：王统业（国防科工委副主任）

副组长：刘高倬（中航总副总经理）

　　　　王良旺（空军副司令员）

还有王金城、付振国等国家与军队各大机关的9名组员。

这是我们国家第一次成立有国家计委、总参谋部、总后勤部、国防科工委、财政部、空海军、机电部、冶金部、电子工业部和中航总、有色金属工业总公司、国家建材局等组成的高层领导小组，突显了对歼8Ⅲ型飞机的重视和殷切期望，也是对研制体制的完善和尝试。1997年6月12日领导小组正式成立。1997年6月22日由组长王统业副主任在北京主持召开工程小组第一次工作会议。2000年9月28日在北京召开第六次领导小组会，这也是最后一次会议。

杨凤田（左一）向领导汇报

领导小组伴随着型号研制3年3个月，共召开了6次会议，十多次到现场检查工作和现场办公，开专家会议，邀请有关厂、所、院校领导一起研究解决问题。对推进飞机、发动机设计定型试飞进度，协调解决各种问题起到了十分重要的作用。其中杨凤田是功不可没的。

三位一体，一个轴心

沈飞公司在601所的配合下，经过上上下下全力以赴，日夜赶班，终于把歼 8Ⅲ 01 架飞机组装出来，并于 1993 年 12 月 12 日首飞成功。中央军委、总参谋部欣悉此事，立即向中航总发来了贺信："欣悉配装'昆仑'发动机的歼 8Ⅲ 01 架飞机首飞成功，取得了歼 8Ⅲ研制工作第一个战役的胜利。……歼 8Ⅲ01 架飞机首飞成功取得的阶段性胜利对我军武器装备发展具有重要意义。"中央首长的祝贺与关怀，更激发了参研人员的斗志和干劲，"争三保四"实现了，还要实现"争六保七"。

歼 8Ⅲ型 01 架飞机首飞成功

歼 8Ⅲ型 01 架飞机首飞成功

"凤"舞蓝天——记中国工程院院士杨凤田

1995年10月31日,空军第一试飞大队付国祥同志驾驶歼8Ⅲ01架飞机转场到阎良机场。从此,歼8Ⅲ型飞机进入设计定型试飞阶段。

1996年9月23日下午,空军第一试飞大队黎庭光副大队长驾驶歼8Ⅲ03架飞机也顺利转场到阎良机场,加入到定型试飞的行列。

航空航天工业部《关于全面开展歼8Ⅲ型飞机研制工作的决定》中明确要求:"歼8Ⅲ型飞机定型试飞技术难度大、周期短,必须加强管理,精心组织,推进协作,以确保完成'争六保七'设计定型的目标。"

定型试飞是试飞院的主要任务。为了保证试飞顺利进行,成立了现场技术工作组。飞机厂、所,发动机厂、所和各新成品厂、所,都派出技术服务人员到试飞现场跟飞,约20个单位近百号人。杨凤田经常到试飞现场去,及时发现、协调、处理各种问题。由于飞机是新的,发动机是新的,雷达火控系统也是新的,有些新成品第一次装机,因此试飞初期故障比较多。发动机的故障刚排完,飞机上天后,雷达等电子设备又出现故障了,飞机停飞了,又要排除新的故障。可是飞机刚飞一两个起落,发动机又有故障了,这样反反复复,飞机飞行的有效起落数很少。各单位的跟飞人员出于各单位的利益,自身的责任,再加上跟飞人员的技术水平和素质参差不齐,常常出现扯皮、推诿、争论不休的局面。一人一把号,各吹各的调,很难形成统一的意见,很难拧成一股绳,形成合力。致使试飞工作步履维艰,有如蜗牛爬行一样,其进展速度很是缓慢。杨凤田看在眼里急在心上。"照这样飞下去,何时才能飞完哪?不行,得想点办法。"于是,杨凤田决心要采取有效管理措施扭转这一局面。他找当时在试飞现场的中航总"八三工程"办公室主任王勇、试飞院院长陈启顺、发动机总师严成忠协商,如何才能加快试飞进度问题。按当时跟飞人员的状况,他们认为应再次强调研制歼8Ⅲ型飞机的重大意义,一定要讲团结、讲协作、顾全大局。让大家知道试飞工作缺了哪一家都不行,大家必须要心往一处想,劲往一处使。在杨凤田的建议下,1997年10月17—18日,"八三工程"领导小组副组长刘高倬在阎良召开有18个单位"一把手"参加的两师系统会议。会上,大家统一了认识,必须大力协同、严密组织、加强管理,以确保试飞进度。会后,在试飞现场初步形成了以型号办主任王勇为核心,试飞院院长、飞机总师、发动机总师"三位一体"的组织模式。在后来的试飞中,这个组织模式发挥了很大的作用,时刻以实现歼8Ⅲ型飞机研制目标为宗旨,齐心协力、求真务实,使总公司的初衷得以落实,并收到预期的效果。特别是在已明确歼8Ⅲ型飞机不搞设计定型的情况下,飞机总师单位及有关厂、所仍以大局为重,全力支援"昆仑"发动机的定型试飞,并按计划完成了试飞任务。

王勇主任很熟悉试飞工作,有很强的事业心、很强的组织能力和凝聚力。他与杨凤田密切合作,无论是飞机厂、所,辅机厂、所,发动机厂、所,试飞院,还是试飞团,大家都一致认同在歼8Ⅲ型飞机试飞中形成的"三位一体、一个轴心"的管理模式,他俩在这种管理模式的形成和发展中起到了关键作用,在试验现场有口皆碑。

2010年10月,杨凤田与王勇在一起

开创软件管理的新方法

歼8Ⅲ型飞机综合火控系统是我国首次自主设计、自主开发的第一套数字式综合火控系统。在功能和性能上达到了国外第三代同类系统的水平，填补了多项国内空白。

综合火控系统的组成包括有：脉冲多普勒雷达、连续波照射器、雷达罩、惯导系统、火控计算机、大气数据计算机、外挂物管理子系统等十几个组件。涉及的单位有613所、615所、618所、南京14所、171厂等十几个单位。设备多、厂家多、技术新，这无疑给火控系统的定型试飞带来了很多困难。

综合火控系统的软件是系统的重要组成部分，它嵌入到各子系统的处理机中，其功能是为综合火控系统提供综合的控制和管理，完成任务准备阶段、导航阶段、空中警戒阶段和攻击阶段的全部要求的系统控制、任务解算、信息传输和显示等。这套软件决定着飞机的空战能力和飞机自身的安全问题。尽管在定型试飞前做过C型件（原理样件）和S型件（装机样件）系统综合联试，进行过软件攻关，解决了大量问题和故障。但进入定型试飞后，软件管理曾一度失控，问题和故障仍不断出现，而且问题的出现呈现发散状态，越来越多，面越来越大。这引起了杨凤田的高度重视。他深入了解每次故障的过程，寻找故障原因，又向生产单位现场跟飞人员详细了解每个软件的研制过程和有关技术细节。经过他的认真思考、分析，他意识到问题的关键是各单位的软件研制缺乏工程化管理，没有统一的技术标准，没有统一的检测手段，各家各行其是，因此软件的技术状态难以控制。而且歼8Ⅲ型飞机的综合火控系统是一个高度综合化、数字化的火控系统，每一个故障都可能需要多方面的研究、协调才能解决。所以杨凤田与行政指挥系统协商并同意后，决定立即组织业内专家对主要成品参研单位的软件研制过程进行检查。可是这些参研单位都不愿意接受检查，因为软件的研制过程各单位都有自己的办法，是相互保密的。于是杨凤田只好再次与各参研单位协商，强调要以大局为重，强调技术交流，共同借鉴、共同提高。他耐心细致的工作，诚恳热情的态度，说服了各单位。这样经过半年的调研和论证，在相关法律、法规尚不健全的情况下，建立了试飞现场软件配置管理系统，采用工程化方法管理软件，通过集中管理、双方控制的手段解决软件产权与保密问题，首次成功解决了软件管理方面的难题。软件配置管理系组建后，综合火控系统各子系统软件均纳入配置管理库，彻底杜绝了以前无法监控和管理的混乱局面，使软件版本得到了有效控制。在杨凤田的组织下，按这种管理方法，对各家的软件研制过程进行了全面检查，发现问题立即解决。这是首次在飞机型号研制中推行软件配置管理和软件第三方检测，使软件的技术状态可控、可追溯。这次检测后，故障出现的概率明显下降，经过半年的运行，大家看到了第三方检测的效果，大大提高了软件的研制质量，对保证定型试飞进度起到了至关重要的作用。从此，杨凤田关于软件配置管理和第三方检测的方法被军方和后续各重点飞机型号研制广泛应用，在中国开创了软件工程化管理的先河。

伤痛的心又被刀刺

1997年1月24日下午1点，西安阎良机场的天气突然变坏，能见度不足3千米。正当这时，空军第一试飞大队副大队长黎庭光驾驶着歼8Ⅲ04架飞机从沈阳转场至阎良。地面指挥员黄炳新立即向空军西安基地报告，建议飞机到备降机场降落。可是飞机已飞过临汾，剩油只有1800千克，不可能再返回备降机场，只能继续向阎良机场飞来。在飞机距离阎良机场100千米时，指挥员通报："本机场能见度变差，大约3千米。"（飞机着陆的能见度要求不能小于5千米）飞机到达跑道上空，在指挥员的指示下，黎庭光找到跑道，然后下降高度，正常放下起落架，四转弯后，模糊看到部分跑道，进行方向校正，黎庭光判断："下滑线有点高"，飞机在距跑道端头21米处，两个主轮接地滑行，却不知道前面有一条新挖的深为半米多的电缆沟，至使右主起落架安装结构断裂，起落架脱落。飞机进入跑道滑跑约500米后，向右冲出跑道，撞断5根护场铁丝网水泥柱和9根直径150毫米以上的树木，停在农家果园里，飞机严重受损，飞行员受了轻伤，发生了二等事故。

歼8Ⅲ04架飞机在"阴沟里翻船",让杨凤田和所有参研人员感到震惊和痛心。上级不得不批准再生产一架与04架飞机状态一样的05架飞机,完成定型试飞任务。但"争六保七"设计定型时间也不得不推迟2年。

05架飞机于1998年9月10日转场到阎良,开始承担04架飞机定型试飞的科目。就在1999年5月20日下午,05架飞机进行训练飞行时,刚起飞二三分钟,飞行员报告左发动机火警信号灯亮,地面指挥员要求取消训练飞行,立即返场,随后就失去了联系。有目击者讲,飞机带着巨大的火光坠毁在富平县刘古镇,飞行员跳伞成功。飞机坠毁后发生大爆炸,碎片降落处最远距机达400米,击伤地面4人,飞行员受伤较重,但神智一直清醒。这又是一次二等事故,真应验了中国那句"福无双至,祸不单行"的老话。由于这次二等事故,致使上级领导认为:余下的两架飞机已难于完成原定的任务,同时因研制进度严重拖后,歼8Ⅲ型飞机的技术状态已不能满足空军作战的使用需求,其地位已被新研制的飞机所取代。因此总装备部决定:

(1)歼8Ⅲ飞机研制目标调整到2001年底前完成设计鉴定,不再定型装备部队;

(2)装歼8Ⅲ飞机的"昆仑"发动机完成设计定型,走完研制全过程,为我国自行发展航空发动机积累经验,并作为新型飞机的备选发动机。

这就等于宣判了歼8Ⅲ飞机的死刑,刚满11岁的"宠儿"就夭折了。歼8Ⅲ飞机首任型号总设计师李明痛心地说:"'八二工程'是美国政府给中国造成的重大经济损失,'八三工程'却是我们自己给党和人民造成了重大损失,这是多么令人痛心啊!"在这之后,杨凤田带着"八二工程"带给他的羞辱和伤痛,憋足了劲去搞"争气机",可是"争气机"并没有争气,这好像在他已经伤痛的心上又刺了一刀,心在流血,真是痛上加痛。

杨凤田参加了歼8Ⅲ型飞机研制的全过程,亲历了歼8Ⅲ型飞机研制所取得的每一项成果和每一个挫折。他清楚地知道:

尽管歼8Ⅲ型飞机没能设计定型,没能批量生产装备部队,但对"昆仑"发动机的研制和设计定型做出了无私的奉献;

歼8Ⅲ型飞机综合火控系统是我国依靠自己的力量研制的第三代数字式综合火控系统，它的成功研制为歼8后续飞机的发展提供了条件；

更值得提出的是，通过歼8Ⅲ型飞机的研制，使我们在型号研制管理上摸索出一套宝贵的经验，同时为我国航空工业培养了一大批人才。一大批1982年后毕业的大学生通过歼8Ⅲ型飞机的研制和锻炼走上了各级领导岗位，为振兴航空事业发挥着他们的聪明才智。

2006年9月，"八三工程"办公室成员在温州

杨凤田是个血性、刚烈的男人。他怀着十分伤痛、十分遗憾的心情，尽量去挖掘和利用歼8Ⅲ型飞机的研制成果，在歼8Ⅲ型飞机基础上，他又主持研制了JBⅦ和JBⅨ型飞机，成为空、海军的主力作战机种和拳头力量，大大提升了使用部队的空战能力。直到这时，杨凤田才扬眉吐气、心旷神怡。

利剑出鞘舞长空，
拨云见日显彩虹。
风风雨雨何足惧，
潇潇洒洒建奇功。
雄鹰高翔俯虎狼，

> 一箭双雕惊苍穹，
>
> 干将铸剑二十载，
>
> 凤田育鹰尽平生。

"军婚"不能破坏

在"八三工程"中，重点是"两大改"，改装新研制的"昆仑"发动机又是重中之重。在飞机总体方案论证时，杨凤田曾提出"歼8Ⅲ型飞机先装涡喷13发动机，对于'昆仑'发动机先搞一架验证机，等经过充分试飞验证后，再移置到歼8Ⅲ型飞机上来。"但国防科工委却坚持一定要上"昆仑"发动机，并称其与歼8Ⅲ型飞机是"军婚"，不能破坏。还说："自古华山一条路，没有'昆仑'发动机就没有'八三'机"，总师单位只好服从。杨凤田从实际出发，又提出发动机（与涡喷13发动机相比）应遵守三不变的原则，即：

(1) 进气道不变；

(2) 发动机外壳尺寸不变；

(3) 安装形式及安装部位不变。

其目的是可用涡喷13发动机作为备份发动机，一旦昆仑发动机有问题，不至于影响飞机的研制。然而杨凤田有先见之明的3条原则也没有做到，于是不能与涡喷13发动机互换。在飞机调整试飞过程中，"昆仑"发动机出现了较多故障，较严重地影响了飞机的研制进度。在世界航空领域，除自然因素外，对飞机安全直接构成影响的有"三大杀手"，分别是飞机颤振、失速尾旋和发动机空中停车。之所以称它们为杀手，是因为飞机一旦在飞行中出现了这些情况，往往凶多吉少。因此发动机的故障严重地威胁着飞机的飞行安全。但杨凤田还只好硬着头皮用"昆仑"发动机飞下去。到飞机定型试飞时，故障仍然是频繁不断。原601所所长，歼8Ⅲ型飞机现场副总指挥刘春义在回忆文章中写到：

"整个定型试飞中,飞机实际成为发动机空中试车台。定型试飞不是按网络图在执行,而是围着排除发动机故障转……出现了故障,排除都十万火急,还来不及下功夫进行深入详细的工作,又要上天再飞,疲于应付,应对完了再装机,装机后又出现问题,周而复始,进入恶性循环。"直至1999年5月20日,05架飞机在训练飞行时,因发动机着火而发生二等事故,致使歼8Ⅲ型飞机寿终正寝,在航空工业发展历史的长河中消失了。

歼8Ⅲ型飞机与"昆仑"发动机是上级包办的"军婚",不是自由恋爱,这就给后来飞机研制埋下了隐患。更何况当时的发动机还只是个"婴儿",已成年的飞机担负起"保姆"的责任,过度的劳累和辛苦,无私的奉献,使飞机未老先衰,待"婴儿"长大之后,飞机却过早地"离世"了。

检修"昆仑"发动机现场

"昆仑"发动机是我国自行研制的战斗机发动机,她注定是掌上明珠,娇宠的婴儿!难道让这颗"明珠"随歼8Ⅲ型飞机而去,当殉葬品吗?杨凤田更知道,这个婴儿长大成人后,对航空工业的发展起着怎样的作用。于是他以大局为重,一再建议把歼8Ⅲ型飞机作为"昆仑"发动机的空中飞行平台,继续定型飞行。他自己也一直随飞机蹲在试飞现场,与试飞人员同吃、同住,生活上非常艰苦,但他仍对工作非常认真,及时处理出现的问题。在有关厂、所的全力支持下,按计划完成了发动机的定型试飞任务,并于2002年通过了发动机设计定型。尽管经历了千辛万苦,发动机的定型也是个大胜利。

把婴儿养大成人后,又找了新"婆家",有两种改型飞机都装用了"昆仑"发动机,开始为国效力。此景此情,杨凤田无不感慨地说:"现在看来如果我们那时坚持三不变,能与涡喷13互换,歼8Ⅲ型飞机就不是现在这个结果,可能至少两个团的飞机早就装备部队了,对'昆仑'发动机的使用也会起到很好的作用。"

当然,"昆仑"发动机的结果也不是"军婚"的初衷。

"八三工程"虽然没有完成预定的目标,但其研制过程中的科研成果是有目共睹的,有很多宝贵的经验是后人可以借鉴的,同时也有深刻的教训是后人可以吸取的。中航一集团对"八三工程"一直很重视,即使在上级已决定歼8Ⅲ型飞机不搞设计定型、不装备部队的情况下,还是于2002年成立了"八三工程研究会",组织参研人员总结经验,提出要发扬"自强创新、锲而不舍、同舟共济、敬业奉献"的"八三团队"精神,为在研和后续型号的研制提供有益的参考和借鉴。俗话说得好:"不怕事不成,只怕志不坚";中国革命先驱者孙中山曾经说过:"一往无前,愈挫愈奋"①。只要肯努力奋斗,中国的""争气机"就一定会争气。有志气的中国人,601所的航空精英们,总有一天会扬眉吐气,傲笑长空!

"八三工程研究会"成员

---

① 孙中山:《建国方略》。

第九章　威震"台独"

运筹帷幄展军威

杨凤田通过多年的研究与探索，对国内外飞机发展的现状了如指掌。他知道我们国家急需先进战斗机。面对歼8Ⅲ型飞机研制受阻，他提出了用涡喷13B和某型雷达－1改装歼8D型飞机的设想。于是他先找南京14所总设计师研究，要求对某型雷达－1进行改进，使其作用距离再提高些，以便与台湾正要装配的新型战斗机相抗衡。然后又去找贵阳黎阳公司商量，要求提高涡喷13A发动机的推力。黎阳公司同意自筹资金改进发动机，使推力明显提高，基本达到"昆仑"发动机的水平。改进后的发动机命名为涡喷13B，并试制出2台样机，准备装上飞机。

在杨凤田的积极推动下，成立了601所、沈飞公司、14所、黎阳公司等单位参加的联合体，自筹资金，改装歼8Ⅱ0004架飞机，进行领先试飞。以验证改进后的××71G雷达、涡喷13B发动机在歼8Ⅱ型飞机上配装的可行性及雷达、发动机本身的性能。同时，杨凤田向上级机关做了详细汇报，得到总参谋部、国防科工委的支持。1994年10月在沈飞公司开始改装试飞，至1995年10月圆满完成各科目的领先试飞。

空军第一试飞大队多名试飞员承担了雷达的试飞任务，他们在"××71G雷达领先试飞结果评述意见"中指出："××71G雷达是我国第一部战斗机试飞的脉冲多普勒雷达，通过3个阶段的试飞，我们认为设计是成功的，是一部功能多、性能良好的雷达。"一次，试飞大队副大队长黎庭光飞完后，打趣地说："这部雷达怎么像吃了兴奋剂一样，越看越远呢？"

领先试飞的成功，标志着我国自行研制的多功能机载脉冲多普勒火控雷达已经完成了在战斗机上的各种功能调整和性能考核，具有下视能力的××71G雷达基本具备了装机条件。

涡喷13B发动机也完成了领先试飞的各项考核，证明发动机已达到设计指标要求。

领先试飞的可喜结果，让杨凤田高兴不已。领先试飞结束后，歼8Ⅱ0004架飞机装载着涡喷13B发动机继续试飞。1996年和1998年两次转场到珠海，在珠海航展上进行了飞行表演，都圆满地完成了任务，向世界展示了我空军的新型装备，尽显了我军的军威。

1996年10月，杨凤田（左二）在珠海航展期间听取国际友人介绍情况

1998年11月15日，杨凤田（左一）在珠海航展期间向空军副司令王良旺汇报

救雷达，立新机

歼8Ⅲ型飞机01架于1995年10月转场至试飞院，开始了设计定型试飞。以后又有2架歼8Ⅲ型飞机转场到试飞院，参加定型试飞。在定型试飞过程中，由于"昆仑"发动机和××71G雷达的频繁故障，使定型试飞进度一拖再拖。致使上级决定歼8Ⅲ型飞机不再定型，不装备部队使用。"争气机"没有争气，作为型号研制总设计师的杨凤田自然有一种再次受辱之感，但他没有因此而气馁。他记得唐代诗人杜牧在游乌江时，经过项羽自刎的地方，凭吊古迹，有感写出的一首《乌江亭》：

> 胜败兵家事不期，
> 包羞忍耻是男儿。
> 江东子弟多才俊，
> 卷土重来未可知。

他想："我要有'包羞忍耻'之心，怀'卷土重来'之志，忍辱负重、锲而不舍。改善空军的装备、研制出先进的战斗机是我的职责，歼8Ⅲ型飞机不行了，再搞新的型号……"

歼8Ⅲ型飞机的夭折，使××71G雷达也面临着严峻的挑战。"难道让它随歼8Ⅲ型飞机一起消失吗？不，不能啊！"他知道没有先进的雷达是研制不出先进的战斗机的。××71G雷达是14所经过20年的拼搏，冲破西方国家重重封锁才研制出来的中国第一部具有下视功能的脉冲多普勒雷达。这时他不禁想起20年前，14所贲德等同志到601所调研的情景。有一天，他刚上班不久，几个14所的人进来，向他说明来意，并询问主机所对机载雷达的有关要求。他根据国内外雷达发展的技术水平和国内战斗机发展的要求，提出了"机载雷达要求体积小、重量轻，且要采用脉冲多普勒体制实现在强地杂波背景下检测空中目标……"后来14所按

"凤"舞蓝天——记中国工程院院士杨凤田

601所提出的要求,终于研制出来了脉冲多普勒雷达,经过试飞,雷达性能很好。1991年又在顾诵芬总师的推荐下,装上歼8Ⅲ型飞机,使我国自行研制的飞机第一次有下视下射能力,中央军委和空海军对歼8Ⅲ型飞机寄托了厚望。可是,现在这部雷达的命运危如累卵,怎么办?他经过思考后,暗下决心:"一定要把一代人数十年取得的科研成果充分利用起来,这不仅是科技人员多年心血的结晶,更是我们国家一笔宝贵的科研财富。更何况,这部雷达经过歼8Ⅲ型飞机上的大量试验和试飞,风险性的关键技术都得到了验证,不能就这样让它半途而废。"

要把雷达继续研制下去,必须解决飞机平台问题,而且雷达本身尚待进一步改进,整个火控系统也要作相应的更改。这都需要大笔资金啊!向国家、向空海军要科研经费,在当时的情况下已经是不可能了。不过,杨凤田是敢想、敢为、敢做、敢为天下先的人。"疾风知劲草,严霜识贞木。"① 只有舍身,才能取义。因此,他甘冒风险,再次闯关。他以极具前瞻性的眼光,又大胆提出了以"民间联合体"的形式,自筹资金上项目。先把雷达和发动机飞出来,然后再申请立项上型号,一个完整的方案在他的脑海里形成了。

1998年,杨凤田牵头组织召集601所、沈飞公司、14所、613所和618所等各配套厂所在601所开会。他提出:"虽然目前国家没有计划任务,也没有资金,但我们不能等,要先干起来,有了成果后,国家会立项研制的。我们以歼8B 04架飞机为平台,利用14所的机载脉冲多普勒火控雷达(即后来的某型雷达-1)及其他机载电子设备组成一个简易的综合火控系统,继续进行试飞,我们自筹资金、共担风险、共享成果。从长远看有利的事,困难再大,我们也要坚持做下去。"他的一荣俱荣、一损俱损的提议立刻得到与会单位的一致赞同。这一大胆的想法也得到上级机关和工业部门各研制单位的大力支持。同时,根据装备的需要,杨凤田要求14所采取技术措施继续提高雷达的探测距离。经过各单位的努力,不到半年时间,各单位就按时提交了一套装机产品,并在杨凤田的组织下很快装上了飞机,完成了机上地面系统综合试验。到1998年底顺利完成验证试飞,综合航电系

---

① 《宋书·顾觊之传》。

统工作稳定、可靠。14所的火控雷达的探测性能、综合火控系统性能指标相对原项目要求都有大幅度提高，实现了杨凤田最初提出的要求。

为了尽快将这可喜的成果转化为部队的装备，杨凤田立即与沈飞公司领导一起向总装备部、空军、中航总汇报，提出歼8D型飞机换装某型雷达-1的建议。同时对改装具体方案进行优化论证，并与空八所等反复协调后，确定了改装方案，为新机立项研制打下了坚实基础。

在20个世纪80年代，我国台湾地区及周边国家相继装备了具有脉冲多普勒雷达的F-16、"幻影"2000、"经国"号战斗机。"台独"势力嚣张，对祖国大陆形成了很大威胁，部队急需与之对抗的战斗机。

1999年8月，总装备部、空军装备部领导来沈阳调研，就歼8D型飞机改进问题与601所、沈飞公司、黎阳公司、电子部14所等单位交换意见，并达成共识，确定在歼8D型飞机基础上进行两项改进，即换装某型雷达-1、涡喷13B发动机，要求2000年底完成ZLD弹靶试鉴定工作。

1999年9月，空军装备部和空八所赴沈阳与主机厂所就上述改进设计进一步落实，形成初步改进设计要求。回京征求空军有关部门意见后，又增加了一些必需的附加改进项目。

1999年10月，空军上报了《歼8D改飞机立项综合论证报告》。

1999年11月，总装备部军兵种部在北京召开有空军装备部科研部、空八所、601所和沈飞公司参加的歼8D改飞机协调会，确定了附加改装的项目和其他要求。

1999年12月，总装备部批准歼8D改进型飞机立项研制，飞机命名为"JBⅦ型飞机"。并明确JBⅦ型飞机是以截击和歼灭空中入侵敌机为主要作战使命，兼顾对地目标攻击。

与此同时，总装备部军兵种部要求抓紧开展JBⅦ型飞机研制工作，并明确了研制批两架飞机及生产批飞机的要求。

1999年12月，杨凤田在沈阳主持召开了JBⅦ型飞机研制动员暨方案评审会。总装备部、空军装备部、中航一集团等机关领导，型号总设计师杨凤田及型号现场总指挥做了动员及重要讲话，各位领导在讲话中详细分析了当时国内外的政治形势，传达了江总书记等中央领导对发展国防工业的指示精神，并希望所有参研单位以国家大局利益为重，从讲政治的高度，勇于面对研制中的各种困难，发扬"两弹一星"精神，严格管理，层层落实，把加速研制JBⅦ型飞机当做一项艰巨而光荣的任务，处理好进度与质量的关系，按研制计划节点要求完成研制工作。杨凤田代表参研单位表示一定要认真贯彻上级领导的指示精神，狠抓落实，加强质量管理，决不在自己负责的环节上延误，确保研制工作优质按期地完成。

此次大会的召开，标志着JBⅦ型飞机研制工作全面启动。会后，为了早日研制出JBⅦ型飞机，早日装备部队，大幅度提高飞机的作战效能和实用性，在短期内提高部队的战斗力，各参研单位都开足了马力，日夜奋战，决不让自己负责的产品影响整机的研制进度。

JBⅦ型飞机的立项，是杨凤田审时度势的战略判断、实事求是的科学态度、锲而不舍的敢为精神、远见卓识的果断决策获得的结果。JBⅦ型飞机的立项，使我国第一部脉冲多普勒雷达几乎陷于穷途的局面实现了逆转、起死回生，有了发展的前途。他使我国的航空发动机技术得到进一步提高，使航电设备又催生出一些新产品，推动了整个航空技术和航空工业的发展。航空人记下了他的名字，航空史上书写下他的功绩。为此，他获得了2005年度全国工业系统劳动模范的光荣称号。

全国国防科技工业系统劳动模范荣誉证书

"撒手锏" 击长空

1999年8月,根据总装备部军兵种部和上级的要求,601所与沈飞公司召开了现场指挥部办公会议。会议决定提前投产2架研制批飞机,用于JBⅦ型飞机的性能试飞和雷达、发动机的定型试飞,然后再用做ZLD弹靶试。

杨凤田在JBⅦ靶试现场协调会上

研制JBⅦ型飞机是短、平、快项目,杨凤田决定打破常规,采取提前发图的办法,即能够先定下来的部分就预先绘制好生产图,待型号立项后履行审签程序,并发完其他图样。这样可以缩短发图周期,争取时间使飞机早日首飞上天。按杨凤田的要求,601所仅用一个多月的时间就发出了图样和相关技术文件。沈飞公司更是抓紧试制,只用半年时间就相继生产出2架验证机。

2000年6月,在沈阳召开了JBⅦ型飞机首飞评审会。评审组一致认为:"JBⅦ型某架飞机达到了首飞状态,可以进行首飞。"型号总师杨凤田在"首飞意见

"凤"舞蓝天——记中国工程院院士杨凤田

书"上负责任地签下了自己的名字。

> 附件：JBVII型飞机首飞意见书
>
> JBVII型飞机是国家的重点项目之一，是部队急需的航空武器装备。在上级机关的正确领导下，在总师系统和兄弟单位的大力支持下，在沈飞工业（集团）有限公司全体职工及驻厂军代表和空军第一试飞大队的共同努力下，JBVII型首架飞机（首架）完成了机上地面试验和机务、场务、空勤等准备工作，通过了首飞评审并经过了地面滑行，工作正常。
>
> 同意首飞。
>
> 型号总设计师：（签名）2000.6.18
>
> 型号总质量师：杨鸣 2000.6.18
>
> 首飞首席指挥员：（签名）18/6 2000
>
> 试飞现场总指挥：（签名）18/6-2000
>
> 2000年6月18日

JBVII飞机首飞意见书

2000年6月，验证机首飞成功。空军装备部和中航一集团立即发来了贺信。空军装备部在贺信中写到：

"欣悉JBVII型飞机首飞成功，标志着JBVII型飞机的研制工作取得了重大进展，为空军早日装备该机迈出了坚实的一步。这是党中央、国务院、中央军委亲切关怀的结果，是总装备部、国防科工委等上级机关关心、支持的结果。空军指战员深受鼓舞,十分振奋。在此,谨向你们并通过你们向参加JBⅦ型飞机研制工作的广大科技人员、职工、试飞员和军代表同志们表示热烈的祝贺和崇高的敬意!

望你们再接再厉,大力协同,精心组织,狠抓质量和安全,确保该机按时完成设计定型,尽快装备部队,为我国航空工业的发展和国防现代化建设做出新的贡献。"

中航一集团在贺信里说:

"JBⅦ型飞机是'撒手锏'项目,要实现当年首飞,当年交付,这是一项艰巨的任务。这次首飞成功,达到了预期的第一个目标,为今后工作打下了坚实的基础,同时也是对今后工作的一个极大鼓舞。"

有了"撒手锏",就可以在最关键的时刻、最关键的地方,出其不意地刺向敌人最关键的部位而取胜;就可以捍卫祖国的领空、领海及每一寸土地不受侵犯;就可以保护国家、人民的生命财产不受损失,国泰民安。这是何等的功绩啊!

五进酒泉,五弹四中

1. 一进酒泉遇挫折

JBⅦ型飞机首飞成功后,沈飞公司仅用一个月时间就完成了调整试飞全部项目。通过调整试飞,飞机功能系统、雷达及其他航电设备已达到转入设计定型试飞状态。因此,杨凤田及时签发了"JBⅦ型飞机转入设计定型试飞的请示",然后组织专家评审组,对转入定型试飞的条件进行评审。评审组认为:JBⅦ型飞机技术状态已基本冻结,验证机完成了设计定型试飞前所需的地面试验、调整试飞,目前飞机状态基本良好,设计定型试飞所需技术文件资料基本齐全,基本符合军工产品定型工作条例对产品转入设计定型试飞阶段的有关要求。建议航空产品定型委员会批准JBⅦ型飞机转入设计定型试飞。

2000年7月,航空产品定型委员会批准JBⅦ型飞机转入设计定型试飞阶段,随后又批准JBⅦ型飞机设计定型试飞大纲,从此JBⅦ型飞机开始了设计定型试飞。

JBⅦ型飞机设计定型试飞分别在沈阳地区(沈飞公司)和酒泉地区(空一基地)进行。

沈飞公司用2架验证机和1架生产批飞机,先后完成了ZLD弹武器火控系统的试验与试飞;某型雷达-3基本性能和各项功能验证试飞;飞机基本性能以及转场科目的试飞;各附加改进项目的适应性试飞等。在601所、各相关单位的配合下试飞进展很顺利,达到了预期目的。

2000年9月,2架验证机顺利转场到空一基地——酒泉。随后杨凤田率601所及有关厂所的跟飞人员也来到了酒泉。

酒泉因"城下有泉,其水若酒"而得名。高山丘陵、大漠戈壁、绿洲草原,构成了酒泉地区独特的自然景观。大自然的鬼斧神工,创造出众多山川形态。南部祁连山,层峦叠嶂,绵延千里;北部马鬃山,岩石嶙峋,戈壁广布。中部平原的每一片绿洲都是一个花果乡,每一片田野都是一座米粮仓。东部为古代淤积的干旱沙漠和风蚀残丘,西部为砾石戈壁边缘。酒泉市属半沙漠干旱性气候,其特点是:

气候干旱降水少,
蒸发强烈日照长。
冬冷夏热温差大,
秋凉春干多风沙。

到过酒泉的人都亲身体验过那里的气候特点,让人久久难忘。正是:

早穿皮袄午穿纱,
晚围火炉啃西瓜。

第九章 威震"台独"

风卷黄沙楼不见,
繁星灿烂耀月牙。

进入深秋季节,西北大漠已经是寒风凛冽。杨凤田率领上百人的试验队伍进驻酒泉基地。他自己住在一处狭小而简陋的招待所内,起居很是不便。但他从不计较生活条件的优劣,整天总是东奔西走,进行靶试前的各项准备。

每天清晨,当太阳还在地平线之下的时候,试验队伍就已经聚集在飞机周围,紧张而有序地进行着各项测试和试验工作。有时,天还很黑,就用车灯照着飞机做试验。这时,总能见到身穿旧羽绒服、神情矍铄、目光炯炯的杨凤田,顶着刺骨寒风与大伙忙碌在一起,时而倾听各分系统开机测试的情况,时而关注整个试验的进度安排,时而又根据试验情况与各单位领导联系,及时调度试验保障力量。一望无垠的大漠上北风呼啸,讲一句话也得尽可能扯起嗓子或者找个避风的地方,然而年届花甲的杨凤田身上却一点也没有显示一丝老态和寒意,他总是怀着乐呵呵的爽朗情趣和不畏艰难的必胜信念。

杨凤田和潘凌阁在基地

"凤"舞蓝天——记中国工程院院士杨凤田

到了中午,试验人员就坐在试验现场的水泥跑道上吃盒饭。有时风沙起,细沙吹到饭里,吸到鼻孔和嘴里。嚼起饭来,咯吱咯吱的声音都可以听见,沙子也吃到肚里。一位年轻人开玩笑地说:"杨总,这下子我们都不缺钙了,我们的骨头更硬了……""那你就多吃点吧!不过要小心得肾结石啊!"杨凤田也风趣地回应了一句。在杨总的带领下,他们以"壮志饥餐沙拌饭,笑谈渴饮刺骨风"的乐观精神忘我工作着。

到了晚上,本该好好休息一下,解除一整天的疲劳。可是他没有时间休息,要组织有关人员分析试验数据,总结一天的试验情况,还要制定第二天的试验计划。顺利的时候两三小时就能结束工作,不顺利的时候要到晚上十一二点。就这样,杨总在现场一住就是一两个月。工作上的劳累,生活上的艰苦,空气的干燥,风沙的侵袭,他的身体有些招架不住了,头疼、腰酸、皮肤过敏接踵而至,左大腿膝关节严重水肿。尽管他不言不语,强忍着坚持在现场,但试验队的人还是看出来了,都劝他回沈阳休息几天,治治病。基地的官兵也劝他到部队医院医治,休养几日。可他总是那句话:"军人嘛!轻伤不下火线,这点小病算什么?"他常以自己曾经是军人而自豪。于是,他仍坚持与大伙一起战斗,与大家打成一片,同甘共苦、身先士卒。他的敬业诚信、无私奉献的精神,感染着每个参试人员,也无形无声地鼓舞每个参试人员,齐心协力搞好试验。没人叫苦、没人说累。无论是来自哪个单位的参试人员,一看见杨凤田的身影,一想起杨凤田的言行,他们就无怨无悔、自觉自愿地完成试验中自己承担的任务,并甘心情愿地完成杨凤田临时分配的任务。这就是杨凤田这个榜样的作用吧!

杨凤田严格要求自己,令人尊敬。同样,他关心别人也得到了大家异口同声的赞许与钦佩。在试验队里,人们都知道杨总衣着朴素,不沾烟酒,非常随和,平易近人,没有一点架子。无论是在工作上,还是在生活上,总是为大家创造最好的条件,尽量满足大家生活上的需求,解决工作中的困难,让人感到亲切,值得信赖。不知从什么时候开始,试验队的人都喜欢称他为"杨老板"。这是大家对他的尊称,充分显示了他和试验队人员之间的亲密关系。试验队有了他这个"杨老板",就是一个战斗整体,离开了他,就成了群龙无首、各自为战的散沙。他是这个团队的核心和主心骨，也是这个战斗队的领军人物。而这个核心是自然形成的，"杨老板"是大家叫开的，不是上级封的。

靶试是JBⅦ型飞机研制的最后一个关键环节。因为脉冲多普勒雷达第一次与空空导弹对接，又涉及到飞机内部众多的分系统，接口关系非常复杂。必须先做ZLD弹地面抓空中目标试验，并保证抓空中目标的距离达到或超过指标要求。这引起了杨凤田的高度重视，辗转奔波，协调组织各单位进行地面试验。

2000年国庆节过后的第二天，由基地主持召开了JBⅦ靶试动员会。空司科研部副部长马军做了动员，杨总也发了言："JBⅦ型飞机在沈阳调整得很好，地抓空试验大大超过了指标要求，决不会像歼8Ⅱ02批那样，只要大家齐心协力，一个月就能完成试验。"

可是事与愿违，当把ZLD弹挂到飞机上，通电，让导弹去抓空中飞行目标，做了几次，导弹的跟踪距离都没达到指标要求，甚至跟不上目标。这一下，试验人员都傻眼了，杨总也感到自己像是吃了只苍蝇，非常恶心难受。后来在现场采取了调整试验场地、排除地线与导弹油源车干扰、加装高低通滤波器等措施，效果仍不明显，现场人员都没了主意，十分着急。杨总只好亲自主持试验数据分析会，凭借他渊博的学识、深厚的专业功底，力排国内资深导弹专家和火控专家的众议，提出更换引进的地面电源车再试。不试则矣，一试大家惊奇地看到跟踪距离马上超过了指标要求。这时，杨总对607所负责连续波的陈总说："老陈呐，加装高低通滤波器、卧式和立式连续波效果都不理想，改换引进的地面电源后就好了，说明这个连续波对电源品质要求比较高，JBⅦ飞机由于上了新雷达等电子设备，同歼8B飞机相比电源品质可能略有下降，如果说连续波还是老品质的，甚至质量可能下降，使用一段时间后还可能下降，有可能耽误靶试啊！"当陈总表示难以解决时，杨总接着说："你的产品质量不达标，就是我们勉强通过了靶试，将来装备部队是批量生产的，很难保证部队飞机能打出较远的距离，这是我们空军目前最远的空中拦射弹，连续波的好坏是个大问题！"这时陈总说："我们正在研制一种新产品，能有效克服电源品质问题，因为经费不足，研制进度较慢，大概还要四五个月才能出来。由于没有合同，还不知空军要不要呢？"杨凤田听后非常高兴，像发现什么新奇东西一样，马上说："你告诉家里人加紧干，我拨给你们10万元钱。产品出来后，我去说服空军上这个产品，毕竟还能提高不少距离吗，这个工作值得做。"陈总一下子解除了多时的忧虑，紧皱的眉头也舒展了，回单位后立即抓紧新产品的研发。

由于靶试无法进行下去，只好撤场，试验人员回家过春节了。

春节过后人员又集中到沈阳，用批生产的03架飞机做地空试验，还是不行。这时607所陈总说："新产品的试验件可能做出来了，实在不行就先用这个试验件做试验吧。"杨凤田听后，高兴地说："看来你们工作抓得很紧啊，既然试验件出来了，就马上空运过来试验，时间不等人啊！"试验件很快运抵沈阳，立即试验，地抓空距离超过要求指标，攻关试验成功了！参试人员无不高兴至极。

在JBⅦ型批生产飞机0001和0003架上进行了100多次ZLD弹武器火控系统地面抓空中目标试验，其中用原来的B型连续波试验，不论是用地面电源供电，还是飞机发动机开车状态，导弹抓目标的距离都不是很远，而且失锁次数较多；而用改进后的F型连续波试验，不论机上供电状态如何，导弹都能在较远的距离上截获并稳定跟踪目标。为验证上述结论，杨总又决定用F型连续波进行多批次的地面准三机联试，在较远的距离上转发射后状态，导弹马上正常截获目标。

可见，换装F型连续波照射器后，JBⅦ型飞机ZLD弹武器火控系统完全满足制导ZLD弹要求。使试验有了重大突破。这样，沈阳地区的攻关试验胜利结束了。参试人员特别是连续波的研制人员对杨总都竖起了大拇指，佩服得心服口服。而杨总又乘胜追击，信心十足地决定第二次进场靶试，要求各单位做好进场的各项准备。

2. 二进酒泉，通过评审

2001年五一节刚过，杨凤田急不可耐地与总师系统各单位又重进酒泉，与试飞鉴定单位沈飞公司和空一基地一道进行ZLD弹武器火控系统的有关试验和试飞工作，并进行了部分飞机性能试飞和雷达科目的定型试飞。至此飞机达到了ZLD弹靶试状态，通过了航空产品定型办公室组织的靶试前评审，可以进入正式靶试。但由于靶试用弹例行检查时不合格（超过了库存期），未能进行靶试。试验人员带着遗憾的心情又撤离了基地。

3. 三进酒泉，三弹两中

2001年11月，杨总率领他的团队第三次进入酒泉基地。经过对飞机、有关航电设备、导弹、靶机、地面设备的全面检测，各种数据分析都没有问题，可以说达到了发射导弹的条件。但大多数参试人员还是感到心中没底，不敢下决心，所有的目光都集中在杨总身上，等待着他下达命令。他就像身经百战的指挥官一样，很庄重地说："就这么定了，打！"第二天上报了打靶计划，第三天一切准备好，飞机载着ZLD弹起飞冲入蓝天，接着靶机起飞，两机先后进入靶区。这时坐在试飞大厅的参试人员的心都揪着，手捏着汗，静静地等待着靶试的信息。当飞行员报告"导弹准备好了"后，地面指挥员下达了"发射"的命令。飞行员按压发射按钮，随后大屏幕上出现了导弹击中靶机的画面，靶试成功了！大厅里立即欢呼起来。不久又进行了第二次ZLD弹的靶试，也顺利成功。第一发是攻击前上方目标，而第二发是机载向前下方目标迎头攻击。这是我军第一次进行下视下射状态的靶试，其成功具有特殊意义。然而当进行第三发ZLD弹靶试时，导弹全程失控，且自炸，靶试失败了。

为查找失败的原因，在基地进行了多次试验，飞机系统工作正常，导弹也未出现异常现象，失败原因一时查不清。杨总只好决定撤离现场，各单位回去后继续查找失败原因，研究解决措施。他带着遗憾心情回到了沈阳。

4. 四进酒泉，排除故障

按要求，导弹靶试考核三发两中即为合格，通过考核。但是出于对装备实战应用的责任心，杨总同试验人员又于2002年5月进驻空一基地。对1215架飞机进行故障排除，解决了导弹直波失锁问题。再做地面模拟试验和空中试验，均没有出现直波失锁现象。经过一个多月的攻关，总算有了好的结果，让大家看到了希望。

5. 五进酒泉，靶试成功

为了验证排故效果，2002年7月，杨总随试验队再次聚集在空一基地，进

"凤"舞蓝天——记中国工程院院士杨凤田

杨凤田（左）与试飞员亲切交谈

行 ZLD 弹靶试。结果两发两中，导弹击毁靶机。他还清楚地记得他与试验队人员坐在试飞大厅里，前面竖立着宽大的屏幕显示着机场的景象。喇叭里不时传出指挥员的指令和各信息点的回答声，试验人员屏气凝神，听着、看着。"杠两杠五起飞"指挥员刚下达完命令，就见一架JBⅦ型飞机冲上蓝天。过了一会儿，"靶机起飞！"指挥员发令后，一架涂有红漆的靶机跃入天空。两架飞机在大屏幕里轮番出现。在指挥员的指令下，1215 很快截获了目标，跟踪、锁定。"导弹准备好！"飞行员报告说。"发射！"随着指挥员的口令，只见屏幕上出现一道流星般的火光，刹那间又出现了一个爆炸的闪光，"看！击中了！"指挥员大声喊了出来。再看屏幕上，残骸碎片散落下来，随之大厅里响起了热烈的掌声，第一发ZLD弹靶试成功了。后来又进行了第二发靶试，也击毁目标。两发两中，设计定型试飞工作圆满结束，这让杨总心情无比激动，脸上笑开了花，习惯地举起两只大手，与在场的相关人员拥抱、握手，嘴里还不停地说着："打得太好了！大家辛苦了！"

由于JBⅦ型飞机是我国第一次进行脉冲多普勒雷达、连续波照射器、火控系统制导半主动雷达导弹打靶试飞，协调关系多、参数复杂、要求高，只

第九章 威震"台独"

要有一个环节有偏差,就难以对导弹准确制导,更何况飞行中还要打开其他有关设备,电磁干扰也会影响发射、制导,因此,JBⅦ型飞机的半主动雷达型导弹(ZLD弹)靶试经历了重重困难,历时两年,5次进场,共发射5枚导弹,4发命中,圆满地完成靶试任务,为此后新机靶试提供了经验,开辟了道路。

周恩来总理说过:"有恒心、有毅力、方能成功。"两年里,五进靶场充分说明先进武器装备研制的艰辛,也说明杨凤田和他领导的科研团队有恒心、有毅力、有勇于攀登科研高峰的精神,坚忍不拔的攻坚能力。这些成绩还说明他敢于超越、认真务实、精心设计、深入群众、集思广益,对待科研难题一丝不苟的领导作风。成功正是给他的最高奖赏。

但人们不知道在这两年里,杨凤田有多少个不眠之夜,花费了多少心血,流淌了多少汗水。当他看到了两发两中的胜利成果时,那一切都已忘却,在他的心中只有胜利的喜悦。

特别值得一提的是2002年10月,JBⅦ型飞机还额外承担了我国自行设计研制的ZLD半自动雷达型导弹的定型靶试,六发六中。其中还首次进行对超声速靶机和具有电子干扰能力的靶机进行实弹攻击,都圆满地完成了任务。获得总装备部、空海军和领导机关的一致赞扬。

JBⅦ型飞机在我军战斗机靶试中创造了新纪录,填补了一些领域的技术空白,主要有:

(1)我国有了自行研制的脉冲多普勒雷达,首次有了下视下射功能。雷达探测距离、上视发射最大高差创了国内新纪录,接近国际水平。

(2)空空导弹最远发射距离也创了国内新纪录,接近国际水平。

(3)首次击毁超声速靶机。

(4)首次击毁具有电子对抗能力的靶机。

空八所在2003年成果报告中写到:JBⅦ型飞机比歼8D型飞机作战效能全面优越,超视空战作战效能、近距空战作战效能、对地攻击作战效能均有大幅提高,JBⅦ型飞机成为名副其实的"撒手锏"。

"凤"舞蓝天——记中国工程院院士杨凤田

飞机定型，再立首功

2002年8月，第二发补充ZLD弹靶试成功，ZLD弹靶试任务圆满完成，设计定型的其他工作也基本完成；9月，航空产品定型办公室在沈阳主持召开了"JB Ⅶ型飞机设计定型工作会议"，对定型工作进行了全面检查，并对定型前的工作提出了要求。至10月底定型工作准备就绪；11月，驻沈飞公司军代表及601所、沈飞公司对JB Ⅶ型飞机设计定型进行了预评审后，联合上报了《JB Ⅶ型飞机设计定型申请报告》，报告认为JB Ⅶ型飞机已经达到设计定型要求，提请设计定型审查；12月，航空产品定型办公室在沈阳组织召开了JB Ⅶ型飞机设计定型审查会，会前派出技术资料审查组，对JB Ⅶ型飞机定型技术资料进行审查，审查组认为JB Ⅶ型飞机设计资料已经基本齐全。按照GJB 1362—1992《军工产品定型程序和要求》以及JB Ⅶ型飞机研制总要求，共编制设计定型文件18类113套。

审查组认为：JB Ⅶ型飞机主要战术技术性能和技术状态已经达到了上级批准的指标和要求，图样、技术文件基本完整、正确，文实相符，符合标准化要求，新成品已定型或鉴定且定点生产，同意JB Ⅶ型飞机通过设计定型审查，建议航空产品定型委员会批准JB Ⅶ型飞机定型。

2004年1月，航空产品定型委员会批准JB Ⅶ型飞机定型。

JB Ⅶ型飞机的设计定型，标志着飞机即将装备部队形成战斗力，特别是新改进的中程拦射武器火控系统的研制成功，使飞机首次实现了下视下射的攻击能力，极大地提高了"八系列"飞机的作战效能。

JB Ⅶ型飞机从1999年12月立项到2002年12月通过设计定型，只用了3年时间。研制进度之快，在中国战斗机研制史上还是少见的。

杨凤田从始至终战斗在型号研制的最前线，率领参研人员战天斗地，闯过一道道难关，五进酒泉，取得五弹四中的战果，为中国研制出了"撒手锏"。空

JBⅦ设计定型会

海军有了"撒手锏",如虎添翼、威震苍穹,有效地抑制了"台独"分子的猖獗活动,庄严地捍卫了祖国的统一大业。

在研制过程中,所有参研单位的工程技术人员、职工、干部、试飞员,团结一心、拼搏奋战、不畏困难、勇于攻关,经受了挫折的考验,付出了巨大的艰辛和辛勤的汗水,圆满地完成了型号研制任务。

JBⅦ型飞机研制中获国家科技进步二等奖

杨凤田、潘凌阁、刘华翔等为祖国、为人民又立下了不朽的功勋。

第十章 借弹"孵"机

抓住机遇,力主研制新机

20世纪90年代,我国的宝岛台湾仍由民进党执政,并企图脱离祖国大家庭的怀抱,独立建国。此前台湾从美国、法国等西方国家购买了F-16、"幻影"2000-5飞机,自主研制了IDF飞机,都是具备发射、制导第四代空空导弹能力的第三代飞机,达到了较强的空中作战能力,使我国完成统一大业面临的形势更加复杂。这真是小小宝岛"有几个苍蝇碰壁,嗡嗡叫,几声凄厉、几声抽泣"。激起了祖国各族人民的极大愤慨,反"台独"、保统一的呼声响遍神州大地,致使"台独"分子不敢轻举妄动。但人们清醒地认识到,我们必须有足够先进的武器,无论是在性能上,还是在数量上都要超过"台独"分子所有的武器,才能与"台独"分子相抗衡,才能以牙还牙,才能抑制"台独"分子的狼子野心。可是我国当时最好的空空导弹是第三代的半主动雷达型空空导弹,发射后需要载机飞行员继续操纵飞机跟踪目标,瞄准目标,直至击中目标。而第四代空空导弹是主动雷达型导弹,也叫"发射后不管"导弹。它可以在发射后立即(或载机跟踪一段后)由导弹上的雷达来自行瞄准、跟踪、飞向目标机。这就使飞行员在发射导弹后不必全程瞄准目标,甚至发射后即可脱离该目标,转入其他战术动作,攻击其他目标。"发射后不管"导弹的这一特点,再加上不管弹的射程要比半主动雷达型空空导弹更远、威力更强,为发展双目标攻击、多目标攻击创造了条件。

显然,我国的进攻性武器——空空导弹的水平已经落后国际水平,也弱于台湾地区和某些周边国家。我军的战斗机超视距作战能力处于明显的劣势。敌强我弱，落后就要挨打，必须迎头赶上。

根据中央军委制定的新时期战略方针，为打赢一场高技术条件下的局部战争，适应2000年后的空战环境；为弥补我国超视距空空导弹武器系统的不足，我国决定在国内预研的基础上，通过对外合作，引进关键技术，消化吸收，自行研制中远程空空"发射后不管"导弹，并逐步在不同飞机型号上挂装形成全武器系统装备，从而可以有效地抑制"台独"势力，捍卫祖国的统一大业。有弹必有机，用什么飞机作为第四代空空弹的载机呢？这是亟待解决的问题。开国元帅陈毅曾说过："祖国如有难，汝应做先锋。"杨凤田站在航空技术的最前沿，高瞻远瞩，认为必须研制出一架性能更好、武器火控系统与BGD导弹相匹配的飞机，才能充分发挥BGD导弹的作战效能，才能形成一种先进武器装备。于是他抓住难得的机遇，借弹"孵"机。从1994年开始就着手组织601所有关专业人员对载机进行论证。

依据上级领导机关的指示精神和原则，结合国内主动雷达型空空导弹的发展规划和安排，他组织孙聪、刘华翔有关技术人员研究国外发展拦射武器火控系统和主动雷达型导弹武器火控系统的情况。在总结ZLD弹火控系统研制经验、教训和技术收获的基础上，认真讨论和研究了发展多主动雷达型空空导弹武器火控系统的技术途径，论证了在已成熟机种上进行技术验证或形成装备的总体设想和初步方案。最终形成了4种不同方案供上级领导机关决策。

为加速主动雷达型空空导弹武器系统的研制，上级决定改装2架现役或在研并具有改装条件的飞机作为验证机配合导弹武器系统的研制，并把这一项目命名为BGD工程，而飞机不批型号、不列装。但没有确定使用的飞机型号。

1995年8月在北京召开了BGD工程指挥部工作会议。国防科工委副主任怀国模、中航总副总经理张彦仲传达了中央领导同志关心BGD工程的心情和希望早日研制出BGD导弹的指示精神，分析了航空武器装备发展的形势和BGD工程的重要地位，要求全体参研人员要有强烈的紧迫感、责任感，要以只争朝夕的精神，团结协作、千方百计、保质保量提前完成好BGD工程的研制。

"凤"舞蓝天——记中国工程院院士杨凤田

正当全体参研人员奋起研制 BGD 工程的时候，海湾战争爆发，美国使用先进的中距 AIM-120 导弹，成功地击落了伊拉克在禁区内飞行的米格-21 型飞机。随后在科索沃战争中我国驻南斯拉夫联盟使馆被炸，国际形势严峻，国家加大了对国防工业的资金投入。于是，1997 年 2 月，国防科工委同意主动雷达型空空导弹武器列入主要武器装备研制计划和年度计划，并明确主动雷达型空空导弹武器系统主要由飞机、主动雷达型空空导弹、某型雷达-1PD 雷达、单目标火控系统组成。首先按对外引进技术合同完成配套工作，并要求在 2003 年完成飞机配套主动雷达型空空导弹武器火控系统的设计定型。这样，飞机系统的研制工作就提到议事日程。第一个需要解决的问题是用哪种型号飞机作为验证机。根据当时国内的情况，国防科工委、空军确定用歼 8D 型飞机或歼 8C 型飞机改装成验证机。杨凤田对两型飞机的技术状态和性能了如指掌，经他分析，认为歼 8D 型飞机技术落后，改装难度和改装工作不亚于研制一架新型飞机，而歼 8C 型飞机在定型试飞时，发动机、雷达问题较多，终止研制的可能性很大，如果是那样将严重影响 BGD 工程的研制进度，又由于主动雷达型空空导弹对载机技术要求较高，他认为这两型号飞机都难于改成验证机。他从国家利益出发，从部队急需出发，从航空技术的发展出发，对有关载机方案进行了认真分析研究，提出了新的载机方案。"以歼 8Ⅲ 型飞机的综合火控系统为基础，研制一型新飞机配合主动雷达型空空导弹武器系统的研制，更容易满足导弹的技术要求。同时，飞机又可作为一代装备列装，从而大大提高部队的装备水平，使国家的投入发挥效能，部队得到实惠。"这一方案的提出，立即得到国防科工委、空军的高度重视，并得到相关参研单位的大力支持。经过多次论证和协调，空军采纳了这一建议。在 1997 年的 BGD 工程工作会议上，同意改装一架歼 8D 型飞机用于导弹挂飞，投产一架歼 8D 型飞机用于导弹靶试，再改装一架正在定型试飞的歼 8Ⅲ 型飞机用于导弹和飞机设计定型试飞。一个新的"撒手锏"项目初见端倪。

1998 年，空军在制定研制要求过程中，将 BGD 工程的飞机型号命名为 JBⅨ 型飞机。明确其作战使命是：作为我国航空兵×××年后装备的战斗机，以制空作战为主，兼有一定的对地（海）攻击能力。

从此，杨凤田力主研制新型飞机的建议变成了现实。JBⅨ型飞机开始进入人们的视野，书写航空史新的一页。

坚持选用成熟的发动机

根据空军的要求，杨凤田再次组织有关专业人员进行补充论证。发动机是飞机的核心部件，"JBⅨ型飞机应装用什么发动机呢？"国内现有的发动机型号在他脑中转来转去。当他想到JBⅨ型飞机是在歼8Ⅲ型飞机基础上进行改进的，而歼8Ⅲ型飞机装备的"昆仑"发动机是我国第一代国产拥有自主知识产权的涡喷发动机，但这型发动机技术问题多，已影响了歼8Ⅲ型飞机的研制，其技术问题又很难在短时间内解决。如果JBⅨ型飞机采用这种发动机，那么它的研制前途就很难预料了。如果不采用这种发动机，那它的研制前程又怎样呢？这已不是单纯的技术问题了，而是涉及到发动机的出路和商业利益问题，选用什么发动机成为相当困难的事。机关、使用单位及研制单位出现了严重的分歧，在相关会议上发生过激烈的争论。作为JBⅨ型飞机的总设计师，对选用什么发动机非常关切，进行了认真思考。他从国家利益和保证BGD工程研制的利害关系出发，纵观大局，力主JBⅨ型飞机选用更为成熟的发动机。他先后多次到发动机研制单位、使用单位调研，认为将黎阳公司生产的涡喷13AⅡ发动机进一步改进，增大推力后（涡喷13B发动机）作为JBⅨ型飞机的动力装置更为合适。为此，他到国防科工委、空军和中航总汇报，阐明发动机选型的重要性及利害关系，阐明选用涡喷13B发动机可以保证JBⅨ型飞机的性能和研制进度，又稳妥可靠。在杨凤田的艰辛努力下，各方接受了他的意见。这样，JBⅨ型飞机的研制方案就基本形成了。JBⅨ型飞机的武器火控系统在歼8Ⅲ型飞机的基础上进行改进、换装涡喷13B发动机。两架JBⅨ型飞机用于飞机性能试飞、电子对接和导弹靶试，完成BGD导弹定型和飞机定型任务。

"凤"舞蓝天——记中国工程院院士杨凤田

杨凤田（右一）与系统副总师陈嵩禄在一起

为了加快JBIX型飞机的研制步伐，1999年6月，中航总BGD工程办公室和空军装备部科研部在沈阳共同主持了"BGD工程科研载机研制方案评审会"。会议听取了601所关于JBIX型飞机总体方案报告、动力装置方案报告、综合火控系统方案报告、武器系统报告等。评审组认为：研制方案基本合理、可行，基本可以满足《JBIX型飞机研制总要求》的要求，JBIX型飞机的研制工作已具备转入工程实施研制阶段的条件。会议期间，杨凤田主持召开了JBIX型飞机进度安排协调计划会，重新绘制了零级计划网络图。另外，由型号副总师仇文伟主持召开了武器火控系统试验/试飞等专题技术工作协调会。使各项工作安排有序，件件落实。

1999年8月，总装备部军兵种部、空军装备部及中航一集团领导到601所现场办公，根据601所的建议，决定投产2架动力装置为涡喷13B的JBIX型飞机，并要求2000年底前实现首飞。

1999年10月召开了JBIX型飞机补充方案论证会，至此，JBIX型飞机的研制工作全面展开。

不难看出，杨凤田是第一个使用BGD导弹的人，第一个把弹"孵化"成机的人,可以说没有杨凤田也就没有 JBIX 型飞机。

JBIX 型飞机比歼 8Ⅲ型飞机在技术上有较大提升,概括为"2 项基本改进"和"12 项附加改进"。2 项基本改进是加装与 BGD 导弹有关的雷达、火控、武器、显控及惯导等系统,更改和换装涡喷 13B 发动机引起的动力、燃油、液压、环控、仪表、电气和进气道调节系统。12 项附加改进则是航电设备更新提升,其中主要关键技术是突破"发射后不管"导弹火控系统设计研制、试飞和靶试。

为了尽早研制出 JBIX 型飞机,为了实现 2000 年首飞的目标,杨凤田率领他的团队开始日夜兼程、风雨无阻地奋战着。

鸡蛋之争与机弹之争

在自然界里,鸡生蛋,蛋孵鸡,循环不矣,使蛋、鸡永存。可是,无论是吃蛋的人,还是养鸡的人;无论是中国的科学家,还是外国的科学家,谁也说不清楚是先有鸡,还是先有蛋。关于这个问题一直争论不休、各执其词,直至现在也是个解不开的迷。

当 BGD 工程研制工作全面启动后,就出现了机、弹之争。研制导弹的人认为,BGD 工程是以导弹为核心的,没有导弹的研制就没有 JBIX 型飞机。所以,飞机是小系统,应为导弹服务,BGD 工程的主导单位是导弹研制单位,并应是型号总设计师单位。而飞机型号主管单位 601 所认为,JBIX 型飞机立项后,就是新型飞机,就应以飞机为主,导弹只不过和机上其他武器设备一样是个分系统。飞机上的系统、设备多,协调关系多,技术复杂,只有飞机总师单位才能处理解决。在飞机型号总师系统中,导弹单位只能出任副总设计师,何况在各型新机研制中都是如此,JBIX 型飞机也不能例外,导弹就得嫁"机"随"机"了。在以谁为主的问题上两家单位争论不休,上级机关采取了折中办法，任命空空导弹研究院（简称导弹院）的董秉印为导弹总设计师，杨凤田为 JBⅨ型飞机总设计师。这样的双总师制度，有利于飞机和导弹两条研制线上各自工作的进展。但俗话说："家有千口，主事一人"，"一山不容二虎"，这样的组织形式自然埋下了矛盾的种子。在 BGD 工程研制过程中，时有机、弹相争的事发生。倒不是机产弹还是弹孵机的问题，主要争论的是技术问题、工作安排问题。

1999 年在沈阳召开的 BGD 工程试飞工作会议上，有关试飞地点安排问题两师系统又进行了激烈的争论。导弹总师单位坚持将调整试飞工作也安排在空军靶试基地，不同意安排在沈飞公司进行，主要原因一是主管试飞的有关人员是从空军靶试基地转业到导弹院的，对空军基地情况比较了解，而对沈飞公司了解不够，担心沈飞公司不能很好地完成任务；二是当时沈飞公司还没有差分 GPS 吊舱。杨凤田认为前期的试飞工作不需要差分 GPS 吊舱，而后期沈飞公司的目标机可改装差分 GPS 吊舱。根据他对沈飞公司能力的了解，沈飞公司完成试飞任务没有问题，如果到空军基地试飞反而存在问题，一是涉及到飞机转场，由于转场工作涉及到方方面面，往往不顺利，经常遇到飞机到达中间机场后一段时期内无法转场的情况，这样将影响工程进度；更主要的考虑是由于 BGD 工程是国内首次研制的主动雷达弹武器系统，技术难度大，包括了很多新技术，有很多新技术还在摸索阶段，试飞中肯定会发生一些问题。在沈飞公司进行试飞，飞机的技术保障方便，一旦发生问题，人员齐备有利于问题的解决。双方意见难以统一，争吵相当激烈，为使试飞工作能够顺利安排，会议期间沈飞公司做了大量的解释工作，介绍了承担的歼 802 批加装 ZLD 导弹试飞情况、歼 8Ⅲ雷达领先试飞情况、单轴电传课题试飞情况等，在这种情况下导弹总师单位才同意在沈飞公司进行调整试飞。

由于前期协作不和谐，飞机转场空军试训基地后进行有关主动雷达弹试飞期间，随双方接触增多，需要协调的问题增多，观点不一，使争论变得更多、更激烈，每遇到出现问题时，都要唇枪舌剑，据理力争，大吵一番。实事求是地讲，在整个 BGD 工程研制期间，JBⅨ型飞机的表现一直非常优秀，从未因为飞机的问题影响到导弹试飞科目,由于飞机的出色表现,总装备部航空局的张若平总师到现场办公时多次说过:"这飞机多成熟,BGD工程应该干好。"

主动雷达型空空导弹是国内最好的导弹,就是与西方国家相比,其性能也不逊色,被看做是第四代空空导弹。JB IX型飞机虽是当时国内最好的飞机,但与西方先进国家相比,其飞行性能就差多了,只是第二代飞机。第四代的导弹装在第二代飞机上,确实有些不般配。好像一位"美丽动人的姑娘"嫁给了"憨实倔强的小伙子",觉得委屈、有些不情愿,但又没有别的选择。为了不降低身价,姑娘向小伙子提出了难以承受的要求和条件,小伙子不答应,于是就争论起来,小伙子发了脾气,还说了粗话,这以后更是争论不断。不论是BGD工程试飞地点的安排,还是各项试验的方案,总有不同意见,各不相让。

在两师系统的争论中,杨凤田始终保持着冷静和公平的态度,尽量不使矛盾激化。每当遇到问题,他都起灭火的作用,经常告诫飞机总师系统各单位:"我们要严谨做事,宽厚待人。BGD工程的主线是研制导弹,导弹研制是国内的大局,我们要服从大局。没有导弹就没有好的飞机,我们飞机系统要为导弹服好务。"在杨凤田的制约下,飞机总师系统保持了一定的克制,使工程顺利进展。

随着研制的深入与发展,两位总设计师之间互相理解、互相支持,并逐步统一了认识:任何导弹的研制都无法脱离飞机的研制,导弹、武器火控系统与飞机是统一的整体,谁也离不开谁,应该同步进行。除了导弹本身的技术外,导弹、武器火控系统与飞机出现的问题,互相交联,总是由飞机总体单位出面协调解决。正是这样做了,在JB IX型飞机定型试飞与靶试阶段,杨凤田把各单位参试人员紧紧团结在自己的周围,一呼百应,出现任何问题都视为飞机系统的问题,各单位不分彼此,齐心协力解决,才确保了BGD工程顺利进行。

"凤"舞蓝天——记中国工程院院士杨凤田

冲入蓝天立首碑

2000年,沈飞公司按601所发出的图样,投产两架JBIX型飞机研制批试飞样机,经过严密组织,全厂上下全力以赴,到年底就完成了试制任务。2000年12月,JBIX F0001与F0002两架样机顶着凛冽的寒风先后冲入蓝天,遨游在祖国广阔无垠的天空,成功实现了首飞。两架新机同日完成首飞。这在沈飞公司的历史上还是第一次,恐怕在新中国的航空史上也是首次。

首飞成功后,中航一集团向沈飞公司、601所发出了贺信:

"欣悉JBIX型飞机首次试飞成功,在此之际我们对参加JBIX型飞机研制的全体人员表示衷心感谢,对JBIX型飞机首次试飞成功表示热烈的祝贺。

JBIX型飞机在研制周期紧、技术难度大的条件下,按期实现首飞,充分体现了广大干部职工连续作战、敢打硬仗的精神。飞机的首飞成功,是参研单位的工程技术人员、生产一线的职工和军代表、试飞员、指挥员紧密协作、不懈努力、辛勤劳动的结果,标志着JBIX型飞机的研制进入了一个新的阶段。

希望你们继续发扬团结、求实、拼搏的精神,勇于进取,精益求精,再接再厉,进一步做好首飞后的工作,为使JBIX型飞机早日装备部队做出更大的贡献!"

2001年3月,JBIX 0003架飞机也完成了首飞。这标志着JBIX型飞机的研制取得了重大的阶段性成果,是整个工程的第一座重大里程碑。这一成功的取得,在祖国的航空史上是空前的,因为在短短的两年就完成了从方案论证,到工程实施直至首飞的全过程。时间之短、难度之大是前所未有的。之所以能取得这样重大的成功,原因固然很多,但与杨凤田总设计师的观念和严谨务实的领导有着直接的关系。他常说:"JBIX型飞机是空军急需的重点机型,也是我国首次研制配装具有超视距作战'发射后不管'空空导弹的战斗机。因此,要站在政治的高度,克服研制周期短、技术难度大的困难,要正确对待和处理研制中出现的问题，要苦干加巧干……"正是他正确的指导思想，引导着全体参研人员奋力拼搏、风雨无阻、勇往直前；正是他严谨务实的领导以及参研人员苦干加巧干，才取得了惊人的业绩。鉴于此，中航一集团授予杨凤田、张福银一等功。还有很多同志荣立二、三等功，以鼓励他们为JBIX型飞机继续奋战。

杨凤田在JBIX型飞机研制中获中航一集团一等功

三大试验，国内首创

试验是飞机研制中重要组成部分。在JBIX型飞机研制过程中，杨凤田吸取了研制其他型号飞机的教训，非常重视试验工作。由于BGD导弹第一次挂上飞机，导弹与飞机、导弹与火控系统、导弹与电子系统等都有复杂的接口关系，飞机面临很多关键技术和难点技术，必须通过试验来验证其正确性。在杨总的组织下，601所研究了飞机单位应做的试验项目和相应的试验方法。地面试验、空中试验共有40多项，其中多项试验在国内都是属于首创。为此每一项试验他都要亲临现场，从下达试验任务书到试验结果分析，他都要亲自过目、亲自审批。从试验件、试验设备到试验测试方法，他总是不漏一个环节，亲自检查。在众多的试验中，机弹安全分离试验、对准导航试验和导弹系留飞行试验，给参研人员留下了深刻的印象。

1. 机弹安全分离试验

在国外进行此项试验前需要进行大型风洞 CTS 吹风试验，当时只有美国、俄罗斯和法国有此项技术，到国外去完成本项试验无论从时间、经费和政治等因素都是不可能的。在这种情况下，杨总果断决策采用火箭弹发射进行逐步逼近验证。这是大胆的决定，在国内是首次进行的尝试性试验，需要有多年的试验经验才有勇气及胆量做出这么大胆的决策。

经过一系列工程计算、局部吹风试验之后，果断地在东北某基地完成了3发火箭弹发射试验，试验取得圆满成功。此项试验的成功为后来程控弹发射、制导弹发射打下了坚实的基础。

在型号研制的关键时刻，在我国的试验手段不具备条件的情况下，我们的航空领军人物再次用聪明与智慧攻克了技术堡垒。

2. 对准导航试验

超视距导弹在发射前需要进行坐标对准，而飞机本身是弹性体，存在一个动态变形误差，导弹与飞机进行动态对准是一个国际难题。

在沈飞公司进行导弹导航对准试飞前期，由于导弹研制单位对有关试飞数据处理分析缺少把握，各方议来议去，在试飞进度极其紧张的情况下，严重影响了试飞进度，相关部门对试飞效率很有意见，杨凤田根据当时的情况提出了试飞原则，只要数据趋势正确就飞。在他的极力坚持下，试飞工作顺利进行，数据处理也取得进展。

在技术难题面前，杨总尊重科学，求真务实。在他的组织下，参试人员一丝不苟进行了机翼变形测试，经过数据分析处理后，在火控解算中对飞机机型的变形进行了动态误差修正。经过对准导航验证试验后证明，载机与导弹的对准误差以及载机、导弹的导航误差均满足要求,为后续系留试验打下了坚实的基础。

3. 导弹系留飞行试验

雷达型导弹是超视距导弹,要准确命中目标,需要机载雷达、惯导、火控等一系列误差均满足要求,这样才能保证导弹末制导时截获目标。为了验证此项工作,在杨总组织下,由导弹院、沈飞公司、601所、615所、613所等十多家单位参加,在沈飞公司机场进行了大量系留飞行试验。经过多次试飞,最终对雷达误差、惯导误差进行了验证,使导弹在系留飞行时每次都可靠截获目标,为后续空中靶试打下了坚实基础。

银灰色的飞机、银灰色的头发,看起来是那样相得益彰。杨总以一名老学者、老专家、老领导、老朋友的身份带领参试人员孜孜以求、不断攻克技术难关的精神激励着每一位参加试验的同志。如果没有杨总大胆的创新、果断的决策,参研人员还得小心翼翼地跟在别人后面,不敢越雷池半步。

3项大型试验在国内是首次进行。通过实验室建设和试验的实施,开拓了试验技术领域,锻炼了一支航电综合试验队伍,培养了一批航电武器综合人才,提高了我国战斗机的研发、试验技术水平。所开发的试验系统、试验技术必将在我国未来的飞机型号研制中发挥重大作用,具有重大的工程意义。

勇战"非典",首发失败

2003年,对于中国来说是多灾多难不平凡的一年。一场突如其来的"非典"疫情席卷神州大地,给中国各行各业带来了严重的影响,各单位纷纷放假休息,限制人员流动。而在国防建设这条特殊的战线上,却活跃着一支小分队,那就是杨凤田率领的JBⅨ试验队。在"非典"肆虐的5月,他们从沈阳乘"专列"

"凤"舞蓝天——记中国工程院院士杨凤田

蜿蜒北上、西行。为了绕过北京等几个疫情严重地区，穿过了大半个内蒙古。在本应繁忙而此时冷清的铁路线上，这列客货混编的列车奏响了国防建设者不畏艰辛、勇斗疫情、献身国防的时代最强音。"专列"在行进的过程中，遇车则让，随时在前不着村后不着店的荒芜旷野处停车。如是夜晚，透过车窗向外望去，一片漆黑，看不到一丝亮光，只有天上的星星在眨眼。车厢内闷热难耐、蚊虫叮咬。由于不能及时补充水源，经常断水，没有水喝，不能洗脸，更不能洗澡，身上的汗臭味充满整个车厢。更让大家难耐的是寂寞，大家只好用打麻将、打扑克来打发时间，后来对这也没有了兴趣。"专列"走走停停，经过6天5夜的颠簸，杨凤田率领的试验队战胜了寂寞，战胜了水源与饭菜供应不足，战胜了疫情的威胁，终于到达了 JBIX 飞机定型试飞基地。大家有如走出牢笼、重见天日一样异常兴奋。可是，他们高兴得太早了，下车后又被立即隔离到条件非常差的老营房内，不许外出，不许接触他人。营房缺门少窗，中午室内如蒸笼，晚上又很凉。睡觉的床是临时用木板搭建的，几个人睡在一张大床上，一人翻身，其他人都跟着动，发出的响声让人难以入睡。一日三餐都是由专人送来。就是在这样的条件下，杨凤田还是组织大家研究进场后的相关准备工作。他还是像平常一样，面带笑容率领大家度过难关。"患难困苦，是磨炼人格之最高学校"[①]，7天的隔离结束了，他们的意志更坚强、精神更抖擞，他们立即投入了工作。

这时 JBIX 型 3 架飞机在完成调整试飞后，相继转场到试飞基地。从此，开始了定型试飞。杨凤田在向上级报告的文件中明确提出："由于定型试飞周期短、试飞科目多，特别是增加 BGD 导弹有关的导航对准试飞、制导系留试飞和靶试等，都是从来未进行过的，有关试飞方法、测试方法和数据处理方法都需要及早开展研究。"因此他希望加大管理力度，要有经济和行政手段，以保证研制进度按计划进行。正是在他的推动下，到 2003 年 9 月完成了所有非靶试科目的定型试飞和所有常规武器靶试科目试飞，成绩很令人满意，为 BGD 的靶试创

---

① 梁启超：《去战天斗地，去迎接更大大的挑战》。

造了条件。

面对取得的成绩，杨凤田始终保持着清醒的认识，并告诫大家：JBⅨ型飞机是与BGD导弹同步研制、同步定型、共同装备的国内第一型能够发射、制导第四代空空导弹的先进战斗机，有多项技术是国内首创，只有全面经过BGD导弹实弹靶试考核，才能算最终成功。

不久，靶试开始了。JBⅨ型飞机挂装了BGD导弹，带着人们期待的目光冲上蓝天。这个"憨实倔强的小伙子"怀抱"美丽动人的姑娘"在蓝天白云的空中巡视着目标飞机。

雷达很快发现目标并截获、跟踪，飞行员陈家亮准确操纵飞机接近目标。当导弹准备好且满足发射条件时，地面指挥员果断地下达了"发射"命令。飞行员立即按压了发射按钮。光测录像显示导弹发动机开始喷火，正待参试人员高兴时，却没有看到弹机分离的画面。其实"美丽动人的姑娘"仍抱着"憨实倔强的小伙"而不肯离去。导弹发动机喷火约10秒钟停止了，飞行员从后视镜上看到导弹还挂在飞机上，并且看到了导弹未离梁的故障信号，即刻向地面报告。随后地面下达了"返航"命令。飞行员冒着生命危险驾驶飞机左右摇晃着带弹着陆了。地面人员惊讶地发现，飞机的左平尾被烧去一半，豁牙裂齿、漆黑一片。飞行员看后，也惊出一身冷汗，"太危险了！"有些后怕。这"憨实倔强的小伙子"被"美丽动人的姑娘"狠狠咬了一口，尝到了"美丽动人的姑娘"的厉害。

导弹未发射出去，飞机平尾被烧了，是什么原因造成的？机弹之间又发生了争执。在未查清原因的情况下，导弹研制单位提出是由于飞机掉电引起导弹锁未打开而造成的。主机所认为这不可能，如果飞机掉电，机上其他设备也应工作不正常。原因一时查不清楚，只好撤离现场，回各自单位查找故障原因。

在撤离前，杨凤田告诫大家说："我们要牢记这次事故。因为导弹未离轨，造成飞机左平尾严重烧毁，虽然飞机系统功能正常，但我们要引以为戒，把握技术细节，做到状态明晰、措施有效，争取JBⅨ型飞机早日定型。JBⅨ型飞机定型不是单个型号的事,它将引领国内其他型号发射、制导第四代空空导弹技术的发展,在反"台独"的军事斗争中发挥重要作用。"

后来经过导弹院的试验、分析,查明是由于导弹发射装置的滑块与导弹滑块的选材不匹配,造成摩擦力过大导至导弹未能离梁。导弹院人员自觉愧疚,向主机所说了声"对不起!"

不破楼兰终不还

2004年春节是那么祥和、温馨,大疫初过,人们更加珍视这个万家团聚、阖家欢庆的佳节,尤其对JBIX试验队来说,他们在疫情肆虐期间,为了肩负的使命,与家人分离半年之久,他们是多么渴望在春节期间能与家人多团聚一段时间啊,然而,在使命与亲情之间,他们又义无反顾地选择了使命。正月初八,"非典"的危险还没完全过去,别人还在享受团聚之乐的时候,杨总又率领JBIX飞机试验队告别眷恋的家人,以"黄沙百战穿金甲,不破楼兰终不还"① 的豪迈气概,踏上了通往西域的征途。

正月十五是中国传统的元宵佳节,当月光慢慢爬到杨凤田的床前时,引起了他对亲人的思念。那真是:

独在异乡为异客,
适逢佳节倍思亲。
遥知亲人围桌坐,
共赏元宵少一人。

---

① 相传在唐朝,西域的"楼兰"是一个少数民族小国,经常入侵唐朝边境。唐军将士们在沙漠中身经百战,盔甲都已磨破,但他们一定要打败入侵的外族才肯回家。于是大诗人王昌龄写下了不朽的诗篇《从军行七首》。

第十章 借弹"孵"机

西北大漠深处，每年一二月份是这里最寒冷的日子，也是"疾风冲塞起，砂砾自飘扬"多沙尘暴的日子。

天气条件的艰苦，阻碍不了试验队的工作热情。在杨凤田的带领下，他们以"壮志饥餐沙拌饭，笑谈渴饮刺骨风"的乐观精神忘我工作着。

同时，另一件事无时无刻不烧灼着杨凤田的心。2004年是台湾地区领导人换届选举年，反"台独"斗争形式多变，JBⅨ飞机作为"撒手锏"工程，必须尽快定型，尽快生产，尽快装备部队，才能符合反"台独"斗争需求。每当他想起这件事，就会激发出全身的干劲儿。于是他每天与试验队员一起战严寒、斗风沙，披星戴月地进行导弹排故后的状态清理和机弹联试工作。基地的天气，经常在后半夜突变，为抓住每个可飞行试验的天，杨凤田每天凌晨三四点钟总要起来，到宿舍外冒着严寒找一开阔地方观察天气，只有看到月朗星稀之后，才能安心回到宿舍再小睡一会儿，后被试验队员们笑称"星月大师"。5点钟之后，他就会起床，协调基地、各试验队等多个部门，进行飞行试验准备。

辛勤引得春风至，汗水融化大漠冰。2004年3月，中国战斗机研制史上又一座里程碑诞生了，BGD导弹的排故已经胜利结束，又重新挂到JBⅨ型飞机上。10时05分，JBⅨ 02架飞机携带一枚混装弹，腾空而起，冲入蓝天白云中，飞行员驾驶着飞机在空中巡视着，突然雷达屏幕上出现了目标机的亮点，"雷达发现目标"，飞行员向地面指挥员报告说。飞行员继续操纵飞机向目标靠近，"雷达截获目标"，飞行员再次报告。飞行员继续操纵飞机跟踪目标，当满足导弹条件时，指挥员下达了"发射"指令。导弹发射、离机，5秒后，导引头截获目标，稳定跟踪，直至遇靶。靶试成功了！在场人员欢呼起来。捷报鼓舞着所有研制者，更鼓舞着靶试现场的每一位参试者。捷报也很快传到了北京，领导们也惊叹不已。第四代拦射导弹靶试成功，在中国的航空武器库中又增加一个新成员，在航空史上又书写了新的一页，填补了中国航空技术的一项空白，标志着我国航空兵由被动防御向攻防兼备的实质性转变，是中国战斗机研制史上又一座新的里程碑。

"凤"舞蓝天——记中国工程院院士杨凤田

JBIX型飞机靶试现场

当大家还沉浸在成功喜悦之中的时候，杨凤田已经开始思考、谋划后面的靶试工作。他清醒地认识到，这次成功还仅仅是个开始，后面还有长弹道、大高差、大机动、强干扰等多个严酷条件的靶试科目还未进行，每一次靶试都是对飞机功能、指标的实战考验，也是对国产第四代导弹的考验。他也深知：飞机研制是世界公认的知识密集、技术密集、多学科集成的高科技产品，研制过程中的一丝疏忽都可能导致灾难性的后果。因此，他要求试验队不能因为局部的成功而麻痹大意，必须保持一如既往的工作作风，认真细致地做好后面的工作，每次飞行、每个进入都必须以飞行数据说话，直到全部靶试科目完成。

2004年6月，第二枚国产弹进行靶试合练，试飞员描述，两次进入，导弹手动准备，模拟发射正常。多么好的兆头，不出意外，很快将会再次传出一个胜利的捷报，杨总和试验队都在期盼着。和以前一样，试飞结束后，试验队马上投入到紧张的数据分析工作中。负责数据分析的王树伟发现：第二次进入攻击时，在正式手动准备导弹前几秒，火控机非法向外挂物管理系统发送了"准备"的命令，共4次，每次持续40毫秒。这是火控机的一个极大致命错误！与以前的飞行数据不一致,完全不符合设计逻辑,他马上向杨总汇报了数据分析情况。面对突发的异常,面对整装待发的靶试人员,杨总果断决定:暂停靶试,全力查找异常原因并解决。

接下来的几天里,试验队全力投入到排查故障当中,但似乎这次异常有意与试验队在"捉迷藏",连续数百次的试验,一切按设计逻辑运行,异常不再出现。焦急、疑惑布满了每个人的心头,每天都试验到凌晨一二点钟还不肯离开实验室。望着队员们焦急、疲惫的身影,杨总既心急又心疼,他告诫队员:"型号进度虽然紧迫,但科研必须要保持充沛的体力和清晰的思维,才能更好地干好科研工作,不能搞疲劳战,那样反而会降低工作效率,甚至延误进度。"每天都是在杨总的催促声中,队员们才和杨总一起离开外场实验室,返回内场。

一天晚上,在返回内场的车上,杨总根据几天来的排故情况,启发王树伟说:"以前的靶试和这些天排故试验说明,按照正常操作进行试验,没有复现故障现象,说明我们系统逻辑设计是正确的,故障往往都发生在没有想到的细节或者逻辑分支上,你再把前天的飞行数据仔细梳理一下,是否还有其他异常,分析其他异常与这个故障的关系。按飞行数据状态进行试验,就应该能够复现故障。"前天的飞行数据王树伟已不知看了多少遍,每个系统的状态、特征点数据、误发准备指令时刻、持续时间等关键数据,都清晰地默记于脑海中。杨总的话语深深地启发着王树伟的思维,他不禁想起了前天的飞行数据,"难道雷达虚报故障会与火控机误发导弹准备指令有关?但雷达虚报故障与火控机发导弹准备指令并没有直接关系啊?"他没有想通,只待明天用试验来证明了。

故障发生得那么突然,复现故障就显得神奇了。第二天,试验队按照杨总的分析进行实验,在雷达截获目标后,制造了一个雷达故障,天啊,故障复现了!具有排故经验的人都知道,频繁复现的故障不难排除,难排除的故障是那些只出现一次、以后不再复现的故障,复现某些故障简直到了"可遇不可求"的地步。根据复现的故障数据,试验队很快就分析出了故障源于显示控制管理子系统软件编码不完善造成的。

　　故障机理虽已清楚,但难题再次出现在杨总面前,现场不具备更改软件的能力,搞软件人员到达现场最快也需要4天,而第二天是一个难得的靶试好天气。是等软件更改到位后再靶试,还是明天进行靶试？经常深入靶试现场的杨总深知,现场的天气说变就变,风沙随时肆虐,同时,靶试还涉及飞行员状态、各测试系统状态、靶机状态、导弹状态等环节,任一环节出现问题都将延误靶试。如果等软件人员到位,很可能拖延很长时间,可部队官兵的目光一直注视着靶试现场,述说着对新装备的渴求。在这特殊的时刻,杨总再次决定：临时限制导弹自动准备方式,确保各系统状态准确,明天进行靶试！

　　2004年6月的一天,微风、万里无云,难得的靶试好天气。9点06分JBⅨ飞机起飞,9点15分靶机离陆起飞,9点18分进入攻击航线前JBⅨ飞机发现靶机,9点26分进入攻击航线,9点30分发射导弹,JBⅨ飞机发射、制导第二枚国产四代导弹靶试成功！人们激动着、欢呼着,这是不同寻常的靶试,这是体现使命感与责任心的靶试！

李玉海与杨凤田院士在靶试现场

辛勤的耕耘必能换来丰硕的收获。在风沙迷漫的戈壁深处，又接连传来一个个成功的喜讯。弹弹命中，弹弹都含有高科技，一项项新纪录，又将写入中国的航空史上。

杨凤田率领他的研制团队用智慧融化了一个个技术上的坚冰，用责任沟通了一个个管理上的难题，用汗水孕育了一次次成功的收获之花。

2004年8月，完成了最后一发国产弹的靶试。历经44个月，完成了全部定型试飞内容和靶试工作。"楼兰已破"，杨凤田率领试验队人员凯旋回到沈阳。

当年定型，当年使用

在JBⅨ型飞机靶试即将结束时，杨凤田曾蛮有把握地提出："当年定型，当年装备部队，当年形成战斗力"的构思。靶试胜利结束后，他带着靶试成功的喜悦，多次往返于沈阳——北京——酒泉，三点一线之间，多次到空、海军部队去调查，与空地勤人员沟通，宣讲JBⅨ型飞机的性能与作战效能、维护使用要求等。为飞机装备部队，形成战斗力做了很好的舆论准备。

2004年9月，航空产品定型办公室在北京主持召开了JBⅨ型飞机设计定型BGD导弹靶试评审会。评审组认为：通过靶试考核，飞机及飞机综合火控系统满足研制总要求和试飞大纲的规定，可以按此状态开展飞机及综合火控系统相关设备设计定型工作。

2004年11月，航空产品定型委员会曾两次召开JBⅨ型飞机设计定型工作会议。经认真评审，认为达到了设计定型的要求。不久航空产品定型委员会就批准了JBⅨ型飞机设计定型。

杨凤田在JBIX型飞机设计定型审查会上

杨凤田在JBIX型飞机设计定型会上签字

飞机设计定型后，开始投入批生产，交付部队使用，使我军在高性能战斗机系列中占有一席之地。为了尽快形成战斗力，根据空军首长的指示，JBIX型飞机保持了较大的飞行训练强度，在未来的台海战斗中必将发挥其相应的作用。

JBIX型飞机作为飞机型号研制，同时承担着主动雷达型空空导弹系统研制的多项新技术验证、科研试飞及定型靶试任务。由于主动雷达型空空导弹的技术难度大、接口复杂，对机载武器火控系统的技术要求高，国内又是首次研制与之相匹配的机载武器火控系统，缺乏相应的技术储备，飞机研制过程中遇到许多难点技术和关键技术，但都及时被杨凤田及他率领的团队所攻克。科研人员进行了大量的开拓性工作，摸索出一套飞机挂装主动雷达弹的成功经验和成熟技术，为我国航空工业技术发展做出了重大贡献。

JBⅨ型飞机作为我国第一代主动雷达弹的科研平台是中国航空宝库中一颗熠熠生辉的明珠。正如在JBⅨ型飞机设计定型会上总装备部及空军装备部领导所说："JBⅨ型飞机成功研制，使我国的综合火控系统研制水平跨上一个新台阶。"

勇于创新，两箭齐发

创新，是科研工作的灵魂，它吸引着每一位科研工作者的不断探索和追求；成功，是科研工作者的动力，它鼓舞着科研工作者一个又一个的创新。

JBⅨ型飞机成功发射、制导了BGD导弹，飞机完成设计定型，已经在中国战斗机研制史上树立了一座丰碑，但杨凤田并没有停留在已经取得的成功上，他怀着十分喜悦的心情又开始新的探索。他知道自美国的AIM–54A导弹装备使用，F–14飞机具有多目标攻击能力以来，国外加速了具有多目标攻击能力的机载武器火控系统研制，F–22、JSF、苏–35等具备同时攻击多个以上目标的能力。多目标攻击可以大幅度提高飞机的作战效能，已经成为现代机载武器火控系统技术发展的重要标志。"外国能办到的，我们也能办到。"他心里想着。不过他也清楚地知道：要能实现多目标攻击，不是601所独家能完成的事，而且技术上、经费上和管理上都有很大风险，也不是件容易的事。不过他记得华罗庚曾说过："科学上没有平坦的大道，真理长河中有无数礁石险阻。只有不畏攀登的采药者，只有不怕巨浪的弄潮儿，才能登上高峰采得仙草，深入水底觅得骊珠。"杨凤田立志要攀"双目标攻击"的高峰，要做"采药者"、"弄潮儿"，去采仙草，去觅骊珠。

2004年3月，靶试工作还在紧张进行的时候，杨凤田就迫不及待地在靶试基地组织相关研制单位研讨了JBIX飞机增加多目标攻击功能问题，他说："多目标攻击是国际上先进的航电、火控、武器综合性技术。首发BGD导弹靶试的成功，说明我国研制的'发射后不管'导弹在原理上是可行的，在技术上是不会有太大风险的。作为飞机研制者，我们应该紧跟国外先进技术的发展，促进我国飞机设计技术的进步，通过我们的努力，为部队提供更多、更好的武器装备，满足国防建设的需要。多目标攻击对提升飞机作战效能作用巨大，国外是花大价钱搞出来的，我们不可能具备国外的研制条件，在经费支持上我们可能比国外差，但在技术研究上我们不应该比国外差。部队的需求、国防的需求就是我们最大的动力！多目标攻击技术，在型号工程上国内是第一次搞，我们不能蛮干，必须控制经费风险和技术风险，可以结合JBIX飞机自身技术特点和硬件资源，先搞双目标攻击技术，研制成功后再搞多目标攻击。所需经费研制单位要自筹，我来协调各研制单位，我们一定要风险共担、齐心协力研制成功，使JBIX飞机有双目标攻击功能！"

面对杨凤田的崭新规划，各研制单位一致赞同，也得到了空军和工业部门的支持，决定立即启动JBIX飞机双目标攻击功能研制。由此，JBIX飞机在定型靶试的同时，在杨凤田的率领下，JBIX飞机航电研制团队又自发地踏上了充满挑战的全新研制航程。

双目标攻击是战斗机迎战多个目标时，雷达搜索到目标跟踪后选取其中威胁最大的两个目标进行截获瞄准，一次发射2枚"发射后不管"导弹对两个目标机同时进行攻击。当时只有美国、俄罗斯、法国等国掌握这一技术，而我国的飞机具有多目标攻击能力还只是空军和航空界人士的梦想，是可望而不可及的事。JBIX飞机如要实现双目标攻击能力、增大雷达作用距离，可以在执行防空拦截、警戒巡逻、空中护航等作战任务时，利用BGD空空导弹进行超视距双目标攻击敌二三代机的轰炸机、攻击机、特种作战飞机、无人机，夺取制空权。

JBⅨ飞机发展双目标攻击的主要关键是雷达。因此，杨凤田领导601所团队与电子14所进行了充分分析、研究，对某型雷达–4进一步改进，飞机的火控计算机、武器发射控制系统、显控管理系统的软件等也进行了相应改进。改进后的雷达作用距离提高20%，可同时跟踪多个目标，截获两个最危险目标后放弃其他目标，对这两个目标交替跟踪探测数据、准备发射导弹。

两架JBⅨ飞机经过改装后进入空军靶试基地，首先试验改装效果。为了使飞行员掌握双目标攻击技术，杨凤田与飞行员共同研究双目标攻击战术，总结飞行员攻击操作中的经验。杨凤田通过深入钻研，充分发挥参研团队的智慧，博采众长，决策改进方案，及时现场改进，终于在2005年11月，双目标攻击实弹靶试一举成功，两架靶机都被击落！标志着我国突破了双目标攻击技术，我军战机的超视距作战能力又跨上了新台阶，一举达到国际先进水平，进一步提升了保卫国防、维护祖国统一的实力。

第十一章 老机新生

思则得之行则果

2004年6月，JBⅨ型飞机挂BGD导弹打靶成功，杨凤田领军的科研人员多年的心血和汗水终于浇灌出参天大树，并结出丰硕的果实。每当他们看见这棵大树，捧起这沉甸甸的硕果时就会涌现出无限的喜悦。可杨凤田并没有沉醉在欢乐里，而是陷入了沉思中，走路思、吃饭思、睡梦思。"思之、思之、又重思之"[①]，思则得之，终于思出了多个问题：

能否在JBⅨ型飞机上再加挂2枚BGD导弹呢？这样，飞机的攻击能力不又会提高了吗？（后来挂4枚BGD导弹方案论证过，但未列入改装实施项目。）

部队现役的歼8B、歼8D型飞机能否也改装某型雷达和加装BGD导弹呢？如果能实现，部队的空战能力可以大幅度提高，而且我们国家的武器装备还可以形成梯次发展的格局。

JBⅨ型飞机能否出口呢？

这些问题在他脑海里转来转去，他想："每一个问题可都不是小问题呀！涉及到使用部队、工业部门，还要大笔经费！看来要办成哪件事都很难啊。"他不敢再往下想了……

不过杨凤田并没有因为"难"而畏缩，虽然还一时拿不定主意，但他还

---

① 管仲：《管子·内业》。

是下定决心，要试一试，他愿意为他的目标去奋斗、去付出。但不能闭门造车，他决定到使用部队去考察、了解一下部队的需求，兴许在那里能找到答案。

于是他带领相关专业人员开始跋山涉水、走南闯北，到使用部队去考察，听取部队的意见与需求。通过月余的考察发现：一些空、海军部队都有不少ZLD导弹，有的是引进的，有的是国产的。这些导弹装在歼8B型飞机上，由于208雷达性能落后，且故障率高，不能充分发挥导弹的威力，急需性能更好的飞机。但不知道要什么样的飞机，不知道国内能提供什么样的飞机，更苦于军费有限，不好提出新的要求。

这次考察，杨凤田感到不虚此行，收获不小，让他理清了头绪，决心把JBⅨ型飞机的雷达武器火控系统等设备移植到部队现役歼8B与歼8D型飞机上，并逐步形成了一个成熟的方案。"这个方案能否实现呢？如果有一架样机就好了。"想到这里，一个"自筹资金、自投设备，改装一架样机"的想法就形成了，然后他与有关单位一起研究，大多数单位支持他的意见，也有个别单位持反对意见，声称"不给改装费就不干。"这让杨凤田有点不理解，带点火气地说："我们主机所提议搞这个项目，说大，是为国家做事，说小，是为大家谋福利。在歼8B、歼8D改装后，一架飞机挂2枚BGD导弹，你们要生产多少导弹？要增加多少经济效益？你们算过吗？不考虑将来的利益，只看眼前的得失，这不太鼠目寸光了吗？如果哪位代表在这里定不了问题，就把电话给我，我给你们单位领导打电话！"他的一席话，虽有些强硬，但道理是对的。各位代表无话可说，最后都赞同了他的意见。

要改装分散在各个部队的飞机，不是件轻而易举的事。飞机要停飞，要打乱原来的试飞计划，更何况还要有一大笔经费的支持，没有部队首长和航空工业部门的同意，没有周密的改装计划是绝对办不成的事。"卓越的才能，如果没有机会就将失去价值"①，也许这正是杨凤田显示才能的机会。于是，他开始施

---

① 拿破仑：《语录》。

展外交才能。据参与工作的程梅回忆:"杨总带领相关的技术人员经常往返于沈阳和北京之间,多次与高层领导、军方首长接触,从国防建设需求的角度论证飞机改装的可行性与必要性,从技术、进度和经费等多方面详细汇报改装实施方案,而军方首长和参谋们总是热情接待杨总,大家如同老朋友一样不拘形式地围坐在办公桌旁,或者聚在会议室进行热烈的交流和讨论。有时为了某项重大问题需要承研单位专项汇报时,不管路途多远,只要杨总一个电话,相关项目负责人都会当天赶往北京,上级首长曾赞叹地打趣说'老杨,你可真是天兵神将啊!'"

杨凤田的这一战略思想与部队的需求不谋而合,因此得到了部队和上级机关的理解和支持,尤其是空军科订部的张云飞处长、汪火光处长、孔祥东参谋和空军装备研究院航空所的王建国同志等,听了杨凤田的汇报后,觉得这正是部队急需的飞机,既能打 ZLD 导弹,又能打 BGD 导弹,花钱也不多,因此更是大力支持,还做了不少工作。由于部队有较多的 ZLD 导弹,而且这种导弹已经国产化,所以上级决定改装方案"一步到位,分步实施",首先开展部分现役歼 8D 型飞机改装 ZLD 导弹工作。

2004 年 12 月,空军科订部在北京主持召开了现役歼 8D 型飞机改装 ZLD 导弹技术方案报告评审会。方案通过了评审,并冻结了技术状态。

2005 年 2 月初,总装备部批准歼 8D 型飞机的改装方案,并把改装的飞机命名为 JBD Ⅶ 型飞机。

总装备部还明确要求:JBD Ⅶ 型飞机是空军现役歼 8D 改进型飞机,在歼 8D 型飞机基础上对火控、导航、敌我识别器等系统进行更改,加装、换装某型雷达-3 雷达、雷达罩、连续波照射器、头盔瞄准具等设备的改进型飞机。旨在充分借鉴 JB Ⅶ 型飞机研制成果的基础上,大幅度提高现役歼 8D 型飞机 ZLD 导弹中距作战能力,以有效地提高部队的战斗力,成为空军反"台独"应急作战准备急需的重要装备。

从此,JBD Ⅶ 型飞机正式立项,揭开了航空史上新的一页。

找厂家，建队伍

JBDⅦ型飞机的技术状态冻结后，急需找一个合适的厂家来完成改装任务。空军有9所大修厂，哪个厂家更合适呢？杨凤田与空军机关都不好确定。在空军科订部的组织下，杨凤田派出副总师张爽等技术人员与空军的孔祥东参谋一行到各厂家进行考察。

5721厂是空军国产飞机的大修厂，虽然某些设备和软件尚不如人意，不过该厂的领导非常积极主动地争取这个改装项目。他们知道，尽管厂里靠大修飞机完全可以维持本厂的运营，但争取到这个项目后，无疑收入会大幅增加，工厂会更加景气。于是厂长王伦文亲自找到杨凤田，与他协商，最后如愿以偿地取得了改装空军现役歼8D型飞机的资格。

5721厂位于石家庄西北方向，占地面积1500多亩，有职工1700多人。工厂在"知识兴企、航修报国"企业精神和"以人为本、新机为主、质量为先、效益为中心"的发展理念指引下，在"想干事的有机会，能干事的有舞台，干成事的有奖励"的用人原则激励下，抓维修保障能力的建设，抓新机修理线的建设，不断推进企业全面协调可持续发展，努力为空军新武器跨越发展作贡献。

海军只有一个大修厂，是位于上海的4724厂。该厂直属于海军装备部。工厂始终以承担海军主战机种维修改装任务为主产品，积累和具备了较强的综合实力，多次填补了国内空白和海航航空维修事业的数个第一。已经具备场地广阔、设备精良、专业齐全、技术先进、管理进步、环境整洁等众多优势，是一家具有一定生产规模和三大系列飞机（海军轰炸机、战斗机、直升机）修理改装能力的航空装备保障性企业。由于该厂是海军唯一的大修厂，所以海军航空兵飞机的改装任务自然由该厂完成。

改装厂确定之后，重要的问题是组建一支强有力的改装队伍。杨凤田对

601所的人员非常熟悉，谁的技术水平高，谁能胜任什么工作，谁的性格及身体状况怎样，他都一清二楚。经过左思右想，他决定聘任已退休的原副总设计师肖模何和王宗禹分别主管空军和海军现役飞机的现场改装工作。他俩都在沈飞公司跟产多年，有丰富的飞机生产经验和很强的组织能力，是601所现场处理问题的顶尖人物，是值得杨凤田信任和放心的人。然后，杨凤田又挑选了于相舜、张月辉、贾玉琢、丁桂珍、孟繁恩、郑金奎、于杰等人，他们都是各自专业的技术拔尖人员，虽然有的已经退休，但身体尚好、精力充沛。这样一支改装队伍，可以说是精兵强将，为后来的现场改装顺利进行起到了重要的保证作用。

空军现役飞机的改装

1. JBD Ⅶ型飞机

空军现役歼8D型飞机的改装在5721厂进行。该厂承担此项任务后非常重视，明确由该厂总工程师王建敏负责，赵柏龙副总师组织现场改装。由于该改装任务是工厂上台阶的项目，在杨凤田的指导下，在601所的大力支援下，该厂积极培训人员，购置必要的设备，筹建改装生产线，使员工具备了改装能力。

2005年4月25日，2架科研改装样机（1002、1111）转场到该厂，JBD Ⅶ工程如顺风的船开始扬帆。杨凤田也如期而至，和改装人员一样，吃住在现场。

石家庄的夏季似火炉，飞机改装的机库似蒸笼，改装人员机上机下忙碌着，个个汗流浃背，但脸上都洋溢着无限的喜悦。飞机称重，系统试验，任务一项接着一项，节奏紧张而有序，进展十分顺利，很快按节点实现了首飞。2005年8月，2架科研飞机顺利转场至上海崇明岛进行鉴定试飞。

第十一章 老机新生

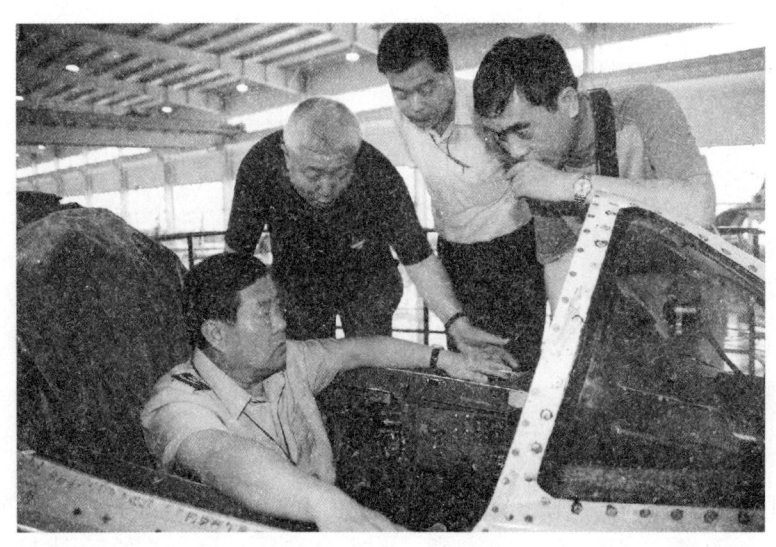

杨凤田院士与王建敏总工程师向空军景副司令介绍改装情况

杨总作为型号总设计师，需要做的事情很多，但他时刻关注着JBDⅦ工程进展中的每一个重要里程碑，也同样心系辛勤工作中的技术人员。每当遇到困难的时候，他总会出现在大家身边，给大家鼓舞士气，带领大家一起走出低谷。参加试验的程梅回忆说："2005年8月，JBDⅦ工程航电武器系统试验在崇明岛外场紧张地进行着，系统运转非常好，可十分顺利的工作突然卡滞了，问题出在新研设备和原有设备的软件与硬件交联方面，现场条件已经无法满足排故需求，正当参试人员急需后方支持的时候，杨总一下就出现在大家面前了，见杨总红彤彤的脸和被汗水浸湿的衣衫，大家心中的感动是无法言表的，从沈阳到上海，从机场到码头，从码头到外场，一路劳顿的杨总没有休息就直奔现场来了。"

炎热的南方夏季，午后的跑道骄阳似火。杨总和大家在飞机的身影下席地而坐，倾听大家的汇报；趴在飞机座舱旁查看故障现象，和大家一起研究解决方案，还不时打电话给相关参研单位，要求派人带设备来现场排查问题。当参研单位李峰副总一行从洛阳地区赶到崇明码头时，杨总还亲自带人到码头迎接。他的亲和力感染着每一个参研人员，大家齐心协力，故障很快被排除了。

可是在试验的过程中,大家躲不开那如火的烈日,一个月下来,个个都成了"黑人儿"!闲时大家竟然比起谁最黑了,好像更黑的人才是工作更好的人,是最有成就感的人,因此不以为苦,反以为荣了。

是的,他们有理由感到光荣、自豪。因为歼8D型飞机的改装,新加装、改装的设备性能先进、技术复杂,其技术服务保障工作涉及单位多,协调工作难度大,能否扎实做好外场技术保障工作,对部队顺利完成飞行任务十分重要。因此空军要求"各单位务必以提高航空兵部队的战斗力为己任,团结协作、克服困难、全力以赴,做好技术服务工作,为部队做好反'台独'应急作战准备做出积极贡献。"跟飞人员站在反"台独"的前线,捍卫祖国的统一大业,一个爱国的人能为祖国而活着,为祖国的统一大业而奋斗,这是多么光荣与自豪的事啊!

2005年9月上旬,崇明岛的试验进展到最后一项时,现场急需调用的武器因故不能按所需的节点到场,关键时刻杨总又一次出现在大家面前,令所有人喜出望外。最得意的是于杰,因为他早就料事如神地说:"杨总马上就会送武器给我们的。"杨总真如他所说,带着武器如期而至。一起来的还有上海航天局袁总,两位总师曾在西北的冰天雪地里共同战斗过,如今又在酷暑烈日下一起拼搏。杨总的及时到来使武器系统的地空试验很顺利地完成了。

据程梅回忆说:"杨总凭借他对工程的全面掌握,多少回多少次,每到项目的关键时刻总会神奇地出现在大家的身边,因此,在大家的心里自然会有种期盼,工作顺利时希望得到杨总的认可,更愿意与杨总分享快乐;挫折时期盼杨总的到来,因为只要杨总在就没有克服不了的困难。"

2005年10月6日,JBDⅦ型飞机的鉴定试飞科目全部完成,接着陆续改装现役的歼8D型飞机,实现了当年立项、当年改装、当年鉴定和当年装备部队使用的目标。在二代飞机上装上了三代的武器火控系统,为中国的武器库又增加一个新机种,使空军的作战能力大幅度提升。

改装后的JBDⅦ型飞机交到使用部队后,杨凤田组织601所技术人员进行专

第十一章 老机新生

杨凤田院士直奔现场

项培训，使部队逐步掌握了新武器火控系统的技能，在实弹靶试中竟百发百中！而且在与引进的三代飞机进行合练时，JBDⅦ型飞机还首先锁定了目标，这是部队没有想到的。部队高兴极了，JBDⅦ型飞机也一举成名，得到空军的肯定。随后空军又决定把剩余部分的现役歼8D型飞机改装成JBDⅨ型飞机，受到使用部队的热烈欢迎。

2. JBDⅨ型飞机

2005年末，总装备部批准歼8D型飞机综合改进研制立项，并把改装后的飞机命名为JBDⅨ型飞机。JBDⅨ型飞机是在空军现役歼8D型飞机基础上，采用成熟的成品、成熟的技术改装研制的改进型飞机。旨在充分借鉴JBⅦ和JBⅨ型飞机研制成果、经验，通过换装脉冲多普勒雷达、加装头盔瞄准具，对全机的系统、设备进行改进，使现役的歼8D型飞机具备发射BGD导弹、霹雳8B导弹的能力，提升现役装备的战斗力。主要作战任务是夺取空中优势，防空作战以及对地攻击。其主要作战对象是IDF、F-16A、米格-29、"幻影"2000等第三代战斗机和F-5E等第二代战斗机以及战场上的重要地面目标。

2006年3月初，空军科订部与中航一集团航空产品部在沈阳主持召开了JBDⅨ型飞机研制总体技术方案评审会。评审组同意了601所提出的总体技术方案，按照与会代表意见对方案进一步修改、完善后，就可以开展工程设计工作。

2006年4月28日，2架歼8D型飞机（1201、1204）转场到5721厂，正式进入改装阶段。在空军装备部、601所及其他成品厂家的大力支持下，经过5721厂的努力，2架飞机顺利完成改装。经出厂飞行检查后，转场到空军试训基地进行鉴定试飞。

鉴定试飞时已是隆冬季节，601所跟飞人员于杰等在试飞现场冻得鼻涕一把泪一把，可他们还是加班加点地工作着。为保证飞行进度和排查故障，需要在基地的试验室里连续做试验，试验人员分上半夜、下半夜轮流值班，真是寒冷难耐、困意难熬，但没有一个人叫一声苦，喊一声累，都无怨无悔。杨凤田也常到现场和大家一样工作，一样熬到深夜，有谁还好意思说什么呢？

基地的条件很差，也没什么好吃的，杨凤田总是想办法改善伙食。吃饭的时候，常把当日解决问题而特别辛苦的成品厂家的主管人员叫到自己的身边，边吃边询问他们的改装情况与生活上的困难，还为他们夹菜添饭，让人感到他十分亲切，深受感动。尽管条件差些，天气冷些，但心情是舒畅的，心里是暖呼呼的，干起活来都十分卖力气，件件工作都按计划完成。即便遇到了困难，有杨凤田在，也会很快解决的。

有一次，在进行BGD导弹试飞时，要做多项地面试验，而试验用弹很紧缺，基地、成品厂家都在用弹。由于没有弹，601所的试验无法进行下去，试验人员干着急。在关键的时刻杨凤田神奇般地到了现场，一个电话就把弹调来了，没几天试验就做完了。

2008年12月鉴定试飞完成，并通过了鉴定评审，随后JBDⅨ型飞机陆续交给空军部队。

现在装备部队的JBDⅨ型飞机，不但具备"发射后不管"攻击能力，还可以进行双目标攻击，而且又装上了三军数据链设备，超视距作战效能更高，通信、导航、识别能力更强，座舱显示控制系统更先进，更适合现代化、信息化、数字化、三军联合作战环境，是我军作战的有力拳头，是反"台独"的一把利剑。

部队有了JBDIX型飞机,如获至宝,倍加珍惜。相信他们该出手时一定出手,出手必胜。

空军5721厂王珉厂长向杨凤田院士颁发高级技术顾问聘书

海军现役飞机的改装

1. JBBⅦ型飞机

空军将现役的歼8D型飞机改成JBDⅦ型飞机后,作战效能大幅度提高,这让海军航空兵很是心动,好像看到了光明,看到了希望。因为他们现有的歼8B型飞机虽然装用了ZLD导弹,但是受雷达的限制,导弹的作战威力发挥不出来。海军很早就想有一种新型飞机装上ZLD导弹,发挥其应有的威力,就是实现不了,只好耐心地期待着。既然空军能把歼8D型飞机改装成JBDⅦ型飞机,能否把歼8B型飞机也加装上JBⅦ型飞机的雷达、火控系统呢?他们提出了《海军现役歼 8B 型飞机改装方案》，并得到海军的批准。同意将现役的歼 8B 型飞机换装某型雷达 – 3、CWI – F 连续照射器、新雷达罩、大气数据计算机、短波电台、超短波电台等，还要加装惯导、塔康、语音告警器等，并把改装后的飞机命名为 JBBⅦ 型飞机，还明确改装工作在 4724 厂进行。

2005 年初，601 所与 4724 厂签订了改装合同，601 所为主承包单位，负责设计、试验等工作；4724 厂负责现场改装。

2005 年下半年，601 所先后发出了改装图样和技术文件。

2005 年 10 月，首批 2 架改装飞机（0308、0407）由海南转场到 4724 厂，从此改装工作正式拉开了序幕。为了保证改装工作顺利进行，工厂组建了改装队伍，明确由副总设计师奇景春总负责。他是蒙古族人，还是成吉思汗的第 37 代子孙，身体非常魁梧，性格非常豪爽。虽然年轻，但干起事情来很爽快、踏实。经过一段时间的交往他与杨凤田成了好朋友。在杨凤田的指导下，在 601 所的支援下，该厂积极组织人员培训，到 601 所参加火控联试，学习试验方法，了解试验设备，筹建改装生产线，基本具备了改装飞机的能力，并按改装计划进行改装工作。

由于加装、改装的设备较多，改装进度紧，要求所有改装成品件必须按计划的时间节点交付到厂，而实际上有些成品迟迟未到，虽经工厂积极协调，但还是无济于事，严重威胁着改装的进程，工厂与参改人员焦急万分。正在无计可施之时，杨凤田从沈阳飞抵上海，马不停蹄地直奔改装现场，听了汇报后，立即给有关成品厂打电话，要求立即派人带着产品到现场支援。成品厂家知道是杨凤田总师的电话，二话没说就照办，保证了改装工作顺利进行。

2006 年 4 月末，召开了首批 2 架改装飞机技术评审会，会上对改装结果基本满意。于是杨凤田决定待条件成熟后，由厂方自行组织首飞，2006 年 8 月中旬交付部队使用。

首批 2 架飞机改装只用了 10 个月时间，改装还算顺利。

2006 年 5 月中，又开始了第二批 2 架飞机的改装。改装后飞机做电磁兼容试验时出现了令人想不到的现象。海军装备的歼8B型飞机是沈飞公司早期出厂的飞机。由于当时飞机上的电子设备较少，电磁干扰问题较少，出厂时没有作严格的检查。经过十几年的使用，又加装、改装了许多新的设备，电磁兼容问题就突显出来。601所专门发出了《JB8Ⅶ型飞机全机电磁兼容性相互干扰检查试验大纲》，工厂根据大纲要求做电磁兼容试验，发现大量的电磁干扰问题。尤其是100电台通话时差动平尾、斜板随之抖动，机翼上的航行灯闪亮。对自动驾驶仪、平显、大气机等都有大范围的干扰。电台有十多个频道，每个通话频道产生不同的干扰。往往是排除了一个频道的干扰，另一个新的干扰又出现了，真是按下葫芦起了瓢。这给改装带来很大困难，改装人员压力很大，无计可施，眼巴巴地看着飞机停在那儿交不出去，将会影响部队的使用。这时，有人提出不装这部电台，缺装交付部队。正在这时，杨凤田又飞临改装现场，指挥试验的于杰、王宗禹等人向他汇报了情况。他亲自观看了干扰现象，经过与有关人员协商，果断决定："只排除经常使用频道的干扰，不惜一切代价，用多长时间也得想办法把干扰排除掉。100电台玩命也要装上，决不能缺装。"经常使用的频道只有三四个，这样一来，试验的工作量就大大减少了，而且还保证了电台的通话质量，军方也接受了他的意见。经过现场人员的摸索、集思广益，逐渐找到了干扰出现的规律和排除干扰的办法。又经过一个多月的时间，终于做完了电磁兼容试验。后来改装的飞机再做这项试验时就容易多了。飞机交到部队后，部队非常满意。

随着改装飞机的进展，改装人员积累了丰富的排干扰经验，也培养锻炼出一批排干扰的技能人才，这为后来现役飞机的改装提供了有利条件。

在歼8B型飞机改装过程中，出现了不少令人意想不到的问题，现场改装人员也无能为力。每当人们焦急之时，杨凤田有如天上下的及时雨一般出现在现场。参加改装的人都说："杨老板好像是能掐会算似的，真神了，每到关键时刻他就神奇般地出现在现场……""济人贫苦、周人之急、扶人之困"，杨凤田总是这样为改装工作排困解忧，使之得以顺利进行。

杨凤田到现场检查工作

他真是能掐会算吗？真的那么神奇吗？其实不然，只是他对改装工作心中十分清楚。虽然不在现场，但他能推算出工程会进展到什么地步，会发生些什么问题，这就是他一个高级指挥官"知彼知己，百战不殆"的能力。因此他总能及时到达现场，解决出现的问题。

从2005年10月到2007年10月，历时2年的时间，4724厂在601所等各单位的大力配合下，改装完10架歼8B型飞机，先后飞回了原来的部队。部队在使用中发现故障率降低了，出勤率提高了，使地勤人员非常高兴满意，飞行员更是高兴。因为过去训练飞行时，飞行员用肉眼都看得见的目标，可208雷达的屏幕上却没有目标显示。改装后的JBBⅦ型飞机，雷达探测距离提高很多，很远就可以发现目标、攻击目标，不但可以杀伤敌机，也能保护自己。训练时，用ZLD导弹打巡航导弹打得非常好。因此飞行员对JBBⅦ型飞机夸个不停、爱不释手。

2. 饥渴之时送甘露

根据杨凤田的建议，海军又将歼8D型飞机改装成JBDⅨ型飞机，改装项目同空军的JBDⅨ型飞机一样。主承包单位仍是601所，4724厂是改装施工单位。2007年底，4724厂完成了所有歼8B型飞机的改装任务。这一年的经济效益很不错，全厂上下非常高兴。然而面对即将到来的2008年，厂领导却忧心忡忡、面带难色。2008年只有一些一般的飞机维修任务，歼8D型飞机的改装刚刚起步，改装数量并不多，工厂的收入难于维持正常运作，1500多职工的工资也没有着落，工厂面临着困境。古人说得好："预则立、不预则废"，"水未来先筑霜"。为了防止工厂走入困境，厂领导坐下来开会研究，想办法，找出路，最后会议认为：歼8D型飞机的改装是采用成熟的技术，成熟的成品设备，工厂有能力自主完成改装任务。如果能成为歼8D型飞机改装的主承包单位，拿到的改装费就会多出十几倍，工厂的收入就会大幅度增加，面临的困境就会迎刃而解。于是工厂拟出了申请报告，上报总装备部。但工厂没有想到总装备部将报告退回来了。总装备部说："歼8D型飞机的改装任务是由601所总承包的，不能随意改动。"工厂为了生计，只好找该项目的总负责人杨凤田，向他汇报了工厂的现状和意见，并请他帮忙解决。这是个十分棘手的问题，杨凤田左右为难，他没有马上表态，陷入了沉思："如果把改装的总承包权转让给工厂，那么就损害了601所的利益，601所会同意吗？如何向601所说呢？如果不给工厂，工厂又面临困难，职工拿不到工资，那将是什么样的局面呢？""世界上什么工作最艰苦？思考问题。"①经过杨凤田艰苦的思考，他还是决定把歼8D型飞机改装的主承包任务转交给4724厂，而601所的工作由他来做。4724厂真是久旱逢喜雨、饥渴得甘露、绝处逢生。他们立即重拟报告，再报总装备部，这次报告顺利地批了下来。这样，4724厂成了歼8D型飞机改装的主承包单位，601所配合工厂的改装工作。工厂躲过了困境，全厂上下无不感谢杨凤田总师。

现在工厂正在加班加点改装歼8D型飞机，呈现出一派大好景象。不久，海军航空兵就会拥有能与第三代飞机航电系统相匹敌的JBDⅨ型飞机，守卫祖国辽阔的天空与海疆。

---

① 爱默生《论文集第一辑、论智力》。

有点霸气

在现役飞机改装过程中，杨凤田是项目的总负责人，从项目的立项、实施，到飞机返回使用部队，都是由他策划的。他既是院士也是领导。每个项目的开工，他除了动员、部署，还经常深入现场，发现问题，解决难题，显示出他极强的协调能力、沟通能力、决策能力。参加改装的人都知道他说话正确，说话好使，说话算数，他想做的事，一定能办成。

要工作就有困难，他总是想办法解决。他的意见、要求，有时军队、上级机关及一起工作的人也会暂时不理解、不支持、不答应，他有时也急、也躁、也烦，甚至脸气红了、血压升高了，拍了桌子、说了粗话，但他总是坚持阐述他的意见，提出他的要求，推行他的方法。虽然人们都知道他是干事业、干大事的人，能够理解，但总觉得他有些霸气，有点"横"！

601所程梅回忆说："如果你和杨总一起工作过，你一定领略过会场上杨总为了某个决策或某个问题认真时的震怒和威慑，但这种严厉在日常工作中你很难看到。杨总几乎可以记住每一个和他一起工作过的人，哪怕你只找他签过一份文件，他都会在下次见到你时远远地扬起他那只大手，笑呵呵地和你打招呼。"

纵观古今中外，凡是能做成事、做大事的人，很多都是有一点霸气的，都是铁石心肠的。也正是杨院士有点霸气才能排除工作中的种种困难，铲除前进路上的拦路虎，才保证了改装工作顺利进行。参加改装的人员为有这样的项目负责人而高兴，因为跟他干活无后顾之忧、舒心，所以干起活来苦点、累点也在所不计、无怨无悔。

杨凤田正是有点霸气，他说的话无人敢不听，他要做的事无人敢不做，他的要求总能如愿以偿。霸气也许是杨院士事业有成的重要因素吧！

第十一章 老机新生

赤子之心,心系部队

改装从2005年开始,先后将部队的歼8D型飞机改成JBDⅦ型飞机和JBDⅨ型飞机,又将歼8B型飞机改成JBBⅦ型飞机。由于空军和海军航空兵的作战任务不同,使用和保障等也有区别,所以空军和海军对飞机的具体设计技术状态也有不同要求,由此可见现役歼8飞机改装看似简单,实际却是4种各有特点的不同技术状态,4个机型分别履行立项论证、方案论证、设计、样机试制、试验、试飞、鉴定、批量改装等正规程序。

现役歼8B、歼8D型飞机大幅度升级改装工程是杨凤田突破主机所传统任务分工,以赤子之心,心系部队装备战斗力提升需求,以其独特的人格魅力向各级领导机关主动请缨承担的艰巨任务,并以其敏锐的观察力看到了部队装备现状和发展需求,本着少花钱多办事的原则确定了改装目标;也是以其平易近人的凝聚力带领攻坚队,以其真诚合作的态度联合各参研单位全力配合、齐心协力完成的系统工程。改装工程采用最新的成熟的科研成果给老飞机赋予了新生命,开创了我国现役战斗机寿命期内大幅度提升战斗力的道路,为今后新机研制成果快速推广,大幅度、大面积提高装备战斗力提供了经验,这是一个得到多方赞许的创举。

JBBⅦ飞机在做首飞准备

通过改装现役歼8B、歼8D飞机，部队综合作战能力迅速大幅度提升，其中海军2架JBBⅦ飞机首次拦截舰对地导弹的实弹演练中两发两中，击落靶弹，突破我军飞机拦截导弹新技术。

工程还锻炼了主机所现役飞机改装研制团队，积累了部队改装经验，为大修厂大幅度改装现役飞机，空军靶试基地和海军部队执行改装飞机技术鉴定试飞，成品厂所协同现场改装和现役飞机大幅度改装工程组织领导，以及今后新机寿命期改装开辟了道路。

可是改装好的飞机，在试飞使用过程中发现好多技术问题，尤其是雷达与火控系统的精度差成了棘手的问题。部队把问题反馈给总师系统。杨凤田从不回避这些问题，而是认真组织人员研究解决。由于飞机已经交付部队，要在部队的飞机上加装测试设备和相关硬件比较困难，而且还涉及很多配套单位和经费，更增加了解决问题的难度。但杨凤田出于对部队负责，对自己设计的飞机负责的责任心，明确答应部队"我们要开展专题研究，争取尽快解决"，给部队吃了定心丸。在随后的日子里，他组织601所与各相关单位协商，提出了两种解决方案，发出了设计改装图样，借部队飞机大修之际，一架一架改装，让部队非常满意。

为了研制JBⅨ型飞机和推广其使用范围，杨凤田有多少个不眠之夜无人记清，做了多少次试验无人细数。每个难题的解决，每个险阻的排除，无不浸透了杨凤田和他的团队的睿智、汗水和心血。他带领他的团队创造了多个全国纪录，填补了多项国内空白。成功总是属于那些敢于探索、敢于冒险、敢于创新、敢于超越与认真务实的人。

JBⅨ型飞机研制获国家科技进步二等奖、国防科技进步一等奖，杨凤田荣立特等功。

杨凤田主持研制的4型飞机，要求一型比一型时间紧，一型比一型技术难度大。这是因为20世纪80年代末至90年代，正是我国周边国家与地区采用先进技术提升武器装备水平，改装第三代战机的时候，反华势力、"台独"势力嚣张，对我周边地区安全和祖国统一造成了威胁，形势迫使我军必须尽快全面提升装备技术水平。同时，由于从80年代末至90年代，正是601所进入多型新机并行研制时期，歼8系列飞机日臻成熟，向功能扩展、技术提升发展，以形成我空、海军的"拳头力量"，因此，担子愈来愈重。杨凤田出于使命感、责任心和"航空报国、强军富民"的理念，他勇敢地挑起了这副担子，把汗水和心血都浇注在新机研制上。经过他坚忍不拔的努力，终于获得了丰硕的成果。

第十二章 老骥伏枥

新目标——"雷鸟"

"老骥伏枥、志在千里,烈士暮年、壮心不已"①。年近古稀的杨凤田院士依然锲而不舍,雄心不衰,马不停蹄,革故鼎新。他开创了辉煌的过去,又将扬鞭奋蹄面向新的未来。

2007年杨凤田被评为工程院院士后,沈阳市政府资助他500万元作为院士科研基金。按要求这笔基金除了不准装入自己的腰包外,干什么都由杨凤田院士自由支配。杨院士心想:"这可是工人、农民的血汗钱啊!决不能乱花,应该花在对国家对人民有益的事情上。"因此他坚持不买计算机等科研专用器材,而是请韩成业、郭金锁等研究员协助查阅国内外的资料,寻求国际领先而国内尚是空白的科研尖端项目。他们发现随着世界石油资源的紧缺和国际社会对二氧化碳排放的限制,美国、英国、法国、意大利、德国等西方国家加大了对开发清洁能源的研究力度。汽车工业是先行者,近年来开发了各种清洁能源汽车,包括纯电动汽车、混合动力汽车、燃料电池汽车等。与清洁能源相关的技术得到了迅速发展,如锂电池技术、燃料电池技术、光伏器件、高功率密度的电动机技术以及相关的电子技术等。

借助汽车发展带动的技术进步,美国和欧洲国家也都开展了清洁能源在航空方面的基础研究和应用研究。如锂电池轻型电动力运动飞机,锂电和燃料电

---

① 曹操:《步出厦门》。

沈阳市委副书记苏宏章（右一）向杨凤田（左一）颁发科研支持资金

池混合动力验证机，单一燃料电池动力验证机，太阳能和燃料电池混合动力长航时验证机等。可是在我国燃料电池在航空方面的应用研究还是空白，迫切需要跟踪世界航空工业的步伐，加紧开展工作，寻求和拓展新能源技术在民用和军用航空领域的应用。于是，他决定要填补这项国内空白，开始研制具有实用价值的燃料电池飞机——"雷鸟"1号，制定了如下实施计划。

第一阶段：约用2年时间，将现有的一架锂电池动力电动运动飞机改装成燃料电池和锂电池混合动力的无人验证机——"雷鸟"0号，作为飞行试验台，用于研究燃料电池在航空应用方面的关键技术和进行技术攻关。研究燃料电池代替机上APU和燃料电池作为主动力的飞机可行性。

第二阶段：约用4年时间，研制燃料电池长航时无人机——"雷鸟"1号和相应的地面保障设备，完成设计定型。飞机配备相应的任务系统后，能够实际用于执行空中监视、遥感遥测和战术侦察任务。

第三阶段：待定的远期目标，研究使用再生式燃料电池和太阳能电池的混合动力，实现超长航时（48小时以上乃至数天）飞行的可行性。

"凤"舞蓝天——记中国工程院院士杨凤田

有志者，事竟成

苏联著名作家高尔基曾说过："一个人追求的目标越高，他的才力就发展得越快，对社会就越有益。"① 杨院士胸中有了大目标，以泰山压顶不弯腰的雄姿，为实现目标开始拼搏。

经过研究分析，杨院士认识到，要研制电动飞机，关键是要有高效能的电池。根据查到的资料看，电池的种类有锂电池、太阳能电池、燃料电池等，只有燃料电池是比较理想的，而且国内的大连化物所等单位都在研制燃料电池，并取得了可喜的进展，与西方国家相比在水平上也不落后。大连化物所愿意与601所合作，把燃料电池用到飞机上。共同研制电动飞机，共同投入，共同承担风险，杨院士不胜欣喜。

有了电池，还要有电动机，才能使飞机螺旋桨旋转，形成拉力。于是，他又带领团队到瑞士等国去找合适的电机。为了找到合适的飞机做试验机，他们到沈飞公司、滑翔机工厂调研，没有找到合适的飞机。正在着急的时候，顾诵芬院士查阅有关资料发现苏州附近有家公司正在研制锂电池飞机。杨院士根据顾院士提供的信息，立即派人去查找，真是"踏破铁鞋无觅处，得来全不费功夫"，很快就找到了这家公司。这家公司用锂电池为动力，用电机驱动螺旋桨，已生产出了电动飞机。当杨院士与他们洽谈时，双方一拍即合，愿意共同投资、共担风险、共享成果。但这家公司提出，他们研制的电动飞机在苏州从来没有飞过，因为，在上海申请不下空域，如要合作必须先解决空域问题。杨院士听后，知道要解决空域问题不是件容易的事情，涉及到上海市政府和空军多个单位。为了研制电动飞机，他毅然决然地答应了此事，凭借他的攻关能力、智慧和人脉关系，跑到南京、北京，找政府官员、空军首长，空域问题找到了解决

---

① 高尔基：《和青年作家的谈话》。

方案。这样，这家公司、大连化物所与 601 所共同签订了合作合同。为了保证燃料电池飞机——"雷鸟" 1 号研制成功，他们决定先研制一架验证机——"雷鸟" 0 号，作为燃料电池平台，验证用燃料电池作为主动力飞机的可行性。经过三方的努力，中国第一架燃料电池飞机已横空出世，即将遨游长空。

装有燃料电池的"雷鸟"1 号飞机

"雷鸟"起飞，时不我待

第一阶段的目标已经基本实现，为研制"雷鸟"1 号创造了有利条件。"雷鸟"1 号是装用燃料电池的新型电动飞机，如能研制成功，必将填补中国电动飞机的空白，必将跻身世界先进行列。

"雷鸟"1 号与现代飞机相比，有很多突出的特点：

（1）"雷鸟"1 号飞机使用氢气作为燃料，热值高、重量轻。目前的储氢技术可以使飞机的续航时间达 5 小时，随着储氢技术发展，航时将进一步加长。

（2）"雷鸟"1 号飞机可根据任务要求配置重达 30 千克的设备，以适应不同应用的需求。

（3）"雷鸟"1号使用200米的土跑道实现起降；为应对特殊环境的使用要求，飞机可改装为火箭助推起飞和伞降回收的起降方式，使得部署和使用更为灵活。

同时，电动飞机使用电机直接驱动螺旋桨，传递方式简单可靠，只有螺旋桨拍击空气的声音，其噪声极低，在一二百米高度上，地面人员听不到飞机的声音。飞机在2000米的高度上，地面人员的视力基本看不见飞机，而飞机上的人员，通过现代高科技设备可以清楚地看见地面景象。可想而知，电动飞机将来可在农业和救灾等领域大有用途。

由于电动飞机没有发动机，基本没有火光热源，不产生红外线；又采用玻璃钢等材料制造，所以难以被光学、红外、雷达探测到，有很强的隐蔽性和较强的生存能力。

另外，随着燃料电池技术的迅速发展，燃料电池系统的性能会进一步提高，价格会进一步下降，因而，电动飞机的性能也会随之提高，成本也将下降，燃料电池动力飞机将具有较好的市场前景，有可能成为中国航空工业新的经济增长点。然而，市场经济是有时限性的，如果"雷鸟"1号不能很快研制出来，不但技术落后了，而且市场也会丢失。任务急迫，时不我待。

"雷鸟"1号新型电动飞机

"化缘"与翘望

杨凤田院士明白,要研制"雷鸟"1号,必须有足够的经费支持,光靠500万元院士基金是绝对不够的。根据多年研制型号的经验,他知道研制一种新型飞机,至少要投产3架飞机,其中1架用于静力试验,2架用于试飞。另外还要加上试验费、劳务费等,是需要一大笔资金的。要解决这么大笔资金,就必须得到军方和工业部门的支持,于是,他开始"化缘"了。

杨院士跑到北京,向军方领导汇报了研制"雷鸟"1号飞机的用途、意义、规划和进展情况,得到军方的认可与支持。

杨院士又借中航工业高峰论坛之机,向林左鸣总经理递交了一封信,并附上"新能源动力飞机应用研究立项报告",期望能够得到中航工业的支持。林总经理看后批复,要求下属机关支持。这样,中航工业把"雷鸟"1号列入到创新基金项目里,只要通过评审,就可以拨款700万元。在杨院士的努力下,资金问题基本解决了。

至此,"雷鸟"1号的研制条件基本具备,杨院士亲自担任该研究项目的技术负责人和"雷鸟"1号的总设计师。601所作为飞机总体单位,将承担飞机总体设计、系统集成、任务系统配置等方面工作。现在,杨凤田院士正带领他的团队披荆斩棘、步步为营、一路前行。相信用不多时,第二阶段的目标定能实现。翘望着在中国广阔的天空中,将有与世界同等水平的、我国自行研制的燃料电池飞机在蓝天翱翔,为人民造福,为祖国争光,为世界瞩目!

"凤"舞蓝天——记中国工程院院士杨凤田

附件：杨凤田给林左鸣总经理的一封信

林总：

2007年我被评为工程院院士后，沈阳市政府资助我500万元作为院士科研基金。经过调研和收集国内外相关资料后，我打算使用这笔经费开展燃料电池在航空应用方面的研究，主要考虑燃料电池在航空方面未来有着广阔的应用前景，而目前燃料电池动力飞机的研究在我国还是空白。

中科院大连化物所是国内一流、国外知名的燃料电池研发单位。我把这个想法和大连化物所衣宝廉院士进行了交流，达成了共识，都觉得有必要两个单位合力在航空领域开展燃料电池的预先研究和应用研究，在世界有关燃料电池航空应用方面占有一席地位，其意义十分重大。

目前我们已经和南方的昊翔公司合作，计划利用其现有的电动飞机改装成为燃料电池验证机。但如果进行更深入的研究，开发出实用的燃料电池飞机，经费的缺口较大。我们编写了"新能源动力飞机应用研究立项报告"，其后的附件中介绍了国外这方面的研究情况和燃料电池飞机的关键技术，请您过目，期望能得到集团的支持。

2010年1月20日

杨凤田给林左鸣总经理的信件及林总的批示

第十三章 七旬校长

人老雄心在，欲求伟业成

2010年6月18日下午2时许，绚丽的阳光驱散了浮云，晶光耀眼，火一般强烈，不知不觉，所有的阴影立刻被它照明了。正在这时，沈阳航空航天大学（简称沈航）的师生们带着笑容秩序井然地走进蓝天剧场，急切地期盼着目睹新校长的风采。

当新校长杨凤田在省委组织部郭平副部长、省委组织部干部五处邹华处长及沈航党委书记王维等人的陪同下步入会场时，师生们报以热烈的掌声。接着省委邹华处长宣读了省委组织部的文件："省委决定，聘任杨凤田同志为沈阳航空航天大学校长，免去王维同志的沈阳航空航天大学校长职务。"话音刚落，师生们再次报以热烈的掌声。掌声稍停，郭平副部长走上讲台说："沈航更名大学后，作为国家航空航天人才培养基地，担负着培养更多、更好高质量人才的重任，省委任命中国工程院院士杨凤田同志为校长，是省委、省政府对沈航发展的高度重视和关心，这意味着航空研究所与沈航传统友谊续写了新篇章。""杨凤田院士出任沈航校长，是沈航建校以来的一件大喜事，是省委为加强学校建设、提高办学水平的一项重要决定。"他还介绍了杨凤田的丰富阅历和卓著业绩。随后让杨院士发表演讲。

杨校长热情洋溢、满怀激情地说："沈航是具有光荣历史传统的学校，为国家航空航天事业输入了大批人才，现在国家正处于航空大发展时期，为我校的发展提供了难得的机遇，个人的能力是有限的，沈航集体的力量是无限的，今后将和大家密切配合，各司其职、各尽其责，带领广大师生员工，解放思想、团结拼搏、真抓实干，为把沈航办成省内一流、国内具有更大影响力的大学贡献力量。"他简短的语言，他诱人的风采，让师生员工们精神一振，为有这样的校长感到高兴、自豪，对未来充满了希望。

沈航新任领导班子成员

杨院士七旬之时，不顾妻子的反对，毅然承担了大学校长之职。"人老雄心在，欲求伟业成"，他要把自己多年在飞机型号研制中积累的知识、才能和经验传承给后人，为国家航空事业造就出更多、更好、高质量的英才。他抱着"雄关漫道真如铁，而今迈步从头越"的决心，投身到沈航的教育事业中。

辉煌的过去，光明的未来

沈航创建于1952年，是苏联援建中国的156个重点项目之一。1958年升格为本科高校，几度变迁之后，1978年定名为沈阳航空工业学院。曾先后隶属于国家重工业部、航空工业部、航空航天工业部、中航总。1999年学校划归辽宁省人民政府管理，实行中央与地方共建、以地方管理为主的体制。2002年国防科工委与辽宁省人民政府共建沈航。2010年3月国防科工局再次与辽宁省人民政府签订了共建沈航的合作协议。

在50多年的办学历程中，几代沈航人秉承"心系祖国，崇尚严谨，坚毅求实，激情进取"为基本内容的航空航天精神，为国家航空航天等国防工业和地方经济建设培养了各类毕业生近5万人。他们中有万余人就职于航空航天等国防科技企事业单位，有千余人具有高级技术职务，百余人担任董事长、总经理、副总经理、总工程师等高级管理职务，为国防现代化和国民经济建设做出了重要贡献。

1958年10月，由沈航师生自主研制的"沈航一号"飞机飞上了祖国的蓝天，举世瞩目。近5年来，沈航先后承担国家863计划项目、国家自然科学基金项目、国防预先研究项目、国防基础科研项目、航空预研和航空型号研究项目等国家级和省部级科研项目近200项，年科研经费近6000万元。在核心以上期刊发表论文2000余篇，被SCI、EI、ISTP国际三大检索系统收录论文近700篇。

现在学校地处沈阳北部的大学城内，占地总面积1800余亩，建筑面积约57万平方米，固定资产总值近12.7亿元。校区内有现代化的教学楼、图书馆、工程训练中心、标准的田径运动场、体育馆、游泳馆，建有功能齐全的大学生生活活动中心。

学校设有44个本科专业，16个二级学科，有经济、管理、法学等门类。各类全日制在校生18000余人，研究生近1000人，留学生170人。在师资上有教授136人，副教授近300人，有博士学位的189人。

2010年3月18日，教育部同意沈阳航空工业学院更名为沈阳航空航天大学。实现了沈航几代人的梦想与期盼，使沈航人无尚光荣和骄傲。不仅为沈航的发展开辟了更加广阔的空间，赢得了更多的机遇，而且必将在辽宁高等教育的结构调整、资源配置、强省建设中发挥重要的推动作用；必将为辽宁老工业基地全面振兴、科学发展提供应有的智力和人才支持。沈航的发展进入一个新时期、新阶段。

沈航更名大学后,作为国家航空航天人才培养基地,担负着培养更多、更好、高质量人才的重任。省委任命杨凤田院士为校长,是省委、省政府对沈航发展的高度重视和关心,也是对杨凤田院士的高度信任及殷切期望。沈航迎来了大发展时期。

更名揭牌仪式

杨凤田在更名揭牌仪式上讲话

国内知名,省内一流

杨院士自参加工作以来,就一直在航空科研战线摸爬滚打,从未涉足教育领域,应该说,搞教育他不是内行。但这也许是件好事,他没有教育领域里的那些条条框框,自己怎么想就怎么干。院士的到来,有如一粒石子投入到平静的湖水里,溅起了水花,激起了层层波浪。他给沈航带来了办学的新思想、新理念、新举措。让沈航人精神振奋了,教学氛围浓厚了,学术活动活跃了,校园里出现了勃勃生机,万象更新。

当院士走进沈航那宽阔而美丽的校园后,他一直在思索着学校的定位问题,"把这所大学办成怎样的大学呢?应该培养出什么样的学生呢?"他终于思考出答案:"我要把沈航办成'国内知名、省内一流'的学校;要把学生培养成'有爱国心、有责任心'的人。一个人没有爱国心,本事再大,给外国服务去了,有啥用呢?没有责任心的人,本事越大,可能危险就越大。"他的这些想法得到校领导班子成员的一致认同和赞许。其实学校的定位问题,前任领导们曾议过多次,不是因为定位不准确,就是因为意见分歧,一时难以决断。没想到新校长刚来不久,就把学校的定位问题明确下来了。"新校长真不简单",令人起敬。

杨院士还把高校的工作分为3部分:教学、科研与后勤。他认为:教学是培养什么人的问题。通过办学,招收更多的青年学生,把他们培养成有知识、懂科学、掌握某种技能的工程技术人才。同时,要通过办学而办教育,把学生培养成爱国爱民、有良心、知恩图报的人,勇于克服困难的人,崇尚高雅的人。

杨院士在学校召开的科技工作会议上指出:学校更名大学后,要把科研工作放在重要位置,这是建设省内一流大学的需要,是沈航自身发展的需要,是教师自身发展和知识创新的需要,科研工作对提高学生质量至关重要。因此,他要求把科研工作做大做强,倾全校之力,建好平台。面向应用,加强国际学术交流,争取大项目，建设好团队，储备人才，吸引人才，把学校的科研促上去。

当杨院士找后勤书记谈话时，书记表示："后勤是保障，一定做好保障工作。"可在杨院士看来，"后勤是保障"这是狭隘的看法。后勤不仅是保障，还是整个教育的重要环节。学生的素质教育不仅在课堂上，更多的是在课堂外。无形的教育有时胜于语言的说教。有的学生买饭时大手大脚，吃剩下的饭菜就随手倒掉，不知道节约，随意浪费，不珍惜粮食和父母的血汗；有的学生在校区穿着不雅，男女生不分场合随意亲昵；有的学生不守校规、校训。为此，杨院士认为后勤部门应成为学生素质教育的重要环节。

杨院士把后勤工作定位于学校教育的重要环节，这在沈航还是首次提出。校长到校不久就找后勤领导谈话，倾听意见，做出指示，这在沈航历史上也是首次，充分说明了院士对后勤工作的重视。这让后勤战线上的广大职工很是感动，很受鼓舞，并决心把后勤工作搞好，为学校的教育尽职尽责。

以人为本，以学生为本

"心系祖国，崇尚严谨，坚毅求实，激情进取"，这是沈航人结合办学实践提炼出的航空航天大学精神，用这种精神培养出一批又一批高素质的人才，为祖国的航空航天事业和地方经济建设做出了历史性的贡献。

随着时间的前进，国内外形势的变化，为了与时俱进，杨校长在坚持贯彻沈航精神的同时，又提出了"以人为本、以学生为本"的办学新理念。为了贯彻这一新理念，他首先组织召开特困生座谈会。参加座谈会的有24名特困生代表。有的特困生吃饭时只买一个馒头就离开了餐厅，连一碗汤都舍不得买。他们大多数来自农村、边区、少数民族地区和单亲家庭。为了把会议开好，还请党委副书记于健、副校长卢建平、机关职能处室负责人、学工系统全体人员参加了会议。

会上，学生处处长刘岩松首先总结了学校经济困难学生扶助工作的开展情况，并结合实际阐述了目前帮扶工作的不足。然后，24名经济困难学生代表从不同角度表达了对党、政府和学校所给予的关怀和帮助的感激之情，并决心努力学习、早日成才、回馈社会。还特别感谢辅导员，因为辅导员很辛苦，不但关心他们的学习，还照顾他们的生活，像亲人一样关怀着他们。他们还建议学校继续加大力度，采取有效措施解决他们的学习、生活困难。

杨校长出席困难学生座谈会

杨校长听完特困生的发言，由衷地感动。他站起身来，把所有的辅导员叫到一起，深深地给辅导员们鞠了一躬，并说："我代表贫困生、代表学校感谢你们了！"这一鞠躬、这一句话，让所有的辅导员、所有的贫困生感动得热泪盈眶。在沈航的历史上，校长亲自组织召开特困生座谈会，这还是第一次，亲自向辅导员鞠躬更是历史上没有，因此他成了尊师爱生的楷模。最后他代表校党委向全体学工干部为经济困难学生所做的工作表示感谢，向与会学生所表现出来的自强不息、努力钻研的学习精神表示赞扬。他还指出，当前党和国家高度关注民生问题，特别是弱势群体，本次会议旨在落实以人为本的办学理念，倾听师生的意见和建议，化解矛盾、凝聚人心，使广大师生员工共享经济社会发展和学校发展建设的新成果。他要求学工系统和相关职能部门要认真听取学生代表的发言和建议，站在落实科学发展观、构建和谐校园的高度，围绕学校开展创先争优活动为有效载体，充分调动和发挥基层党组织和广大党员的先锋模范作用，密切关注弱势群体，建立帮扶体系，完善帮扶机制，全力做好帮扶整改工作，形成有沈航特色的帮扶工作传统。他希望广大经济困难学生要学会做人，懂得感恩，并将感恩之情转化为爱国、爱校、勤奋学习的动力；要自觉实践创先争优活动，争取自强、自立，做德、智、体、美全面发展的先进学生典型；要发挥榜样作用，影响和带动周边同学搞好学习、生活和工作，为营造和谐向上的良好校园氛围做出贡献。

新理念，新举措

近年来，教育部进行教育改革，提出工科院校都要推进"卓越工程师计划"，即要使工科院校的毕业生毕业后就能上岗顶班，改变过去毕业生分到单位后要实习2~3年才能独立承担具体工作的局面。教育部把天津市、辽宁省作为试点地区，因此辽宁省的工科院校都必须落实"卓越工程师计划"。为此，沈航特地成立了一个专家咨询组。但经过两年多的努力，始终没有找到落实计划的好办法，使这一计划的实施举步维艰，进展缓慢。杨院士任校长后，认为"卓越工程师计划"对培养学生很有利。他记得毛泽东主席在《实践论》里曾说过："无论何人要认识什么事物，除了同那个事物接触，即生活于（实践于）那个事物的环境中，是没有法子解决的。"一位英国人也说过："知识是珍宝，而实践才是获取它的钥匙。"因此他决心推进"卓越工程师计划"，全面深化沈航的教育改革，改变传统的办学机制。他提出了"政府组织指导、行业深度参与、学院敞开办学"的新理念。这一理念强调指出：学生要走出校门，到企业单位去实践，在实践中学习；企业不仅是用人单位，还要承担培养人的责任；政府要给出相关政策，提供必要的保证条件。为了落实这一理念，他要建立2个基地、办好3个学院。

2个基地：教学基地（以学校为主）

实践基地（以有关厂、所为主）

3个学院：

飞行器设计与制造学院（由沈航、601所、626所、沈飞公司联办）

动力学院（由沈航、606所、410厂联办）

民航学院（由沈航和民航机关单位联办）

学生实行3+1的学制，即前3年在校学习，最后1年到有关单位结合实际进行专业学习，并完成毕业设计。学生毕业后，可由有关单位接收，最大限度地保证学生就业。

杨校长的这一利在国家、功在千秋的新理念、新举措，引起了沈航和各相关单位的高度重视，也得到了广大学生的欢迎，让沈航人看到了希望，为落实"卓越工程师计划"增添了信心。现在沈航正按杨校长的新理念、新举措实施着，相信不久就会在沈航校园内出现新气象，创造出新的荣光，书写沈航历史新的一页。

慧眼识商机，诚挚献良策

杨院士站在航空技术发展的前沿，把握航空技术的未来，紧跟时代发展的步伐。他了解到世界通用航空产业日益成熟，并已为有些国家的经济和社会发展带来很大好处。而我国通用航空技术的发展虽有了一定的规模，但与先进国家相比还落后很多。就辽宁地区而言，虽已具备发展通用航空技术条件，有3厂（112厂、410厂、139厂）、3所（601所、606所、626所）、1校（沈航），而且现在112厂在法库县已生产出赛斯纳162轻型运动飞机，已进入批生产阶段，但总的来看发展速度还是缓慢，没有形成产、学、研一条龙的产业链。

"凤"舞蓝天——记中国工程院院士杨凤田

通用航空是指使用民用航空器从事公共航空运输以外的民用航空活动,包括从事工业、农业、林业、渔业和建筑的作业飞行,以及医疗卫生、抢险救灾、气象探测、海洋监测、科学实验、教育训练、文化体育等方面的飞行活动。通用航空的潜力不可估量,有着巨大的商机。杨院士慧眼识机遇,诚挚地向辽宁省出言献策:必须大力发展通用航空,充分利用3厂、3所、1校的优势,在现有基础上,制定出通用航空发展纲要,分步实施。他特别强调近期要在沈航建立"通用航空实验室",成为通用航空特殊人才的培养基地。使辽宁省逐渐建成通用航空产业链和产业集群,这对辽宁省的经济发展有着战略性的影响。他的良策已上报辽宁省委和省政府,相信很快会有满意的答复并付诸实施,迎来辽宁省通用航空的大发展。

杨校长出席航空数字化重点实验室成立会议

办实事,得民心

1. 新建锅炉房批了

2010年年底，杨院士任校长不足5个月的时间，可就在这短短的5个月里，他解决了几个多年没有解决的老大难问题。

锅炉房是全校冬季采暖的热源地，地处北方的沈阳，冬季采暖可是个大问题。随着校区的增大，建筑面积的增加，原来的锅炉房已不能满足要求，需要在校区内空地上重建。可是审批手续一直办不下来，主管领导急得团团转，就是没有办法。杨院士出任校长后，知道了这个问题，他直接找到了沈阳市某位副市长，问题就迎刃而解了。新锅炉房建成后，不仅解决了沈航冬季供暖问题，还可以挂外网，挣些钱，够买一冬的烧煤了。

烧锅炉一冬要用大量的煤炭，往年都是后勤部门去外购。购买那些质量好的煤要花不少的钱；要把煤运到学校，中间还要经过几道环节，每个环节都有损失，实际到货量远远少于购买的数量。因此，杨院士支持通过招标把锅炉房承包出去，这样既保证了校区的供暖，又节省了不少经费。同时学校又省心省力，真是一举多得。

2. 教工餐厅建起来了

沈航有两个餐厅：北餐厅与南餐厅。所有的学生与教职员工都在这两个餐厅就餐，一直没有教工餐厅。教工有强烈的要求，学校也多次想建，就是没有建成。杨院士到任后了解到了这一问题，并知道了没有建成的原因。于是，就果断地决定建设教工餐厅，并很快建成了。全体教职员工心情愉快地到自己的餐厅用餐了，再也不用与学生挤在一起买饭了。

民以食为天，要保证上万人的学生和教工吃好、喝好，不是件容易的事。学生餐厅和教工餐厅，每年要吃掉上千吨的粮食和蔬菜。过去都是采购员到市场上随意采购，花钱多，又保证不了质量。杨院士又如法炮制，采取招标的办法，选择固定的供应单位，这样粮食、蔬菜的质量有了保证，而且进货及时，价格便宜，全校师生都得到了实惠。

杨校长还总是愿意和师生坐在一起吃饭，吃饭时还征求师生对伙食的意见。只要提出的意见正确、合理，他总是责成后勤部门改进，想办法让大家满意，安心学习，安心工作。

3. 老校区拍出 31.2 个亿

沈航原校址在北陵公园的西侧，占地面积为 700 余亩。搬入新校区后，原址急需卖出，以还建新区时所欠下的贷款，缓解学校经济上的困境。但是怎么卖，卖多少钱？校领导一时拿不定主意，曾有几次卖出的机会，都已错过。杨院士到校后，也曾多次为此事一筹莫展。俗话说："谋事在人，成事在天"，院士眉头一皱，计上心来，他去找政府机关，经商议决定公开拍卖。在有关方面的支持下召开了拍卖会，拍卖会气氛热烈，几个商家报价此涨彼高，最后涨到 31.2 亿，一锤定音。让在场的沈航人无不惊异，比他们预想的卖价高出近 1 倍。这一消息很快在沈航校内传开，"杨校长神了！"百闻不如一见，沈航人见到了杨校长的真本事。杨校长为沈航做了好事，有了贡献，自然也得到了沈航人的尊敬和称赞。

领导来校，保驾护航

杨院士出任校长后，原来在 601 所的老部下，现在的上级领导或兄弟单位的领导齐聚沈航为校长保驾护航，他们是中航工业重点型号办主任刘华翔、飞机公司分党组书记方玉峰，沈飞公司董事长兼总经理罗阳、总工程师兼副总经理袁立，气动院院长赵波、书记王宗文、副院长于洪利等。在沈航书记王维、校长杨凤田的陪同下，各位经导参观了沈航的校史馆、图书馆、实验室等，大家对沈航的美丽校园和各项事业的发展表示赞赏。中航工业的领导们表示将大力支持杨校长，努力配合沈航在科研和学生就业等方面的工作。沈飞、气动院的领导表示一定与沈航加强联系、紧密合作，提供力所能及的帮助。

第十三章 七旬校长

杨凤田与中航工业领导合影

2010年10月20日，601所向沈航捐赠2台涡喷7甲发动机。这2台发动机是601所自行研制的第一架歼8白天型科研原型机配装的发动机。为歼8飞机设计定型与生产定型及系列改型做出了重大贡献。601所将这2台具有光荣历史的发动机赠给沈航，希望能够为其专业教学、理论研究、工程实践、爱国主义教育等方面做出贡献。沈航特意为此举行了隆重的捐赠仪式。601所所长赵民、党委书记褚晓文与沈航校长杨凤田、书记王维共同揭开了2台发动机上的大红绸缎，露出了整洁而闪光的威武雄姿。现场爆发出雷鸣般的掌声，这掌声代表601所对沈航的支持，对杨院士的支持，这掌声也将激励所、校更加紧密合作，共同发展。

有了上级的支持，有了兄弟单位的鼎力帮助，杨院士如虎添翼，在学校的威信更高、说话威力更大、凝聚力更强，办起事来更果断、更雷厉风行，他的新理念、新思路、新举措都可以顺利推进。

601 所捐赠 2 台发动机

第十四章 温馨的家

相识相爱

男大当婚,女大当嫁。这是人类繁衍生息的自然规律。杨凤田在读高中的时候,已是十六七的大小伙子了。在当时的农村,已经到了谈婚论嫁的时候。尽管新中国成立后,有了婚姻法,规定男20岁、女18岁方可结婚,但在农村经常是不遵守这个规定,早婚早育现象普遍。何况杨凤田的家里,解放后,分了土地,分了房子,人勤地不懒,一家人丰衣足食,再加上杨凤田眉清目秀、聪明伶俐,读书成绩优秀很讨人喜欢。因此,到他家说亲的不乏其人。开始时杨凤田的父母都以"孩子小、正在读书"为由,一一回绝了。但二位老人心里还是想早点给儿子定门亲事,好了却他们的心愿。每当儿子放假回家时,免不了跟他念叨几句,试探儿子的心意。可儿子总是笑眯眯地说:"现在读书,咋能娶媳妇呢?"父母也理解儿子的心思,只好作罢。

杨凤田考入哈军工后,尽管是青春旺盛时期,正当谈婚论嫁的年龄,但哈军工有"两不准"的校规,他没有勇气也没有机会去考虑个人问题,一心一意用在学习上。5年后毕业了,年满23岁的他,仍没有异性朋友。没人牵念,也没人牵扯,孤身一人来到601所,去实现他人生的理想,开始走上了航空报国的征程。初来乍到、人生地不熟,工作与生活尚不稳定,在他心中交朋友、处对象还没有提到议事日程。可是他的父母及兄嫂,对他的婚事有点着急,每当他回家时,总是要问问处对象没有?何时把对象带回家来看看?在家人的催问下,他开始萌生了"找对象"的念头。一日清晨,从梦中醒来,躺在床上望着天花

"凤"舞蓝天——记中国工程院院士杨凤田

板,不知为什么脑海里浮现出父母催问找对象的话语,"你都二十好几的人了,该找对象了……""是的,该找对象了,该结婚了。"刚想到这里,就暗自笑起来。"结婚要花钱、成家要花钱,将来……钱在哪呢?没有钱咋结婚哪,难道向家里伸手不成?不,不能!"刚萌生的念头,又被钱荡得无影无踪了。那时他每月工资55元,除了自己每月的吃、穿、用,所剩无几,一点积蓄都没有,囊中羞涩呀!

1966年,"文化大革命"开始了,601所的红卫兵成了急先锋。反封建、破四旧,批斗老干部一浪胜似一浪。派与派之间的斗争笔墨争锋、刀枪相见,每个人都在各自的舞台上表演着。杨凤田是正统派,是有头脑的人,不轻易随声附和、随波逐流。当他看见有些人批斗老干部时,出于对党的忠心,对老干部的敬慕,带着不解的心情去找驻所工作组,请工作组加以制止。他的言行很快传了出去,造反派说他是"小小保皇派",还授予了一个"杨小保"的雅号,一时间成了601所的知名人物。在一次批斗所党委领导班子的会议上,红卫兵竟也把"杨小保"揪到台上陪斗。还把他的红卫兵袖标撕下来,说他不佩当红卫兵。杨凤田没有畏惧。这引起台下一位姑娘的同情与钦佩:"他真有勇气,敢于坚持真理,好样的!"这位姑娘就是同派的柳素琴,是车间的一位工人,干活泼辣、为人热情,在车间是位活跃分子。共同派别、共同观点,使他们俩在后来的运动中,常一起开会、一起游行,开始相识、相知。

人们常说婚姻是缘分,也许是这样吧。正当杨凤田与柳素琴相互倾心时,就有红娘出来扯起红线。四室描图员吕淑琴为人热情、善解人意。她看见杨凤田小伙不错,聪明、能干,年龄又不小了,就想帮忙给他物色一个对象。恰好她的爱人老徐在试验工厂工作。吕淑琴回家后与老徐闲聊时,就说起要给杨凤田物色对象的事。老徐听后想了一下说:"我看柳素琴比较合适",这两口子议论半天,越议越觉得他们是天生的一对、地设的一双。于是,第二天两个人分别与杨凤田、柳素琴说了,当时都没有表示反对。凭老吕的经验,心里明白,"十有八九成了。"从此,杨凤田、柳素琴相恋了,两颗心日渐贴近。

一天,柳素琴对杨凤田说:"我爸妈想见见你,你能去吗?"杨凤田听后,暗自高兴，便说："好！我哪天去呀？""你明天下午就去吧！"柳素琴给他约定了时间，他痛快地答应了。第二天下午，杨凤田如约而至。准丈人与准丈母娘仔细打量着未来的快婿，只见他穿着一套旧军装，蓝裤子的两个膝盖上补着两块补丁。不过人显得很精神，很有灵气，身体还很结实，就是瘦了点。杨凤田向前走进一步，给二位老人深深鞠了一躬，"叔叔、婶婶好"，又问候了一句，随后入座，唠起了家常。杨凤田给二位老人留下了较好的印象：这个年轻人生得眉眼细微，十分精干，言谈和气，看上去简朴、厚道、落落大方，女儿的终生可以托付于他了。唠了一会儿，杨凤田告别二位老人。柳素琴陪同他出来，还要送他一程。"你第一次到我们家来，怎么不穿件像样的衣服啊？"柳素琴有点埋怨地问。杨凤田不好意思地说："我只有两套旧军装，参加工作后，还没有买过新衣服呢，这套衣服已是最好的了。"柳素琴听了他的解释，理解了他，并没有因他寒酸的衣着而责怪他、蔑视他。两人相恋，贵在求真；两人相爱，贵在知心。杨凤田与柳素琴的相知相爱正是建筑在求真、知心的基础上的。他们的爱，既非环境所能改变，亦非时间所能磨灭。

这次见面后，两个人的终身大事就基本敲定了。这真是：

> 我得骄杨君得柳，
> 杨柳青青唱枝头。
> 不离不弃百年好，
> 风吹雨打永同舟。

结婚生子

才子佳人天作之合，经过半年的热恋，两人已约定1968年下半年结婚，可是柳素琴下半年先是到北京参加毛泽东思想学习班，后又被群众推选为601所革委会副主任,由于工作繁忙,婚期只好推迟到1969年。当要结婚时,还没有房子,两人又着急又为难。杨凤田只好借用同专业组李命刚分得的楼梯下面的一间小屋,面积只有五六平方米。但这没有影响他们对结婚的渴望与热情。两人高高兴兴地装饰新房,屋里摆放一张双人床,床上整齐地摆放着一套新做的大花被褥,所用的被面还是杨凤田去南方出差时买的。还有柳素琴陪嫁来的一对木箱子和借来的一张三屉桌。桌上摆了些喜糖及同事送来的暖瓶、锅、碗、瓢、盆,还有各种毛泽东像和毛泽东著作等,小屋摆得满满当当。

1969年3月15日,星期六,是个吉祥的日子,杨凤田、柳素琴的婚礼就定在这天。上午10时许,双方的同事先后前来贺喜。当新娘从单身宿舍步行到自己亲手布置的庆典殿堂时,贺喜的人们响起了热烈的掌声。新郎、新娘穿着新衣,没有婚纱,没有花轿,也没有锣鼓乐器,连一个花炮也没有放;没有拜天,没有拜地,没有拜双方父母,也没有夫妻对拜,只是携手向毛主席像三鞠躬,就成了一对夫妻。婚礼就这样简朴,结婚就这样自然。

"洞房花烛夜"是人生一件幸事。洞房的狭小、仪式的简短,并没有影响他们新婚的甜蜜;生活的清贫、工作的劳累,更让他们感情冰清玉洁、真挚淳朴、永结同心、百年好合。

结婚容易、过家难。结婚时杨凤田已经29岁,柳素琴25岁。有个温馨的家,是他们多年的梦想。可是结婚了,还没有房子,没有房子就等于没有家。那年代住房是单位供给制,但房子少、需要的人多,因此要论资排辈,排号等待。不少年轻人结了婚,因没有房子成了"马路夫妻",或者夫妻到单身宿舍里同居,甚至生了小孩也只能由妻子在单身宿舍带养。杨凤田夫妻在结婚时能借到房子,已是条件很好了。但借来的房子,借期有限。为了解决住房问题,两个人也曾费了一番心思,但都没解决问题,只有等待。后来在分配住房时,因为杨凤田哈军工的学龄算工龄,这样他排号在前面,就分得一间锅炉房顶层改造的居室,面积大约14平方米。没有独立厨房、没有厕所,屋顶是斜坡的,生活很是不便。就是这样的房子,他们一住就是十多年,并把它建成他们的爱巢,他们的暖窝,生儿育女,成了他们温馨的家。

第十四章 温馨的家

1969 年结婚留念

居家过日子，举手就要钱，但他们俩的工资加起来不足百元，经济上窘迫，生活上清苦。但是他俩都是贫穷家庭出身，从小就养成了简朴的生活习惯，不讲究吃、不讲究穿，勤俭持家，厉行节约，两个人从不乱花钱。能不花的钱就不花，能用的东西就继续用，能自己动手做的东西，就不去花钱买。两个人计划着花钱，商量着购物。节约是一笔可观的收入，他们用节省下来的钱添置"大件"。钻石牌的缝纫机、12 英寸的黑白电视就是省下来的钱买的。简朴的生活，不但使他们精神愉快，而且还培养了他们做人的优秀品质和战胜任何困难的勇气，贫贱夫妻过得有滋有味，对生活充满着美好希望。

1970 年春天，春风化雨，大地复苏。千条万条柔柳，齐舒了它们的黄绿眼；红的白的黄的花，绿的草，绿的树叶，皆如赶赴市集似的奔聚而来；那些伶俐可爱的小燕子，也由南方飞来，加入了这个隽妙无比的春景图画中，叫人沉醉，叫人欢畅。在这春意盎然、一片生机中，杨凤田家里飞来了一位小天使，迎来了一个新的生命。

1970 年 5 月 2 日晚，柳素琴住进医院待产。杨凤田守护在产房外面，坐立不安。5 月 3 日凌晨，产房里传来了婴儿的啼哭声，杨凤田激动不已，"我当爸爸了！"他在心里欢呼着。不一会儿，护士抱出一个婴儿来，他急忙跑过去，还没等他开口，护士就告诉他说："是个女孩"，他并没有在意护士说的男孩女孩，而是急着看孩子，见小宝贝圆圆的脸蛋儿上，镶嵌着两只黑溜溜的大眼睛，小嘴不时地在吮吸着，真是可爱极了，让他由衷地高兴。然后又忙着去看自己的妻子，妻子扭过头来向他微微一笑，他知道她一切安好，看得出她心中也隐藏着无限的幸福，显然她已经忘却了分娩时的痛苦。大人、孩子都平安无事，真是祖上积德、上天保佑，杨凤田悬着的心终于放下来了。

女儿的出生，给这个温馨的家又增添了生机，增添了活力和欢乐。"给女儿起个名字吧！"妻子提醒丈夫说。杨凤田听后，就开始想起来，想一个，觉得不行，再想一个，觉得还是不行。最后夫妻俩看孩子长得特别漂亮，决定起名杨莉。孩子是夫妻爱情的结晶，共同的希望，共同的责任，又把夫妻紧紧连在一起。第二年，第二个女儿杨敏又来到了人间，一家4口其乐融融。然而在快乐中又带来了苦恼，两个人的工资收入没有增加一分，可开销大大增加了。本来经济很窘迫，两个孩子的出世，钱更是趋紧，如雪上加霜，每月还要给双方老人寄钱。上有老下有小，生活的重担压在两个人的肩上，很觉吃力。那时候没有开源的道，只有节流的可能，省吃俭用是唯一的办法，月底若是收支平衡就是极大的安慰了。

两个孩子的出世还改变了家庭生活的重心和节奏。两个人不只为自己的工作和前途着想，还要保证孩子的衣、食、住、行，要培养孩子养成良好的生活习惯和道德品质。因此，孩子是家庭生活的轴心，是两个人每日谈论的主要话题。可是杨凤田因工作需要，常常出差在外，东跑西颠，很难顾上家。油、盐、酱、醋、洗衣、做饭，接孩子上幼儿园、上学，每一件家务事，都得柳素琴撑着。操持家务，相夫教子，她无怨无悔，还想方设法关怀、体贴丈夫，让他安心工作。她不愧为丈夫的贤内助。杨凤田也非常关心、痛爱妻子，只要有空，就帮妻子干点家务。他学会了烧饭、做菜，而且还能做出几个拿手菜，一有机会就想露两手。有一次，当他看见妻子用自行车接送两个孩子很是辛苦，便让妻子歇一下，由他送孩子上学。哪知路上有条小沟，他没看见，自行车翻倒，杨凤田面部擦伤，幸好两个孩子没怎么摔着。此后，柳素琴再也不叫他送孩子了。其实杨凤田很喜欢两个女儿，总想多陪陪她们，多为她们做点事情，只是因为工作忙，常常是顾不上她们。不过他从不溺爱孩子，每当学校开家长会，他总是挤出时间去参加，与老师沟通，了解女儿在学校的表现；回来后，就开家庭会议，把女儿的优缺点说清楚，好的表扬，差的批评，但从未动过拳脚。两个女儿都很乖巧、明白事理，学习、生活基本不用父母操心。现在两个女儿都以找到了满意的另一半，结婚生子，有了自己幸福的小家庭。逢年过节都回到娘家，杨凤田抱着两个外孙女，更是欢喜，尽享天伦之乐。

祖孙两代

温馨是福

"天意怜幽草，人间重晚晴"①。友情、亲情、恩情，杨凤田情情不忘，有结草衔环之美德，滴水之恩当涌泉相报。父母的养育之恩，重于泰山，他更是时时记在心里。自从考入哈军工后，就把每月节省下来的军贴费寄给家中。当他工作之后，更是按月给父母寄钱以表孝心。不管是结婚后还是生儿育女时，不管钱紧还是宽裕，总是一如既往。当年他读书时，曾得到兄长的资助，他参加工作后，就尽力资助他的兄弟姐妹，还供侄女和侄孙上学读书。经济条件好了，在老家义县为二侄子翻盖了新房、购买了农用汽车，还时常接济大侄子，真是有福同享。

杨凤田的家是温馨和睦的，温馨是福、和睦生财。在家人的眼里，他是大

---

① 李商隐：《晚晴》。

孝子、好丈夫、好兄弟、好长辈，家人为有这样的亲人都感到光荣、骄傲、自豪，他也得到了家人的爱戴和尊敬，他们之间有割舍不了的亲情。

妻子心中的丈夫

我和杨凤田相识在 1967 年，1969 年 3 月我们结合在一起。我们从相识、相知，一起走过了人生的 40 多个春秋。在这 40 多年里，我们既是同志，又是夫妻。因此，在某种程度上，有了更多的了解。

组成家庭后，我们有了两个女儿。如今她们也都 40 多岁了，她们都各自组成了家庭，并有了自己的儿女。

杨凤田全家（1975 年）

杨凤田这个人，给我最大的印象就是对人宽厚、大度、善良、热情，对事业执著。

他生长在比较贫穷的小山村，他的爷爷、奶奶一直跟他父亲在一起生活，从小受家庭的熏陶，养成了对人宽厚大度的性格。由于家境比较贫寒，从小就养成了吃苦耐劳、克服困难的精神。

他曾经跟我说过，读初中时，由于学校离家远，一个月只能回家一次，要走30里旱路，一走就是一上午，我听了以后，心里很心疼。农村的孩子，比起城里的孩子要苦很多。但是，有钱难买少儿贫，苦难也是一种财富。

在他读大学的时候，他就倍加珍惜学校优越的生活和学习环境。

毕业后，他被分配到601所工作至今。他由一名普通的飞机设计人员，成长为一名科学技术领域的顶尖人物，这与他个人刻苦专研、努力奋斗，对事业的执著是分不开的；与各级领导对他的培养、教育分不开的；同时也是与广大群众对他工作的支持、帮助分不开的。

多少年来，他坚持一条自主创新的道路，他带领广大科技人员投入到科学研究和歼8飞机系列改进改型工作中，由于他领导得力，大家都是积极按期或提前完成各项任务。

在工作中，他很爱惜人才，发挥每个人的能力和才干，想同志们所想，大家都很信任他。同时，他也很热心地为同志们解决一些实际问题。在与各厂、所工作交往中，由于他的真诚，与各单位的领导和同志们结下了深厚的友谊。

如今杨凤田同志已是功成名就了，对于这个家，我也可以说是劳苦功高了，但是岁月催人老，长江后浪推前浪，这是自然规律。在人生的道路上，他从一位热血青年，走到了人生七十古来稀的阶段。虽然他将来的岁月有限，但是他对事业的热情并没有减退，并与时代同步，去完成党组织交给的各项工作，为我们的国家、为我们的民族发挥自己的光和热。

多少年来，他在飞机设计方面积累了丰富的经验。

多少年来，他在人生的道路上懂得了应先做人，然后才能做好事。

多少年来，在事业上，他曾经经历了许多磨难。

多少年来，他曾有过多少的烦恼和痛苦，才走到了今天，真是好事多磨呀！

长期的工作实践，杨凤田同志以拳拳报国之心，展现了自我价值。我认为他具有领军人物的风采，他不仅掌握一定的科学知识，而且思维敏捷。更主要的是他没有官架子，很平易近人，很能团结人，很随和。因此，我也全力以赴地支持他服务于祖国的航空事业。

"凤"舞蓝天——记中国工程院院士杨凤田

同时,我也感谢历届各级领导,对他的辛勤培养和教育,感谢同志们对他工作的大力支持,感谢同志们对我们家在生活上的帮助。现在我们怀着一颗感恩的心回报社会。

杨凤田同志,不仅在事业上有所成就,在家庭上也称得上是一位好丈夫。孩子小的时候,我们共同分担家务,共同教育子女,如今孩子们都长大了。

柳素琴

大女儿今年已经40多岁了,在沈阳空港物流有限公司担任主管工作。

大姑爷在南方航空公司沈阳飞机维修基地生产支援部任副经理。

小女儿今年39岁了,在601所任研究员。

小姑爷在601所担任副所长职务。

孩子们都很优秀,对于孩子们来说,杨凤田是一位好父亲。

对于外孙来说杨凤田是一位可亲可敬的外公。

现在我们这个家庭,仍然都各自忙各自的事情,我为有这样的家庭、这样的子女感到欣慰。

2010年,杨凤田70大寿

女儿眼中的慈父

　　父亲是位有学问、平易近人、品德高尚的人。人们常说：父爱如山。在我看来，父亲对我们的爱，并不完全如山那样威严，因为他对我们那么温文尔雅，可以说温柔如水。

　　父亲是从农村走出来的孩子，虽然已从事科研工作几十年，但在他的身上总能体现出中国农民那种朴实无华、坚忍不拔的精神。

　　父亲是一个孝子，每月发工资时，父母都拿出一部分钱寄回老家，给双方长辈的生活费从未间断过。尽管当时我家生活条件差，住房不宽裕，但父母常常接老人到家里生活，以享天伦之乐。不仅如此，爸爸的姑姑、哥哥等也经常来家串门。每次回老家，父母都要带去丰厚的礼物和生活用品。

　　父亲就像一棵大树，我们是树底下的幼苗，风来了，他为我们挡着；雨来了，他为我们遮着，是我们永远的依靠。在这棵大树的百般呵护、关爱下，我们长大成人。在学习上，他是我的好老师；在生活上，他是我的好朋友。孩提时，我比较顽皮，每当我做错事时，他的第一反应不是打和骂，而是心平气和地教导。无论我做错了什么，他都是先帮我分析原因，再来教育我。他十分尊重我的一切，对我也格外严格。初中时期是一个孩子逆反心理较强的时候，父亲总是谆谆教导，让我平稳地度过了逆反期。高三那一年，是我人生的重要转折期。当时民航到学校招收乘务员，在面试的时候我符合标准，回家后，向父母说明了情况，父亲全力支持我的选择，从初试到面试到考试，是父亲给了我勇气、支持和帮助，如果没有父亲的支持，也就没有我的现在。在我18岁生日的时候，父母亲送我的相册及赠语我至今仍视为无价之宝珍藏着。同样，妹妹各阶段的学习、高考时填报志愿，无时无刻不凝聚着爸爸的关注、支持和鼓励。

　　父亲是一个顾家、有责任感的人，他曾说过："工作是第一位，但孩子们的健康成长也是我的责任。"直至现在,父亲依然如此,并把这种关爱一直延伸到我们的孩子身上。无论平时工作怎么繁忙,他都每天坚持询问我和妹妹学习及生活情况,只要我们学习上有困难,他都会在百忙中抽出时间辅导我们。在我的印象中,我和妹妹上学那会儿的家长会,只要他能够抽出时间,他都参加。父亲回到家中,还组织召开家庭会,对每人的学习情况进行讲评,我和妹妹也对学习进行总结,家庭会很民主和谐,可以畅所欲言。现在,我们孩子的家长会,父亲都积极参加,而且认真记录、讲评。记得我们初中的时候,妈妈出差,上学带饭的任务就落在爸爸身上。他当时患有严重的胃病,早上忍着疼痛为我们准备好中午可口的饭菜。我们上学时,物质条件不像现在这样丰富,为了给我们增加营养,父亲利用出差的闲暇时间购买一些沈阳紧缺的物品,如鸡蛋、肉和鱼等,使我们健康成长。

父亲是一个酷爱学习的人。我们小时候,对父亲的木箱最感兴趣,那里有父亲大学的学习记载,学习笔记字迹工整,记录得十分精细,我们看后都爱不释手。父亲是学俄语的,但是为了工作需要,在中年的时候自学英语,背单词,记语法,还让我们纠正他发音。父亲的言传身教为我们做出了榜样。随着社会信息化的发展,父亲又开始学电脑,查找资料,和各地的专家保持密切沟通联系,充实自己,一点也不比我们年轻人

父亲的学习笔记

逊色。

父亲是一个酷爱钻研的人。父亲从参加工作到现在，始终热爱航空事业。小时候，父亲经常是过了下班时间很久了还没回来，我们就到他的办公室去找他，看见办公桌上铺的满是图样，上面画着密密麻麻的各种线条。我们小，不懂事，上去就指指点点，父亲严厉地把我们支开，像护宝贝似地精心保护着图样。父亲从一名普通的设计员一步步走到飞机总设计师的岗位，他的工作量日益加大，出差是家常便饭。进驻高原试验现场，时间是以月计。父亲带领他的团队认真分析研究、精心筹划，攻克一个个难题，将飞机安全可靠地交付部队。回想起2009年，国庆60周年阅兵的时候，父亲主持研制的两个型号飞机经过天安门广场接受党和国家领导人及群众检阅的时候，我们和爸爸一样都感到无比自豪。

受油机飞过天安门

父亲不仅是视工作为生命的人，还是一个热爱生活而且还特别能吃苦耐劳的人。小时候，单位分给职工少量田地耕种，他就带着我们春天播种、秋天收

"凤"舞蓝天——记中国工程院院士杨凤田

获,既让我们得到了锻炼,又让我们享受到丰收的喜悦。小时候,他为我们做简易的滑板在家玩,我和妹妹愉快地度过冬季漫长的假期。为了储存秋菜和水果,父亲一个人利用一天的休息时间挖了一个大菜窖。直到现在,每到冬天,父亲早早就购置秋菜,连晒带收都是自己完成。再后来我们长大了,生活条件好了,他就抽出时间组织全家旅游,我们要是工作忙抽不开身,父母就利用假期带着我们的孩子游览名胜古迹,让他们在旅游中增长知识、见识。在我们家里,时刻体现着浓浓的亲情。

2006年春节于北陵

父亲是一个热心、平易近人的人。在研究所大院里,没有爸爸不认识的人,无论男女老少,父亲都是主动和人打招呼。别人家若是有需要他帮助的,他都竭尽全力帮助。依稀记得小时候的一个夜晚,下着大雨,父亲到了午夜还没回来,母亲非常着急,等父亲回来了才知道,他是帮助同志家研究孩子升学的事去了,类似这样的事情比比皆是,父亲总是说"尽我所能,能帮忙的尽量帮。"他的热心肠,谁都挡不住。现在老家的孩子上学,经济上有困难,父亲也是每个学期都寄钱资助,时常打电话了解学习情况。地位的提升,没有让父亲有任何变化，反倒是让他念念不忘自己是农民的儿子，他时刻用自己的实际行动报答社会。

时光荏苒，转瞬间40年过去了，父亲还是一如既往地对我们及下一代百般呵护，看着那满头白发、渐渐变老的父亲，我在心中默默祈祷，愿父亲永远意气风发，健康长寿，为他钟爱的航空事业继续添砖加瓦。

弟弟的回忆

父母一生养育了我们兄妹7个，6个男孩，1个女孩，在男孩中杨凤田排行老五，我排行老六，他大我5岁，我称他为"五哥"。

五哥天资聪颖，不但学习好，还特别懂事。1953秋天，父亲因我们兄弟多，要为我们准备将来盖房子用的房宅地，决定用自家的耕地去换。丈量土地那天，年仅12岁的五哥也跟大人们去量地。村里的文化人可先生用算盘计算出我家应付出的垄数，而五哥也在一边拿着小本计算着，当听到可先生说出的结果后，五哥说："先生，我算的垄数怎么和您算的不一样呢？您比我多算出一条垄"，于是五哥就把他的计算方法及计算结果告诉可先生，可先生又重新算了两遍，最后证实五哥的得数是对的。可先生感慨地说："这孩子小小年纪，就有这等心智，将来一定有出息。"

五哥从小就有一股闯劲。1950年参加抗美援朝的四哥，回国转业被安排到兴城水产加工厂当厂长。1952年的暑假，五哥对父亲说要去兴城看四哥，父亲不愿意让他去，说他年龄小，从未出过远门，坐火车中途还得转车，怕走丢了。可五哥坚持要去，说"我都12岁了，识文断字，不认路可以打听，解放这些年了社会秩序好，我不会走丢的。"父亲听他说得在理就同意了。五哥高高兴兴地独自出发了，几天后，家里收到了五哥在兴城寄回的平安信，父亲牵挂着的心终于踏实了。邻里们知道此事后都说："这孩子不简单"。

"凤"舞蓝天——记中国工程院院士杨凤田

五哥对我呵护有加,宁可自己流血流汗,也不让我受委屈。有一次,父亲让我和五哥一起去请三哥的师傅刘大叔到我家吃饭,我们哥俩走到刘大叔家门口时,突然从院内冲出一条狗,狂吠着向我俩扑来,五哥拉着我扭头就跑,眼看狗要追上我们了,五哥对我说"你快跑",他却慢下脚步,在我后边挡狗。狗追上五哥咬住了他的大腿,刘大叔的女儿听到狗叫,急忙跑出来打狗,狗被打跑了,可五哥的腿却流出了鲜血。要不是五哥护着我,那被狗咬的人一定是我,而不是五哥。

弟弟杨墨田

五哥是一个大孝子。1969年五哥结婚的时候,家里中困难,父母没有给他们任何资助,五哥五嫂两人是自力更生、白手起家。1970年,我的大侄女杨莉出生了,当时五哥家的收入不高,住房也比较拥挤,这种情况下五哥也不忘孝敬父母,曾多次接父母到家中居住,一住就是十天半个月的,回去时总给买一些东西。几年后,父母年纪大了,体弱多病,出行不方便了,五哥就按月给父母寄钱,直到1974年父母相继故去。

1974年5月,母亲病故,五哥接到电报与姐姐一起急忙往家赶,到清河门车站下车时,已经是夜间,没有班车了,五哥和姐姐徒步走了20多里路,到家时已是半夜时分,两人的脚都磨出了大血泡。

时至今日,清明时节,五哥都要乘车赶300多公里的路,到父母的坟前去祭拜,表达儿子对父母的怀念之情。

五哥对叔父、姑母也很孝敬。1964年五哥在哈军工读书,得知老叔家盖房子,手头不宽裕,就给老叔家寄去15元钱,钱虽不多,但那可是五哥从每月十几块钱的津贴中省出来的呀,老叔接到钱后,感慨万分。儿时,我们经常在姑母家玩,她对我们很关照,五哥对此念念不忘。1974年办完母亲的丧事,五哥回沈阳时将姑母接回家中。姑母在五哥家的那段时间开心快乐,五嫂有时间就陪姑母逛商场、游公园、买礼物、做好吃的。姑母回到家后逢人就讲:"这辈子没白活，沾了侄子的光。"

2002年10月1日杨凤田与弟弟杨墨田在翻盖的新房前合影

五哥对兄弟有情有义。三哥是农民，一直在老家生活，家中有7个孩子（5个女儿、2个儿子），与我和我的父母一起居住，直到1968年我结婚，三哥家才单过。五哥对三哥一家也是一往情深，解囊相助。三嫂去世后，五哥把三哥接到自己家中住了20多天，无微不至地照顾三哥。三哥回家后，五哥月月给他寄钱，三哥跟邻居们讲"我晚年这么幸福，全仗有个好弟弟。"

五哥与我年龄相差较小，在一起的时间最长，我对他的感情比其他哥哥深厚许多。1961年我去离家20里外的瓦子峪七中读书，住校，每月交7.5元的伙食费，当时父母和三哥一家人同住，生活很困难，在哈军工读大学的五哥为了减轻家里的负担，主动供我读书，每月从他16元的津贴中省出一半寄给我，除交伙食费外，我还有5角钱的零用钱，此外，五哥还给我寄笔、本和各种书籍，并在信中鼓励我要好好学习，取得好成绩。大学生的哥哥供初中生的弟弟读书的故事在家乡传为美谈。

1967年，五哥和五嫂确定了恋爱关系。准备结婚时，我在家乡订婚了。因父母年纪大，需要照顾，我准备提前结婚。五哥知道这件事后，为我买了布料、被子等物品，并毫不犹豫地将自己工作3年攒下的300来块钱寄回家中给我办喜事。我成家了，可五哥的婚期却因此推迟到 1969 年。

2004 年，我和爱人迁居沈阳，五哥给我 2 万元钱作为安家费，我对五哥说："我们有工资收入，不能再拿你的钱啦！"五哥说："咱们兄弟分什么彼此，赶紧收下，不然我就不高兴了。"

五哥对侄孙的关心程度之高也是不多见的。2001—2003 年的春节，我和爱人在沈阳儿子家过节，五哥来看我时，每次都让我给在老家的三哥的 2 个儿子带钱，每人 1000 元。

五哥在三哥的 2 个孙子身上也花了许多心思。大孙子参军转业后，结婚、做生意，五哥资助万余元。二孙子自费上高中，五哥给拿了 1 万元学费，考上大专后，每年资助 6000 元，直到毕业。

五哥与四哥的孙子在一起

1998 年，五哥和五嫂到义县我的家中串门，交谈中得知，三哥的二儿子靠种地维持生活有些困难，为了帮助他们增加收入，五哥花 1 万元钱为二侄买了一台农用汽车，跑运输挣钱。2000 年五哥又拿出 7.5 万元，为二侄建了 5 间房子，里边有暖气、有洗澡间，使他家的居住条件得到了彻底改善。在家乡叔叔出巨资为侄子盖房子的事情是从来没有过的，乡亲们为此交口称赞。

五哥经常说："农村比较困难，农民还是弱势群体，我们条件好了，就要帮助他们。"

多年来，五哥在不断地帮助人、成全人，资助大家的钱物不计其数，但他对自己却很吝啬，不讲吃穿、不讲排场。五嫂更会勤俭持家，不乱花一分钱。五哥所做的这些事情，离不开五嫂的支持、理解。在此，我代表我的家族感谢五嫂的通情达理、宽容大度。

第十四章 温馨的家

翻盖的新房

购买的汽车

五哥对恩师也是情深意长。1998年春节五哥到义县我的家中，得知高中时教他数学的王成春老师还健在时，立刻和我一起去拜访王老师。王老师看见五哥激动地说："真没想到，这么多年了，你还记得我，还来看我。"2010年10月18日，五哥的母校义县高中新址落成庆典，五哥应邀出席，向校长询问王老师的情况，校长派人将王老师请来，师生共进午餐后，五哥亲自用车将老师送回家中，这一举动感染着在场人的每一个人。

五哥的事情还有许多许多，千言万语化成一句话："五哥是一个了不起的人，他可亲、可敬。"

侄女的回忆

五伯父在我的父辈中排行第五，因此称他"五伯父"。

早期印象

对五伯父最早印象的形成源于父亲讲的关于五伯父的3个故事：丈量土地，供弟念书，孝敬父母。在我的脑海里五伯父是一个非常了不起的人，是我们学习的好榜样。

初次相见

1981年的暑假，上小学四年级的我和上小学二年级的弟弟来到沈阳姑姑家玩，到达沈阳的当天五伯父来看我俩，那是我第一次见到五伯父，他衣着简朴，平易近人。五伯父关心我们的学习，询问我们所学的课程及学习情况，坐了半小时便匆匆离开，那以后的20多天里再也没有见到五伯父。听姑姑讲，五伯父一直很忙，在搞科研，经常加班。当我们要返家的前一天，五伯父来了，给我们买了字典等学习用品和好吃的东西，嘱咐我俩一定要好好学习，争取考上大学。当时我觉得五伯父是一个非常忙碌的人。

春节团聚

1985年的春节，应父亲邀请五伯父一家4口到我家过春节，我和弟弟非常兴奋，盼望着早日与五伯父全家相见，这是我出生16年来五伯父第一次带全家回老家。大年三十下午3点多，父亲派去接站的车才驶进我的家门（当时的交通不是很便利，从沈阳到我家坐火车需要5个多小时）。五伯父看见迎出来的我家

第十四章 温馨的家

4口人非常高兴,互相簇拥着走进房间,嘘寒问暖、格外亲切。天气的寒冷、旅途的劳累让五伯母有些吃不消,五伯父很体贴地将五伯母扶上炕,让五伯母坐在炕头,嘱咐她多喝热水,暖暖身体。与我的父母共叙家常后,五伯父兴致勃勃地在房前屋后转来转去,看到家里的变化五伯父是赞不绝口。虽然与五伯父家的两个妹妹是初次相见,但并不觉得陌生,血浓于水,我们姐仨年龄相仿,又都是高中一年级的学生,共同的话题很多,除了学习之外,还谈到了各自的父亲,她俩说"我们的父亲是慈父"。做年夜饭的时候,五伯母要下厨房帮忙,五伯父说:"你好好休息吧,我去做"。晚饭后,我们共同围坐在电视机旁看春晚,当时五伯父坐在炕沿,二妹依偎在五伯父的身旁,五伯父轻轻地抚摸着妹妹的额头,这幅画面一直定格在我的记忆中。

大年初一,五伯父去看望亲友,走在街上,五伯父都微笑着主动与人打招呼,所到之处充满了欢声笑语。相聚的时间总是太短暂,大年初三,当五伯父全家要返回的时候,很多人都恋恋不舍,纷纷送站。那时我认为五伯父是一个体贴入微的好丈夫、是一个和蔼可亲的好父亲、是一个受人喜爱和敬重的好人。

杨凤田老家全家照(1986年)

"凤"舞蓝天——记中国工程院院士杨凤田

大学录取

1988年,我和五伯父家的二妹都如愿以偿地考上了辽宁大学,全家人高兴的心情无以言表,五伯父特意让我的父母来沈阳相聚,作为奖赏陪我们逛了一天北陵公园,尽管五伯父家离北陵不远,但他已记不清有多长时间没来过了,兴奋的心情与我别无两样,一路上时而哼哼小曲、时而侃侃而谈,面对美景也是赞叹不已、流连忘返,不断地招呼大家合影留念。那天我们拍了许多照片,留下了美好的回忆。当时我看到了一个童心未泯、热爱生活的五伯父。

非常时期

大学4年的多数星期天、节假日我都是在五伯父家度过的,每次看到五伯父、五伯母精心制作的美味佳肴,我是吃在嘴里、暖在身上、感激在心底。五伯父对我和妹妹历来都是慈眉善目、和颜悦色。但是有一次五伯父对我俩却非常严厉,那是1989年5月下旬,校园里贴满了条幅、标语,宣传鼓动的人群随处可见,正常的教学秩序受到扰乱,学校被迫停课。当我和妹妹好奇地在校园里东游西逛的时候,突然看到了一脸严肃的五伯父,对我俩厉声说道:"你们别在这儿胡闹,赶紧跟我回家去。"我非常不解地看了五伯父一眼,跑到嘴边的话没敢说出口,只好乖乖地跟随五伯父回家。到家后,五伯父缓和了一下语气说道:"你俩在家学习,待学校复课后再上学。"半个月后,当中央将那场运动定性为"动乱"时,我暗暗钦佩五伯父在大是大非面前的睿智。

航空情结

1990年5月,读高三的弟弟面临着高考志愿的填报(那时是先报志愿,后参加高考),凭着他重点高中前5名的学习成绩,考上国内名校不成问题。正当他为填报志愿而犹豫不决的时候,五伯父的"报北京航空航天大学(简称北航),航空工业大有作为"的话语如醍醐灌顶,让他义无反顾地选择了北航。弟弟果然不负众望，以优异的成绩考入了北航飞行器设计专业，继承了五伯父为之奋斗不息的航空事业。用弟弟自己的话说："五伯父是我事业的引路人，是我前进路上的灯塔。"

杨凤田与侄子杨广双在北航校门口

1992年，即将毕业分配的我也走在了人生的十字路口，到锦州师专当老师还是到沈飞公司当员工，是我面临的一个抉择。当时毕业的大学生都愿意去机关、学校。五伯父说："到沈飞公司去，沈飞公司会越来越好。"五伯父亲自领我到沈飞公司报道，当天我被分配到了22厂车窗班当铆工，厂里规定新入厂的大学生第一年必须到生产一线当工人。拿惯了笔杆的我，拿起铆枪来简直是重若千斤，一天下来腰酸背痛，白皙细嫩的双手也磨出了老茧。星期天回到五伯父家，我满腹委屈，向五伯父诉苦。五伯父耐心地听着，之后语重心长地对我说："孩子，国有国法、厂有厂规，决不能搞特殊化，没有苦哪有甜，付出才会有回报，我和你父亲之所以有今天靠的就是'吃苦实干'的精神，我相信别人能做到的你也能做到，而且会做得更好。"在五伯父信任、鼓励的目光中我感到很惭愧。此后，当我在工作、生活中遇到困难和挫折时，我都愿意向五伯父诉说，五伯父的话语如涓涓细流滋润着我的心田、涤荡着我的灵魂，令我终生受益。

　　十多年来,在五伯父言传身教的航空情怀感召下,我和弟弟在各自的工作岗位上取得了一定的成绩,但与五伯父的要求相比还相差很远,我们决心以航空报国为己任、以五伯父精神为楷模,诚信敬业,不断取得优异成绩,不辜负五伯父的期望。

第十五章　院士逸事

上书周恩来总理

"人民不仅有权爱国，而且爱国是个义务，是一种光荣。"①

20世纪70年代初，中国的航空工业水平远远落后于世界先进水平，歼7飞机与刚研制出来的米格–21飞机名声还都不如歼6飞机好，因为歼6飞机在飞行中低空机动性能好于歼7飞机和歼8飞机。当时空军瞄准了美国的F–16飞机，希望能研制歼6的后继飞机。机动性要好，就要有高的推重比，就得有合适的发动机，可是在国内找遍了也没有找到。于是航空界的有识之士开始到国外去寻找，最后选择了英国罗·罗公司生产的斯贝发动机。英国人很愿意卖给中国，因为这型发动机在英国很快就要停产了。当601所顾诵芬总师拿到斯贝发动机的资料后，经过认真计算分析，发现这种发动机的推重比只有5左右，如果按中国的算法，其推重比可能还要小。而且发动机的推力随马赫数和高度变化的性能比较差，不适合高空高速飞机。

1973年11月，三机部组成了赴英国考察团，顾诵芬总师也参加了。考察团回来后，顾总等人仍不主张引进，也有人坚持引进，于是形成了两派，而且争论得很厉害。考察团送上去的总结报告中，还是要引进斯贝发动机。杨凤田得到消息后，联系李明、应福田一起写信给周恩来总理和叶剑英元帅，阐述了不能购买斯贝发动机的理由，并表示反对引进。中央领导把这封信批给了时任国

---

① 徐特立：《怎样实施爱国注意教育》。

防科工委副主任的叶正大,叶正大又批给了三机部六院要求调查清楚后再决定买不买。六院当时是不同意购买200台斯贝发动机的,于是,不久在北京召开了一次规模很大的会议,与引进有关的单位都派人参加了,李明代表601所参加了会议。会议讨论了两三天,最后三机部决定"不买军用斯贝发动机",并上报国务院、中央军委。叶剑英元帅看后,在三机部的报告上批示"不可不买、不好多买",目的是引进外国技术,促进自己发展。李先念同志表示赞同,并批示:"我意可买发动机的主要部分,两条腿走路总比一条走路好",这样就把调子定了。后来我国买了少量斯贝发动机,放到了西安430厂,但没有用来为战斗机配套。

杨凤田带头上书给周总理,不难看出他的忧国忧民的赤子之心,为了保护国家利益,为了航空工业的发展,在那动乱的年代,"位卑未敢忘忧国"[1],他不顾个人的安危和名誉,敢于直言不讳,受到601所和航空界有识之士异口同声的称赞和佩服。

仕途亮"红灯"

"即使最高尚的人,也难免陷入逆境之中。"[2]

1986年,601所所长兼总设计师顾诵芬被调到北京六院工作。根据航空工业部的要求,请他推荐所长、总设计师的人选。经过深思熟虑后,他推荐解思适接任所长。解思适是搞飞机强度设计的,与顾总共事多年,特别是一起搞试飞的时候,朝夕相处,彼此了解。顾总认为解思适专业功底深厚、工作认真、为人诚实、待人诚恳,又是当时强度室群众海选出来的室主任,在所里有很高的威望,无论是人品还是业务水平,都是全所公认的,推荐他作为自己的接班人可以

---

[1] 陆游:《病起书怀》。
[2] 塞纳加:《疯狂的赫拉克勒斯》。

第十五章　院士逸事

放心。不过还需要给他配个好助手，以便帮助他协调技术工作。顾总认为杨凤田是最合适的人选，因为他是搞总体的，搞技术协调是行家里手。另外杨凤田的活动能力、组织能力都很强，正好弥补解思适的不足，两人相辅相成，应是一对很好的搭档。于是顾总提议让杨凤田出任技术副所长一职。至于总师一职，顾总认为只有副总设计师李明接任最合适。

但让顾总没有想到的是，601所与112厂的联合党委对杨凤田担任技术副所长的提名却没有通过，给杨凤田亮出了"红灯"。头顶浇水，脚底冰凉，这让他寒透了心。在人生的征途上，他走进了低谷，陷入到逆境中。他精神迷茫，思索着新的出路，调离601所的念头开始涌上心头。有些关心他的领导、要好的朋友也曾劝他另谋出路。"此处不留人，自有留人处"。有些单位知道杨凤田是个人才，听说他想离开601所，便纷纷前来请他到本单位去。更有甚者，国防科工委论证研究所，经军委特批，为他办好了重新入伍的手续，也为他爱人安排了工作单位。他多么渴望再穿上那套军装啊！可是这没能使他高兴起来。在这人生转折的关头，他与妻子彻夜不眠，商量着何去何从。最知他心的莫过于妻子，妻子看出他心里并不想离开601所，因为他深爱着601所，深爱着他所从事的事业，更何况这里有熟悉的老领导，有相处多年的老同事、好朋友。真是去也难、留也难，难于技术攻关，难于社会攻关，辗转难眠。身旁的妻子心疼地说："那咱就留在601所，不走了，到了一个新地方，人生地不熟，还不知道怎样呢？咱们在这儿，凭本事干活，谁能把咱咋的！"妻子的肺腑之言，充分显示了对丈夫的大度、理解、信任和关怀，这让杨凤田很是宽慰。天亮之后，从此不再谈调离的事，从那时到现在他一直在飞机型号研制中默默地耕耘着。

> 金竹千年不变节，
> 云衫万年不弯腰。
> 逆境磨难增经验，
> 严冬过后是春天。

"凤"舞蓝天——记中国工程院院士杨凤田

智者、勇者的风范

"勇敢和必胜的信念使战斗得以胜利结束"①

战斗机的研制需要组织上百个单位，需要数以千计的工程技术人员协同作战，是一项十分复杂、耗资巨大的系统工程。很多先进技术，即使在实验室、制造车间已经很成熟，但到飞机上却可能难以经受无数次的飞行考验，进而影响到整个型号的研制进程。

在脉冲多普勒雷达研制初期，雷达在试飞中暴露了很多问题，例如作用距离近、杂波抑制能力弱、跟踪不稳定、故障率较高等，这些问题既有制造工艺及元器件的因素，也有认识水平局限的因素。在新机型号立项时，研制人员结合技术攻关和试验试飞成果，提出对雷达进行天线、发射机等6个方面的重大改进，以提升雷达的性能。要知道，当时型号研制的任务本已十分紧迫，而在短时间内进行这种涉及面较广的更改，对雷达本身以及整个型号的研制进度都会带来不小的风险。作为型号总师杨凤田对此十分理解，以勇敢和必胜的信念给予充分信任和鼎力支持，从而使改进方案得以顺利实施。这固然是由于杨凤田对客观规律的谙熟，也是基于他对前期工作的通盘掌握以及对研制团队的高度信任。在后来的试验试飞中，雷达的上佳表现证明了当初改进设计的正确性。这是杨凤田对承制单位和科研人员的大力支持和关怀的结果，是他敢于决断、敢于承担责任的结果。古人云："智者不失时，勇者不避难，因难而见巧，愈险而愈奇"。在他身上展示了智者、勇者的风范和人格魅力。这种风范和魅力，使他有着巨大的凝聚力，默默地影响和感染着身边的每一位同志，把他们紧紧地团结在自己周围，并激励他们为国防事业、为新机的研制去尽心尽力，排除万难、勇往直前。

---

① 恩格斯：《欧洲军队》。

真正的专家学者

"做学问功夫,基础越厚、越牢固,对今后的学习越有利,越容易登高峰,攻尖端,得心应手地广泛用。"①

在十几年前的一次试验故障攻关研讨会上,试验结果出现了多种现象,各种现象之间互相纠结、错综复杂,飞机、发射装置、导弹的故障均导致怪异试验结果,同时还存在与怪异结果相矛盾的现象,正常的逻辑解释不通。鉴于此,各位专家、技术人员分别从不同角度分析试验现象可能产生的原因,有一位专家的分析涉及到飞机外挂的输出与发射装置的输入如果不匹配,飞机供电电源在此时的某种特殊情况下如果再出现抖动,结果就会导致其中一种怪异现象的产生。由于当时没有图样,许多专家无法分析相关的电路。这时一位花白头发的老者沉思着走到白板前,挥笔在白板上画出了复杂的飞机相关电路,结合电路又给出自己分析的结论。飞机的电路如此复杂庞大,关键、重要的设计牢记在心是理所当然,可是,分析过程中专家随意提到的一个小电路他也如此清晰,分析结论还那么透彻,参加会议的一位年轻小伙子想当然地认为这花白头发的老头肯定是相关设计人员,忍不住向身旁的同事打听这老头的姓名,那人很自豪地告诉他:"什么老头?他是沈阳601所副所长,大名鼎鼎的杨凤田老板。"小伙子当时就愣住了,敬佩之情油然而生。601所副所长居然对技术掌握得如此透彻,说明他一直工作在科研一线,直接领导飞机武器系统的设计工作,"我终于见到了真正的专家学者"小伙子心里想着,向花白头发的老头投去了敬佩的目光。

---

① 华罗庚:《和青年谈学习》。

"凤"舞蓝天——记中国工程院院士杨凤田

身先士卒，人生楷模

"真正有才能的人总是善良、坦白、真诚的，决不矜持。"①

榜样之所以令人感动，不仅仅在于可敬，更在于可亲。杨凤田作为一个优秀的大系统总设计师和技术攻关指挥者，不仅具有高瞻远瞩、总揽全局的谋划决策能力，同时也有脚踏实地、身先士卒的务实奉献精神。杨总有句口头禅："型号要上去，干部要下去"，正体现了他一贯的思想：飞机要飞起来，型号总师必须在一线，那里有许多技术问题需要去解决。杨凤田是这样想、这样说，也是这样做的。无论是在试飞现场，还是在技术攻关现场，无论条件多么艰苦，总能看到他的身影。他平素心胸宽广、待人诚恳，不仅与高层领导保持着工作上的良好互动关系，也经常深入设计、试验和试飞现场，与各级技术人员一起加班加点，共同研讨技术问题。由于经常在一线，他与许多普通技术人员都结下了深厚的友谊。尤为难能可贵的是，杨凤田的身影还时常出现在生产、调试现场，一线工人都能够从杨凤田的一举一动中感受到工程研制的形势要求，并且自觉地将自己的工作节奏同步到型号研制的整体进程上。在那些年，与他一起工作过的空军汪火光参谋回忆说："老杨有很强的事业心，经常到基地跟飞，哪儿有问题他就出现在哪里，被大家称为救火总师。杨总不像别的总师那样，整天忙着参加评审会、学术交流会，不到研制试飞现场处理解决出现的问题，去种别人的地，荒了自己的田。而老杨是一心一意扑在自己研制的型号上，坚持在一线，随时处理工作中的问题，这是值得学习的。"因此，他极富凝聚力、号召力，有能力调动一切人的积极性。无论是部队还是工业部门，无论是单位还是个人，只要是杨院士安排的事，大家都会心甘情愿地尽全力去做好，而且不计任何得失。歼8D型飞机04架做某型雷达-1验证平台时，613所专门对平

---

① 巴尔扎克：《幻灭》。

显火控系统做了较大改进,无论从人力上还是物力上,都做了一定的投入,但613所甘愿自己承担,没要一分钱费用。

与杨凤田一起工作的人,都充满干劲,个个生龙活虎,由于内心的舒坦,工作累一点、生活苦一点,都算不了什么,这就是他的人格魅力的作用。了解他的人都知道他的一句格言:"只要有决心、有恒心、有信心,没有干不成的事。"事实证明:"只要杨凤田想干的事,他都能干成。"凭的就是他的人格魅力。

不唯书、不唯上,只唯实

不唯书、不唯上,只唯实,杨凤田坚持原则是小有名气的。

1998年,空司科研部、中航总产品部在洛阳联合主持召开了BGD工程工作会议,杨凤田在汇报JBIX型飞机研制进展情况时说:"目前制约JBIX型飞机全面启动的因素在机关。有些事虽然办起来有困难,但该办的事机关也得办。你机关要求工程研制进度后墙不倒,前期该机关办的事不能高效率办好甚至不办,如果都这样,我们的工程如何正常开展,如何保证后墙不倒?"发言前他也预料到他的意见会使一些人不高兴,也会对他和601所产生意见。但如果不说,对工程进展不利。他不考虑个人得失,而是从有利于工程研制的大局出发。他的发言引起多数与会代表的共鸣,也对机关具有一定的促进作用,以后机关的工作作风有了明显的改变,相关工作明显加快。这样,对保证JBIX型飞机的研制速度起到了很大的推动作用。

在JBIX型飞机设计定型审查会上,有的军方代表根据部队的实际要求,不顾批准的战术技术指标而提出一些新的要求,节外生枝。不管设计人员怎么解释,总是无法说服军方。在这样的情况下,杨凤田出来发表意见:"按批准的飞机战术技术要求,我们达到了。至于新提出来的要求,请军方会后重新提出任务书,重新下达任务,我们再研制。"军方人员听了他的发言就不好再纠缠了。

设计人员一时解决不了的问题,杨凤田三下五除二,一下子解决了。因此,设计员们异口同声地说:"跟杨院士一起开评审会,我们不敢说的,不能说的,他都直接说出来,让军方接受,这样我们就舒坦多了。"

有他一个人就够了

"为人处世永远保持客观。"①

在加油工程立项的时候,上级领导不止一次地许过愿,对加油工程研制的有功单位和个人要给予重奖。当然,参加研制的人员没有一个是为了重奖而去工作的。当整个加油工程研制成功后,国防科工委为了兑现承诺,召开了加油工程成果评审会。加油工程涉及的单位很多,601所、603所、沈飞公司、172厂、609所、试飞院等都是主要研制单位,虽然各自工作不同,但都为加油工程做出了突出贡献。平日各单位团结协作,关系很好。在评功受奖的时候,更显示了各单位的谦和,不考虑本单位和个人的得失。在评奖答辩的时候,一致相信杨凤田,认为有他一个人就够了。因为他熟悉整个工程的情况,清楚各单位做的工作与贡献;因为他公正、思维敏捷、反映快,说话能说到点子上,无须别人插嘴补充。无论评委提出的质疑是属于受油机或加油机的,还是吊舱或试飞的,杨凤田总是以最准确、最简捷、最客观的语言给予答复,受到评委的一致好评。结果加油工作的4个组成部分都获得了相应的成果奖,各主管单位都非常满意。一般来说这是很难做到的事,而杨凤田做到了。"轻易地完成别人难以完成的工作是才能,完成有才能的人力所不及的工作是天才。"② 杨凤田的才能得到各方的认可和尊敬。

---

① 契科夫:《微洛琪卡》。
② 阿米尔:《日记》。

第十五章 院士逸事

知人善任，不计前嫌

"择天下之士，使称其职；居天下之人，使安其业。"①

1986年，顾诵芬所长曾推荐杨凤田出任601所技术副所长，但仕途上亮出了"红灯"，副所长之职没有被批准。事隔8年之后，这长明的"红灯"终于熄灭了，亮出了"绿灯"，1994年他被任命为601所副所长。从此他所主管的科研片各中层干部自然由他提名任免。他管理干部的理念是：不拘一格，能者为先；知人善任，不计前嫌。他有一双慧眼，不仅能准确抓住技术问题的关键，也能准确地洞察下属人员的技术水平、工作能力和个人品质。根据每个人的才能，安排适合的工作。

在飞机研制中，当出现技术问题需要攻关时，他便亲自点将，调集人员，组织攻关队伍，以保证短、平、快地解决问题。在歼8Ⅲ型飞机研制进入高潮时，整机的环控试验天天在加班加点地进行。一天晚上，杨凤田出来散步，顺路走进了环控试验大厅，看见加班人员中没有方玉峰副主任，便问："方玉峰在哪儿？"这时方玉峰从机身肚子底下爬出来，脏兮兮地出现在杨凤田的面前。"挺好！"杨凤田满意地说了一句。不久，杨凤田提议把方玉峰从副主任提升为主任，李必江提为十二室主任。

那时加班每次给10元钱补助。由于大家加班很辛苦，为了小集体的利益，虚报名额的事时有发生。有一次杨凤田看了加班名单，便问方玉峰："有这么多加班的吗？""一线加班这么辛苦，这么点小钱还给不起啊！"方玉峰带着火气与杨凤田吵起来。"你不能这样跟杨副所长说话呀！"在场的其他同志劝解说。方玉峰仍火气很大，摔门就出去了。弄得杨凤田很尴尬，"这个年轻人怎么这么大火气呢？"杨凤田不满意地说着。后来他俩接触多了，杨凤田觉得方玉峰确实工

---

① 柳宗元：《梓人传》。

作能力很强，是一个有潜力的干部，于是又力主把他提升为副总师。这下子可引起了很大争议，因为这是第一次从年轻人中提拔副总师，一些老资格的副总师认为应该慎重，年轻人是否再经一段时间的锻炼，成熟后再提拔，但杨凤田不顾反对声，坚持把方玉峰提了起来，让他在副总师的岗位上锻炼成长，逐渐成熟起来。那时方玉峰只有34岁，与当时年龄最小的副总师也相差近20岁。但方玉峰没有辜负杨凤田的厚望，干得很出色，1999年就出任601所副所长，后来又先后担任黎明公司党委书记、一飞院院长，现任中航工业飞机有限责任公司党组书记。他每到一处总是以杨凤田为榜样，贯彻杨凤田的组织管理方法和用人理念，取得了很好的效果。

杨凤田与方玉峰在西安（2010年）

杨凤田管理干部还有个理念："如果没有当过基层的'一把手'，就不能当副总师。"当年孙聪是601所总师助理，杨凤田就把孙聪调出总师办，到总体室当主任，后来孙聪一路成长起来，现任中航工业副总工程师。在歼8Ⅲ型飞机研制的紧要关头，杨凤田运筹帷幄，把几位有真才实学、人品出众的年轻人提拔到"一把手"的位置上，让他们在型号研制的大风大浪中去摔打、去锻炼，增长掌握全局的能力。从而他带出了一个有战斗力的团队，成为了601所的中坚力量。

不打不成交

"友谊只能在实践中产生,并在实践中得到保持。"[①]

2005年,空军辛副司令员带着机关人员到沈飞公司调研,研究解决歼8系列飞机和歼7飞机加夜航设备等问题。在讨论加装航行灯方案时,意见分歧相当大,各不相让。杨凤田代表设计方提出的方案也遭到军方的质疑。这时杨凤田说:"辛副司令员就是这么交待的。"空军的一位参谋听后,有些不解,"辛副司令员是代表空军的,怎么没有跟我们这些办事人员说过呢?"他对杨凤田的话怀疑大于相信。杨凤田看出了这位参谋的心思,就说:"不信,咱们就去问辛副司令。"这位参谋想:"去就去,我一个参谋,怕什么?"于是拉着杨凤田的手去找正在沈飞公司宾馆开会的辛副司令。结果验证了杨凤田说的是对的,这位参谋感到有点丢面子。不过从这以后两个人的感情得以升华,随着交往的频繁,参谋对杨凤田的人格魅力也有了新的认识,从杨凤田身上学到好多有关飞机的知识和有关做人的道理。他佩服地说:"杨凤田有很高的政治敏感性,很强的管理能力、沟通能力和语言表达能力,很深的技术功底和果断的决策能力。大多数总设计师在这些方面都无法与杨凤田相比,他不愧为最合格的型号总设计师之一。"让这位参谋更为佩服的是杨凤田的外交能力。他善于与领导层、机关、各分系统总师沟通、打交道。当遇着重大棘手的问题时,总是有办法找机会把问题用简练而准确的语言反映到有关领导和机关里去,让领导听得明白,并接受他的意见。

这位参谋比杨凤田小十几岁,他们在工作中产生了友谊,也在工作中保持与加深了友谊。参谋把杨凤田当做尊敬的长者,知心的朋友,两人已成为忘年交。

鉴于杨凤田的外交能力出众,好多人都称他是"通天总师",是总师系统中的"外交家"。

[①] 歌德:《格言和感想集》。

"凤"舞蓝天——记中国工程院院士杨凤田

直通司令员

"历史上所有伟大的成就,都是由于战胜了看来是不可能的事情而取得的。"①

2004年,JBIX型飞机在空一基地进行BGD导弹的靶试,每进行一次靶试都是很不容易的事。因为靶试能否进行取决于人员、测试设备、飞机、靶机、导弹和天气诸因素,每一个因素都必须满足靶试要求的条件,否则就不能进行靶试。一次,杨凤田到了现场,看到一切条件都已具备,他高兴地认为今天可以打靶了。可是有人告诉他:"今天打不了,因为没有地面指挥员。"经杨凤田详细了解,才知道地面指挥员何副参谋长已经去北京开"十号工程"的表彰会去了,而且何副参谋长是受奖者,必须参加会议。这让杨凤田有点猝不及防,他想:"好不容易等来一个好天气,就因为何副参谋长不在而不能飞,这太可惜了,应该把他调回来。"他便去找相关单位说明靶试如何重要,并请求把何副参谋长调回来,可是都说解决不了。他又给空司科研部打电话,一位很有来头的部长接了电话,告诉他:"现在正在开会,几个党委常委都在这里,会议很重要,何副参谋长不能回去。"杨凤田听后有点急了,便问这位部长:"谁能解决问题?"部长告诉他:"除非乔司令员下令,何副参谋长才能回去。"这位部长以为杨凤田不敢找乔司令员,这样就可以把问题搪塞过去。然而杨凤田从来都是想办的事情一定想办法办成。因此,他拿起电话(给他配的专线),直接打到乔司令的办公室,秘书接了电话,杨凤田说明意思,秘书叫他稍等,便去请示司令。过了一会儿,秘书回了电话说:"何副参谋长进京开会是乔司令批准的,会议很重要;但是JBIX型飞机的靶试也很重要,时间不等人哪,同意何副参谋长立即回去。"杨凤田放下电话,高兴地对试飞人员说:"好好准备吧,乔司令同

---

① 卓别林:《卓别林自传》。

意把何副参谋长放回来了。"当天下午何副参谋长就回到了基地,连家都没回,直接到试飞现场研究靶试的工作。在别人看来办不成的事情,他办成了。

到了第二天,天气依然晴朗,参试人员热火朝天地做着打靶的准备。可是BGD导弹检测时却出现了问题,不能进行靶试。杨凤田知道后,有如当头一棒,让他有点生气。"好不容易把地面指挥员请回来,导弹又出问题,怎么搞的?"杨凤田生气归生气,还得想办法飞。他不愧为是有经验的指挥员,马上决定:"今天不打普通弹了,改打长弹道!"经过充分的准备,还真打成功了。前来观看靶试的空军马副司令非常高兴,向杨凤田表示祝贺。杨凤田笑着对马副司令员说:"要不把何副参谋长调回来,今天就打不成了",马副司令会意地笑了。

要求5分钟,汇报半小时

"腹有诗书气自华"[①]

2004年,JBⅨ型飞机在科研靶试中,主动雷达型导弹的打靶取得五发全中的好成绩。当时正是我国航天载人工程"神舟"五号做发射前的准备,军委副主席曹刚川到酒泉卫星发射中心检查发射准备工作,然后又到空一基地检查在研型号的试飞情况。在现场检查时,与杨凤田总师相遇,曹副主席早就认识杨总,他像遇到老朋友一样,主动伸出双手紧紧握住杨总的手,很亲切地问长问短,杨总也很自然地问候曹副主席。

在空一基地组织的汇报会上,由于汇报的单位多,会议主持人要求每个人汇报不要超过5分钟。当轮到杨总汇报时,他与曹刚川副主席打过招呼后,就开始了汇报。他没有拿任何书稿,讲了3分钟就不准备讲了。可是曹副主席好像刚听到紧要处,于是摆摆手,要他继续讲下去。杨凤田只好接着汇报,又汇报一会儿,便又停下来,曹副主席又摆摆手,还是让他继续讲。就这样反复两三次,

---

[①] 苏轼:《和董传留别》。

结果半小时过去了,会场上一直一片寂静,真可谓是落针闻声。杨凤田有章有节、有理有据的汇报,赢得了首长和同志们的热烈掌声。可是苦了会议主持人,在杨凤田汇报时急得团团转。因为会议时间有限,还有好几个单位要汇报,杨凤田把时间占用了,其他单位的汇报时间更短了,结果有的单位没能汇报上,会议主持人只好向人家表示歉意。

2004年6月,军委副主席曹刚川接见杨凤田等基地工作人员

整点实事,别玩虚的

杨凤田有着东北人的耿直率真。为了使我国战斗机的发展进入新的领域,他努力追求着,带领我国航空领域的精英们攻克了一个又一个关键技术,大大缩短了我国战斗机的作战能力与世界先进国家的差距,杨凤田勇于创新、敢于挑战新技术的精神激励着武器系统设计的精英们!

根据国家安排,我国自行研制出了一种较先进的 BGD 雷达导弹。在第一次装上飞机进行发射试验时,仿真试验与 CTS 风洞试验所测得的数据有些不一致。

在这种情况下,第一枚火箭弹是否可以按计划进行空中发射?专家们各持己见,意见不统一,大家争论不休,因为试验还涉及到载机及飞行员的安全。杨凤田和导弹院的董秉印、刘永春总师等都坚持以事实为依据,用数据说话。因此,重新整理分析了仿真试验数据,重新审查了 CTS 试验的输入条件,再比对空中发射试验的飞行包线、弹导包线及发射条件,同时结合往年其他型号火箭弹的发射经验,找到了两种试验数据不一致的原因。在关键时刻,杨凤田以他那亲切的令人震撼的浓浓的东北腔说道:"通过数据分析证明,空中火箭弹发射试验应该是安全的,要相信仿真数据,要相信吹风试验数据,同时还要采用新的技术,采用创新的分析方法具体分析新的空中试验程序,科学的东西要求我们必须整点实事,别玩虚的,更别吓唬自己,我决定按计划进行空中火箭弹发射试验,责任我负!"真是大将风范,一句"责任我负"需要多大的勇气,又承载了多重的压力呀!那不是简单的地面联试,那是涉及到飞行员生命及国家财产安全的重大试验,能做出这样的决定,再一次证明了杨凤田这个领军人物的胆识和责任心。空中发射试验圆满成功了,在人们的欢呼声中,杨凤田的压力也随之烟消云散。科学不需要华丽的语言、激昂的豪言壮语,需要的是"整点实事,别玩虚的"。杨凤田就是在科学试验面前迈着踏踏实实的步伐,开拓我国航空新领域的领军人物。

他不是个退休老头吗?

"静以修身,俭以养德。"①

杨凤田出生在农民家庭,从小就养成了艰苦朴素、吃苦耐劳的精神。随着时光的飞逝、职务的升迁,经济条件也不断好转,但他仍保持着农民的本色。在空一基地跟飞时,官兵们总是看见他冬天穿一件已褪色的旧羽绒服,春秋穿

---

① 诸葛亮:《诫子书》

"凤"舞蓝天——记中国工程院院士杨凤田

一件旧中山装,有人说是蓝大褂。他经常在路上散步,东瞧瞧西看看,遇着熟人或战士总是先打招呼,问长问短,唠唠家常,十分和蔼可亲,都以为他是基地的退休老头呢。

杨凤田衣着随便、普通,在吃上也是低标准。他参加会议很多,会议的伙食自然比自己家里好得多,有些人借参加会议之机大饱口福,可杨凤田却不喜欢吃会议灶,一有可能就要个炒土豆丝或炒黑木耳,粗茶淡饭足矣。有些吃会议灶的人看到他吃的饭菜竟有些过意不去,甚至有些不理解。在基地跟飞时,他和参试人员一样早餐是稀饭、馒头、咸菜,午餐在机场吃盒饭,晚上吃面片,都是家常便饭。他也和其他试验人员一样住在招待所里,房子冬天透风,夏天燥热,有时五六个人睡在一张大通铺上,他从不在意这些,而是和大家一起乐乐呵呵的,在休息时间里,与大家一起唱歌、打牌,非常随和,以他的人格魅力感染着每一个人。

他当了院士之后,仍一如既往,过着简单淳朴的生活,无论在身体上还是在精神上,这对他都是很有益的,而且也赢得了大家的敬佩。

撞在大门柱上

"凡事欲其成功,必须付出代价——奋斗。"[①]

在基地进行靶试时,有时工作很紧张。做靶试前的准备,或者排除靶试中出现的故障,往往需要夜以继日地工作。可是有时飞机准备好了,还要等天气好才能飞;有时天气好了,飞机没准备好,或者测试设备出了问题,也不能飞。因此要飞一个起落常常要等上两三天,甚至更长,这时跟飞人员无所事事,基地是弹丸之地,无地方可去,憋在屋里打麻将、玩扑克,时间长了,也就烦了。杨凤田是闲不住的人,看见配给跟飞队的一辆旧皇冠车,就动了心思,何不乘

[①] 爱默生:《散文集》。

机学一下开车呢?他要学开车,自然没有人拦他,而且在基地学开车确也方便,因为有广阔的场地,还有司机教。他很快就学会了,可以放"单飞"了。他和常人一样,刚学会开车,很有兴趣,一有时间就开车出去转几圈。越开越熟练,胆也就越大。有一次,开着车出招待所大门时,车速虽然减下来了,但较往日还是快了些,加上大门比较窄,就撞在了大门柱上,车灯也撞坏了。在学车的路上,他也付出了代价。第二天,基地王司令见着他开玩笑地说:"你厉害呀!但我们的门柱子比你的车厉害,没给撞坏!"杨总不好意思地说:"对不起了!我的车是没有你的门柱子厉害!要不,我的车也不会撞坏了。"

慈父般的爱

"为朋友提供方便,也即为自己做好事。"[①]

在酒泉靶试的时候,杨总已近花甲之年,而与他一起的参试人员大多数正当而立之年,于是有些人就叫他"杨老爷子",尊他为长者。忘年之交,犹如父子之情。在靶试中,当出现了难以解决的问题时,年轻人的心里就像压了块石头,很是沉重。这时总能听到杨总那父亲般的话语:"孩子,不要有心里包袱,放手干,出了问题我来负责。"这让人信赖的声音,使年轻人的心里踏实下来。当发现各项试验参数没有达到最佳状态时,他又提醒大家:"决不能有任何侥幸心理,问题一定要解决",以保证试验顺利进行。

进入夏季,太阳毫不吝啬地将自己的光和热投向了空一基地,机场的水泥地面也被晒得发烫,走在路上,鞋底活像被涂了胶水,每走一步都发出东西被撕裂的"吱吱"声,原本已经快沸腾的空气已让参试人员大汗淋漓、酷热难当,可这时又混入了电源车起动后发出的热气和油气,这混合后的空气强烈刺激着每个参试队员的鼻腔。就是在这样恶劣的环境下,杨院士和其他的试验队员一

---

① 依拉斯莫:《家常谈》。

样,仍然坚守在自己的岗位上,汗水浸湿了衣背,强烈的紫外线灼伤了队员的皮肤,不少年轻同志都有些吃不消,但当望见杨院士那矗立在阳光下的背影,看着他淌着豆大的汗珠仍然忙前忙后,协调组织试验工作,在场的年轻人无不油然升起了敬佩之情。长者的榜样,无人敢言苦和累。

到了秋季,基地玉露生凉、花木枯萎、寒气袭人。试验队进场已经半年有余,队里弥漫起了思乡的情绪,这时的杨院士像慈父一般关心着试验队的每一位队员。无论在工作现场还是在驻地或食堂,杨院士总是以他乐观的情绪感染着每一个人,和每一个参试人员聊天拉家常,到处充满着他爽朗的笑声和诙谐的言语。让参试人员感到这里就是家,这里有亲人,心情愉快地去完成试验任务。

空一基地的冬天来得特别早,也特别冷,风刮在脸上像刀割一样疼。有些南方来的同志冬装准备不够,杨总经常大笑着说"我们东北人耐冻",接着就把大衣披在南方来的小同志身上。好像父亲爱护自己的孩子一样,关心着他人的冷暖,而他自己却忍受着寒风的侵袭。他经常是这样,在别人危难的时候,肯伸出有力的手去帮助,从中他也获得了快乐。

为了照顾杨总,601所特地为他配了一辆小车,可他却不坐,把它让给别人。每次去试验现场,他总是第一个上大客车,坐在车门口的位置上,然后与上车的人打趣开玩笑,车里始终洋溢着和谐温暖的气氛。在那寒冷的冬日,他用真诚友善的心温暖着每一个人。慈父般的爱让每一个年轻人都充满热情地去完成每一项任务。

顾全大局,团结协作

"天时不如地利,地利不如人和。"①

---

① 孟柯:《孟子·公孙丑下》。

在 JBⅨ型飞机试飞靶试期间，飞机一直未出现问题，即使出现一些小问题，在杨凤田的组织下都能立即解决，未影响导弹的后续飞行。可是导弹系统却经常出现问题，排除故障也比较困难，这不免影响了试飞的进展。

在弹机之间经常争吵的情况下，飞机系统的人不免有时流露出袖手旁观的情绪。每逢这时杨凤田就会不厌其烦地告诫大家："没有导弹就没有飞机，就形不成有战斗力的先进飞机武器装备。一定要把导弹促上去，现阶段我们飞机就是为导弹服务的。我们要顾大局、识整体，要有宽大的胸怀，多体谅、少指责，要同舟共济。"他要求大家要从整体利益出发，能为导弹帮忙的就尽力去帮，不能帮忙的也不准说风凉话。

在导弹攻关期间，杨凤田每天都到导弹研制单位住地去了解情况，帮助出主意、想办法。有时间还和他们谈心，问问有什么困难，以缓解导弹系统技术人员的压力。当导弹发生空中折断解体故障时，主动派出601所气动专家帮助分析解体原因，写出分析报告，解决了问题。导弹研制单位的人员既感动又感谢。导弹的故障解决了，飞机的试飞进度加快了，BGD工程研制的各方都受益了。这就是杨凤田顾大局、识整体、团结协作的结果。

工作着就是快乐着

"一个有真正才能的人能在工作过程中感到最高度的快乐。"①

飞机武器系统试验工作是一项庞大复杂的系统工程，其工作质量直接关系着飞行的安全和飞行员的生命，可以说头绪多、难度高，从制定试验方案、组织实施，到解决试验中临时出现的各种紧急问题，都要心细胆大，思维敏捷，来不得丝毫马虎。系统试验的总指挥就是杨凤田，无论是在系统仿真实验室，还是在外场试验基地，到处都可以看到杨凤田的身影，听到他雄浑高亢的

---

① 歌德：《歌德谈话录》。

"凤"舞蓝天——记中国工程院院士杨凤田

声音。

有一次，在试飞基地进行飞机系统试验，西北大漠毒辣辣的太阳暴晒在停机坪上，周围温度让人窒息，同时电源车、气源车的轰鸣让人崩溃，流出的汗水蛰得人眼睛疼，电脑屏幕上的反光逼着眼睛眯成一条细缝，还要分析试验数据，真的害怕出半点差错！讨厌的烈日本来就烤得试验人员心烦，试验的反反复复就更让他们心燥难耐，可现场指挥的杨凤田依然有条不紊，认认真真地指挥着试验顺利进行。当他看完试验数据后，去征询整理数据的小董的意见，小董心底的厌烦瞬间爆发："第一，试验现象明确，试验数据吻合，同一试验已进行了两遍，还要进行第三次？有必要吗？第二，××产品输入数据正确，输出数据异常，很明白的事情，让××产品给个说法就是了，还要大家都陪着受罚？"杨凤田带着浓浓的东北腔说："老天爷考验咱们，实在太热！大家克服一下。试验大纲要求验证3次，别含糊。小董有意见了，××产品的问题就是系统问题，系统问题还得在大系统中验证，试验现场听我指挥，大家就位，现在开始试验……"

试验结束后，看到脸被晒脱皮的杨凤田依然笑容满面，小董很不解地问他："你已经是什么都不缺的老专家，为什么受这么大的罪，还有这么高的积极性？"性格一向豪爽的杨凤田告诉他："工作时光就是最快乐的时光，解决问题后的笑声是发自肺腑最开心的笑声！跟你们这些年轻同志在一起我不感觉到老，看着咱们的战斗机起起落落，我心里舒坦，工作着就是快乐，我真离不开飞机！"春夏秋冬，四季变换，杨凤田率领试验队经历着西北大漠漫天飞舞的沙尘、瞬间来临的遮天蔽日的狂风、烈日当空肆无忌惮惟我独尊的骄阳，有时脸像被刀子割，有时脚冻成冰坨坨。在这样恶劣的环境下，杨凤田爽朗的笑声、洪亮的号令声，依然响彻大漠深处，依然温暖着每一位试验人员的心灵。

如今，杨院士已功成名就，光彩照人。这正是"江山代有人才出，各领风骚数百年。"[1]

---

[1] 赵翼：《瓯北集·论诗》。

第十五章　院士逸事

靠学习造就自己

"善学者假人之长以补其短"①

杨凤田在主持飞机型号研制中,显示出极强的组织能力、攻关能力、决策能力、办事不拖泥带水的能力,给所有参研人员和上层领导留下了深刻的印象。

他之所以有这些能力,是因为他有渊博的知识和丰富的经验。"古今中外有学问的人,有成就的人,总是十分注意积累的。知识就是积累起来的,经验也是积累起来的。"② 杨凤田的知识和经验也是靠他的勤勉而顽强的学习、钻研,一点一滴地积累起来的。杨凤田有很好的天赋,有很强的记忆力和灵气,而且又勤奋,善学书本上的知识,这使他的天赋更有价值。是书使他变得更聪明,造就了他,成就了他的志向和梦想。

他自从上学读书,就勤奋学习,小学、中学直至大学,学习成绩一直名列前茅。在哈军工读书时,因病住院4个月,靠借同学的笔记自学课程,期末考试成绩仍然优秀。参加工作后,学校学习的专业知识显然是不够用的,何况他又搞飞机总体设计,不仅要懂飞机的结构、发动机的原理,还要懂飞机各系统、电器、电子、武器火控等方面的专业知识。于是他就向书本和技术资料索取。就是年近60岁,也不放弃学习。20世纪80年代中国引进了俄罗斯的苏-27飞机,很多资料是俄文的。为了迅速准确地了解掌握该飞机的性能和技术,他又开始

杨凤田在资料室查阅资料

---

① 吕不韦:《吕氏春秋》。
② 邓拓:《忆邓拓》。

"凤"舞蓝天——记中国工程院院士杨凤田

捧起俄语教科书自学起来。他在大学是学俄语的,学得还不错,毕业后曾翻译过一本俄文书籍。可是多年不用,基本忘光了。再捧起俄语书,犹如从头学起,这对于一个近60岁的老人来讲,是何等不易呀!有人好意地对他说:"你这么大岁数了,还学它干啥,能记得住吗?"然而他只当耳旁风,照样坚持学下去。"少而好学,如日出之阳;壮而好学,如日中之光;老而好学,如炳烛之明。"①炳烛之明,也可以照亮前程,照亮人生。他坚信靠勤勉而顽强的学习、钻研,定会百尺竿头更进一步。

杨凤田不仅从书本里索取知识,丰富阅历,还善于在实践中学习。在新机研制中,新技术、新知识层出不穷,在试验、试飞中,他学到了好多书本上学不到的东西。他不耻下问,博采他人之成就,广泛地学习研究,使他适应了新技术发展,跟上了时代的步伐,站到了新技术、新知识的前列,使自己成为了专家学者。

杨凤田更懂得向老同志、老专家学习。刚参加工作时,对飞机的总体设计知之甚少。他就向老同志学习如何打样发图,如何编写技术文件,如何进行总体协调等。飞机设计的领军人物顾诵芬院士、管德院士都是总体室出来的,杨凤田与他们同在一个室工作,后来他又成了顾总的助理,这真是天赐良机。"和聪明的人在一起,自己也会变得聪明起来。"①杨凤田在心里把顾总、管总当成自己的老师,虚心向他们请教,细心地观察,不仅学他们的技术知识,还学习他们如何做人,如何做事。强将手下无弱兵,名师出高徒,长时间耳濡目染,杨凤田从顾总那里学到了飞机设计的技术、知识与经验;从管总那里学到了组织管理的才干。从而他集顾总、管总两人的优点于一身,成了政治敏感性高、管理能力强、技术水平功底深、决策果断的少有的型号总设计师。杨凤田靠他从学习中所得到的一切造就了自己,渊博的知识、丰富的经验,使他实实在在地胜过他人。

---

① 米南德:《自责者》。

附 录

中国优秀知识分子的代表
——记与杨凤田院士一起工作感受最深的几件事情

613所副总设计师　　张申有

本人有幸跟随杨凤田院士干歼8系列已近20年了，受益匪浅。从他身上我看到了中国传统知识分子的优秀品格，他有着强烈的使命感、责任感和航空报国情节；他善于学习、勤于思考；善于钻研，耐得住寂寞，"航空报国、强军富民"宗旨和"敬业诚信、创新超越"的理念在他身上体现得淋漓尽致。

学识渊博，专业功底深厚

对国内外航空工业的发展及各型战斗机的情况研究得非常透彻，并且有独到的见解，对歼8系列飞机更是了如指掌。无论是在技术方案论证会上，还是技术问题分析会上，杨院士对大家提出的问题，都能给予详尽的讲解，使大家心服口服。2000年9月，JBⅦ型飞机在空一基地进行靶试鉴定时，由于导弹无法识别，导致靶试无法进行。杨院士亲自主持试验方案的制定并对试验数据进行分析，经过两个多月的攻关，力排国内资深导弹专家和火控专家的异议，指出问题的根源就是连续波对400赫兹电源过于敏感所致，提出了连续波的改进意见。连续波经改进后，问题得以解决，靶试鉴定顺利完成。2008年2月，JBDⅨ型飞机在空军试验训练基地一区试飞时，多次发生综合任务管理处理机CPU2复位现象，致使靶试工作无法进行，为此，613所组织了强有力的攻关队伍，但20多天过去了，对电磁干扰、环境温度变化、虚焊及软件等有可能引起CPU2复位的诱因都进行了认真细致的分析、验证和排查,却始终找不到问题的根源,大家心急如焚。3月7日,杨院士再一次给我打电话询问进展情况后提出两点建议:

(1) 看电源带载能力在电源波动和环境变化的情况下是否足够;

(2) 看CPU2在电源波动时驱动能力是否足够。

按照杨院士的指点,我们在这两方面进行了认真分析和充分验证,果然发现是CPU2数据线驱动能力由于余量不足,在电源瞬间波动引起的电流波动下,造成瞬时驱动能力不够,导致CPU2发生复位。我们将上拉电阻网络由4700欧改为1000欧以增加CPU2数据线驱动能力后,问题得到最终解决。在空军试验训练基地一区组织的归零会上有数位专家提出,这个问题常人很难想到,你们是怎么发现的。我把杨院士给我的指点做了介绍后,大家都对杨院士深厚的专业功底和丰富的工程经验钦佩不已。

敢为人先,勇于创新

当14所研制出了新型雷达样机后,却找不到验证平台,是杨院士亲自出面协调,落实一架歼8D型老飞机作为验证平台,并率先将验证成功的系列产品及时推广应用到JBⅦ型、JBⅨ型等飞机上去,使国内战斗机机载雷达上了一个新台阶;在歼8D改JBⅨ型飞机时,又提出了任务系统应高度综合的设想,并亲自主持了方案的可行性论证,最终将JBⅨ型飞机火控计算机、外挂物管理处理机、接口组件、显示控制处理机和新上产品头盔瞄准具等产品的功能,全部集成到一个综合任务管理处理机里并兼备双数据链功能,实现了任务系统的高度综合,大大减少了组件的数目,增强了系统的可靠性,也为飞机系统的功能扩展留足了空间。

极富号召力

由于杨院士有着独特的人格魅力,所以号召力极强,无论是部队还是工业部门,无论是单位还是个人,只要是杨院士安排的事,大家都会心甘情愿地尽全力去做好,而且不计任何得失。歼8D型飞机04架做某型雷达-1验证平台时,613所专门对平显火控系统做了较大改进,无论从人力上还是物力上,613

所都甘愿自己承担，没要一分钱费用。

身先士卒，和大家打成一片，不做甩手掌柜

无论是在试验试飞现场，还是在技术攻关现场，无论条件多么艰苦，总是身先士卒。这方面例子很多，我只举一个典型事例来说明。2000 年七八月份，JBⅦ型飞机在沈飞机场做试验时，杨院士每次都亲临现场，冒着 40 多度的高温，指挥地抓空、双机联试等试验。9 月底，转场空一基地进行靶试鉴定时，又亲临基地坐镇指挥。冬天和大家一起冒着零下 20 多度的严寒，顶着刺骨的寒风，早晨 6 点多就进场，用车灯照着飞机做试验，直到下午 5 点左右才撤场，中午就在外场吃盒饭，晚上组织进行数据分析，并制定第二天的试验计划，这种情况持续了两个多月。由于过度劳累，加之工作和生活条件又差，杨院士一度头痛得很厉害，大家都劝他回沈阳休息几天，但他坚持与大伙一起战斗，大家都被杨院士身先士卒、敬业诚信、无私奉献的精神深深感动。

平易近人，生活俭朴

认识杨院士的人都知道，他非常随和，平易近人，没有一点架子，并且非常关心大伙，无论是工作上还是生活上，总是给予无微不至的关怀，力争创造最好的条件，而他自己却非常俭朴，衣着朴素，不沾烟酒，不住高档宾馆，不管到哪里，总是一碗面条、一盘木耳炒鸡蛋足以，从不提半点要求，不搞半点特殊化。

杨院士感人的事迹和闪光点太多了，由于本人文字表达能力有限，只能草书这些，不当之处，敬请批评指正，谢谢！

"凤"舞蓝天——记中国工程院院士杨凤田

与杨凤田院士一起工作的收获与乐趣

615 所副所长　李锋

我有幸在杨院士的领导下,与杨院士共同奋战了 15 个年头,在与老人家一起工作过的近 5500 个日日夜夜里,深切感受到了老人家有着中国传统知识分子的使命感、责任感和航空报国情节。他有着高度的党性原则,善于学习,善于思考,善于钻研,敬业诚信,有着丰富的人生经历,有自身独特的人格魅力。

与杨院士一起工作,我们很少称呼他杨所长、杨总,总是敬称"老爷子"或"老板",这些称谓是老人家和我们朝夕相处一起奋战的缩影。"老板",是我们挂在嘴边很为顺畅的称谓,凝聚着对老人家工作的真实总结。有很多原因,第一,他是我们国家多个重点型号的带头人,是团队的"老板"。第二,国家利益高于一切,敢为人先,勇攀科学技术高峰,敢于向高新技术"叫板"。他老人家带领我们顺利成功地完成了 JBⅨ 飞机的各项研制工作,顺利地完成了各型武器的实弹靶试。尤其是 BGD 导弹(第四代主动雷达型空空导弹),第一次在我国军事装备中使用,涉及到机弹兼容、无线电修正指令发射、雷达照射兼容、飞行任务解算与装订等多项关键技术,属于武器装备的高精尖领域,国外对这方面技术严密封锁。在毫无经验和任何参考的情况下,时间紧、难度大,且面临着该项目不突破,后续多个型号难以进行的困难处境,正是凭着"老板"敢于叫板、不计个人得失的敬业奉献精神,他指挥有方,正确把握方向,带领团队攻克了该领域的全部高新技术,占领了制高点,为后续多个型号成功使用扫清了全部技术障碍,为我国军事装备跨上一个新台阶做出了杰出贡献。第三,敢于"拍板"。虽然老人家做到了先吃螃蟹,成为了武器装备首次使用 BGD 导弹的第一人,是一个划时代的成就,扬国威、振人心,但他并没有因此止步不前,而是向着一个更高的目标奋进——实施多目标攻击!不要说在当时,甚至到现在也只有美国掌握此项技术，而且没有大量形成装备。该项技术是提升武器装备的倍增器，可以达到以少胜多控制战场主动权的效果。虽然经过无数次论证，组织技术攻关，从技术层面上已经具备实施的条件，但是仍存在管理、协调等诸多风险，而且没有任何指令要求去做这件事情。做好了，对我国武器装备实现跨越式发展具有重大意义，但是完成不了或者完成不好，可能招致各种责难，对于老人家的名誉很不利。很多人劝过他，但是面对错综复杂的形势，老人家审时度势，大胆决策，干！正是老人家敢于"拍板"的魄力，感动了参研战线的全体将士。大家齐心协力，共同奋战，漂亮地完成了双目标攻击实弹靶试。那是一个激动人心的时刻！我们感到骄傲和自豪，我们成为了第二个掌握此项技术的国家！第四，老人家对技术要求严格、"刻板"。老人家总是亲临研制一线，和大家一起研究问题，找出解决问题的最佳办法，而且一直要求举一反三，以事实为依据，以数据为基础，一定要有解决问题的正确理由，不能有丝毫的含糊。和他一起工作的同志，既愿意和他同干，可以得到老人家的指点和帮助，又害怕和他一起，因为他对科学的态度真是一丝不苟、严谨缜密。大家既爱他的"刻板"，又怕他的"刻板"。第五，"有板有眼"，老人家对工程的管理，从来都是心中有数，计划安排合理，管理项目和团队系统有序。再复杂的项目，再艰难的过程，经老人家一筹划，思路清晰，任务分解和落实都有条不紊。

我们称老人家"老爷子"，是对老人家最亲切的称呼，也是发自内心的感谢。老人家在工作上是我们的老板，带路人，更是我们敬爱的长辈，他从来没有忘记对团队的关心和爱护。当我们取得成绩时，老人家像孩子一样与我们共同欢呼。一个亲切的拥抱、一个颇为时髦的击掌、一个亲切的抚摸，感动了我们研制战线的全体成员，跟他干，值！当我们遇到挫折时，我们着急上火，而作为老板，他更急，但是，老人家此时表现的是那么豁达，他一方面帮助想办法解决问题，一方面帮助我们解脱思想上的包袱。"成了是你们的，失败了我担着"，多么质朴的话语，让我们卸掉了负担，一次又一次攻克了难关。

"凤"舞蓝天——记中国工程院院士杨凤田

与杨凤田院士一起工作的回忆

618所 王若梅

1991年4月,在陕西户县李家庄进行歼8D受油机机载设备的429总线联调试验。当时,429总线系国际上的新技术属国内创新。因此,此项试验意义重大。时任型号总师的杨凤田亲临现场组织和指挥了该项试验。在他的领导下,克服了重重难关,顺利地完成了试验。他的表现至今难忘。

例如,歼8D受油机参加429总线联调试验的机载设备包括惯导系统、平显火控系统、大气计算机系统、雷达系统、飞行指引仪和飞行参数记录系统等。参加试验的单位多,人员也多。联试过程中出现故障和技术问题时,各单位之间就会互相埋怨、扯皮,杨凤田在现场一方面及时地协调各单位,明确责任和任务;另一方面耐心地给大家做思想工作,使大家都心服口服,静下心来想方设法排除故障或解决技术问题。最终,顺利地完成了联调试验。

又如,李家庄的生活条件很艰苦,每逢下雨天招待所地上全是泥浆,与农村差不多。杨凤田一直和大家同吃同住,使大家很感动,也深受鼓舞。

试验完成后,离计划完成节点已很近了,因此急需将产品送往沈阳,进行装机联试。当时李家庄地理位置偏远,交通十分不便,杨凤田果断地请总装备部调专机将产品直接空运沈阳,使联调工作得以按时圆满地完成。

杨凤田事迹

导弹院　赵利强

在20世纪90年代初期，美国在海湾战争中采用先进中距AIM-120导弹成功击落了伊拉克在禁飞区内的米格-21型飞机。AIM-120是一种第四代复合制导雷达型空空导弹，可以超视距、全天候、多目标攻击，与此同时其他先进国家也成功研制出了此类导弹，而我国还停滞在第三代雷达弹的研制水平。在此情况下，我国也决定开始研制第四代雷达型空空导弹。

研制雷达型导弹必须有一个配套的机载武器火控系统，必须解决机弹分离技术、中制导技术、末制导技术。为了解决上述3项关键技术，在飞机上必须完成3项大型试验。杨总对待科研作风严谨、实事求是，在关键时刻按科学规律办事，用实际行动解决科研中遇到的关键问题，为先进第四代导弹的研制奠定了技术基础。

机弹安全分离试验

在国外进行此项试验前需要进行大型风洞CTS吹风试验，当时只有美国、俄罗斯和法国有此项技术，到国外去完成本项试验无论从时间、经费和政治上来说都是不可能的。在这种情况下，杨总果断决策采用火箭弹发射进行逐步逼近验证。这是大胆的决定，在国内是首次进行的尝试性试验，需要有多年的试验经验才有勇气及胆量做出这么大胆的决策。

在经过一系列工程计算、局部吹风试验之后，果断地在东北某基地完成了3发火箭弹发射试验，试验取得圆满成功。此项试验的成功为后来程控弹发射、制导弹发射打下了坚实的基础。在型号研制的关键时刻，在我国的试验手段不具备条件的情况下，我们的航空领军人物再次用聪明与智慧攻克了技术堡垒。

对准导航试验

对于红外型空空导弹,由于发射距离近,发射前导弹在飞机上就截获目标,对系统误差要求比较低。但超视距导弹在发射前需要进行坐标对准,而飞机本身是弹性体,存在动态变形误差,导弹与飞机进行动态对准是一个国际难题。在技术难题面前,杨总尊重科学,带领课题组刻苦钻研,求真务实。课题组在杨总的组织下一丝不苟进行了机翼变形测试,经过数据分析处理后在火控解算中对飞机机型的变形进行了动态误差修正。经过对准导航验证试验后证明,载机与导弹的对准误差,载机、导弹的导航误差均满足要求,为后续系留试验打下坚实的基础。

银灰色的飞机、银灰色的头发,看起来是那样相得益彰。杨总以一名老学者、老专家、老领导、老朋友的身份带领课题组孜孜以求、不断攻克技术难关的精神激励着每一位试验的同志。如果没有杨总大胆的创新、果断的决策,我们还在小心翼翼地跟在别人后面,不敢超越,不敢越雷池半步。

系留飞行试验

雷达型导弹是超视距导弹,要准确命中目标需要机载雷达、惯导、火控等一系列误差均满足要求,这样才能保证导弹末制导时截获目标。为了验证此项工作,在杨总组织下,由导弹院、沈飞公司、601所、615所、613所等十多家单位参加,在沈飞公司机场进行了大量系留飞行试验。经过多次试飞,最终对雷达误差、惯导误差进行了验证,使导弹在系留飞行时每次都可靠截获目标,为后续空中靶试打下了坚实基础。

在某飞机上进行的3项大型试验都取得了成功,为后续多型飞机加挂雷达型导弹锻炼了一批人才,打下了技术基础。

杨总的言传身教也在长期的科研与试验过程中感染着一大批年轻人。我们感受到了杨总顽强的科研作风,浓厚的学术风气,果断干练的领导才能。

关于杨凤田的一件事

618 所　张保京

1993 年 8 月，歼 8D 受油机 563B 惯导系统在阎良机场试飞过程中，特别是在飞机发动机起动时，惯导计算机曾多次出现"死机"，使系统无法工作。另外，还出现了速度误差异乎寻常的"大数"，而在地面重新起动系统时，该现象不复现。当时，成为了试飞中的一个"拦路虎"，引起了试飞现场指挥部以及飞机总师系统的高度重视。

时任飞机型号总师的杨凤田非常关心惯导在试飞中出现的问题，亲自到 618 所参加技术讨论会，分析故障原因，积极出谋划策，具体提出了 3 条意见，我们很受启发。根据会上大家的分析，618 所积极组织技术攻关，通过分析试飞数据、现场测试以及大量的地面模拟试验，终于搞清了造成"死机"和"大数"的原因。主要是当惯导计算机 5 伏电源受到干扰出现负尖峰并低于某一电压时，就会出现"死机"。显然，一方面系统必须提高自身的抗干扰能力；另一方面，一旦出现"死机"，计算机应有"激活"功能。为此，当时在系统采取了几项措施，如加强 5 伏电源的入口滤波，保证 5 伏电源波动在允许的范围内，以防止负尖峰干扰造成 5 伏电源幅值瞬间过低；增加软件"激活"功能，使计算机重新复活等。

由于采取了以上措施，在 9 月以后的试飞中再未出现过故障，保证了定型试飞的顺利进行。

"凤"舞蓝天——记中国工程院院士杨凤田

航空人的领军人物——杨凤田

导弹院 董秋杰

第一次相识

第一次认识杨凤田院士是在十几年前的一次某试验故障攻关研讨会上。试验的结果出现多种现象，各种现象之间互相纠结、错综复杂。飞机、发射装置、导弹的故障均导致怪异试验结果，同时还存在与怪异结果相矛盾的现象，正常的逻辑解释不通。各位专家、技术人员分别从不同角度分析试验现象可能产生的原因，有一位专家的分析涉及到飞机外挂的输出与发射装置的输入如果不匹配，飞机供电电源在此时的某种特殊情况下如果出现抖动，结果就会导致其中一种怪异现象的产生。由于当时没有图样，许多专家无法分析相关的电路，这时一位花白头发老者沉思着挥笔在白板上画出了复杂的飞机相关电路，结合电路又给出自己分析的结论。飞机的电路如此复杂庞大，关键、重要的设计牢记在心是理所当然，但分析过程专家随意提到的一个小电路他都如此清晰，分析的结论还那么透彻，我想当然认为这花白头发的老头肯定是相关设计人员，便忍不住打听这老头的姓名。别人很自豪地告诉我："什么老头？他是沈阳601所副所长，大名鼎鼎的杨凤田老板。"我当时就愣住了，敬佩之情油然而生。601所副所长居然对技术掌握得如此透彻，说明他一直工作在科研一线，直接领导飞机武器系统的设计工作。在后来的型号研制岁月里，我明白了这个老专家真的是工作在科研一线，是为国家航空事业献身的真真正正的专家学者。

性格豪爽，认真工作并快乐着

飞机武器系统试验工作是一项庞大复杂的系统工程，其工作质量直接关系着飞行的安全和飞行员的生命，可以说头绪多、难度高，从制定试验方案、组织实施，到解决试验中出现的各种紧急问题，都要心细胆大，思维敏捷，来不得丝毫马虎。系统试验的总指挥就是杨老板，无论在系统仿真实验室，还是在外场基地，研制试验的各个阶段都可以看到杨老板的身影，听到杨老板雄浑高亢的声音。

有一次，我在飞机机翼下配合进行系统试验，祖国西北毒辣辣的太阳暴晒在停机坪上，感觉周围温度让人窒息，同时电源车、气源车的轰鸣让人崩溃，汗水蛰得眼睛疼，电脑屏幕上的反光逼着眼睛眯成一条细缝，还要分析试验数据，真的害怕出半点差错！讨厌的烈日本来就烤得人心烦，试验的反反复复就更让我心燥难耐，现场指挥的杨老板依然有条不紊，认认真真地指挥着试验。在征询对试验数据分析意见的时候，我心底的厌烦瞬间爆发："第一，试验现象明确，试验数据吻合，同一个试验已进行了两遍，还要进行第三次？有必要吗？第二，××产品输入数据正确、输出数据异常，这是很明白的事情，让××产品给个说法就是了，还要大家都陪着受罚？"杨老板操着浓浓的东北腔说道："老天爷考验咱们，实在太热！大家克服一把。试验大纲要求验证3次，别含糊。小董有意见了，××产品的问题就是系统问题，系统问题还得在大系统中验证，试验现场听我指挥，大家就位现在开始试验……"

试验结束后，看到脸被晒脱皮的杨老板依然笑容满面。我很不解地问："杨老板，你什么都不缺的退休老专家，为什么受这么大的罪还有这么高的积极性呢？"性格豪爽的杨老板告诉我："工作时光就是最快乐的时光，解决问题后的笑声是发自肺腑最开心的笑声！跟你们这些年轻同志在一起我从没有感觉到老，看着咱们的战斗机起起落落，我心里舒坦，工作着就是快乐，我真离不开飞机！"

春夏秋冬，四季变换，型号研制阶段的试验过程经历了西北漫天飞舞的沙尘，瞬间来临遮天蔽日不给丝毫空隙准备试验撤场的狂风，肆无忌惮唯我独尊的骄阳；脸像被刀子割，脚冻成了冰坨坨。在恶劣的环境下，杨老板爽朗的笑声、洪亮的号令声，温暖着每一位参试队员，严谨细致的科研作风感染着每一位参试队员。在型号的磨炼中我深刻体会到我国老一辈专家院士"工作并快乐着"的境界,带着敬佩的心情我与杨老板成为忘年交。

整点实事,别玩虚的

杨老板有着东北人的耿直率真。为了使我国战斗机发展进入新领域,他努力追求着,带领我国航空领域的精英们攻克了一个又一个关键技术,大大缩短了我国战斗机战斗能力与世界先进技术的距离,杨老板勇于创新、敢于挑战新技术的精神激励着武器系统设计的精英们!

某重点型号空中第一枚火箭弹发射试验,仿真试验数据与 CTS 试验的数据有出入,第一枚火箭弹是否可以按计划进行空中发射?专家们各执己见,意见不统一,大家争论不休。涉及到载机及飞行员安全的试验是否进行?如何进行?杨老板和导弹院董秉印、刘永春总师等设计精英以事实为依据,用数据说话,重新分析仿真试验数据及 CTS 试验数据的输入条件,比对空中发射试验的飞行包线、弹道包线及发射条件,同时结合往年其他型号导弹空中火箭弹的发射经验,采用新的算法对仿真数据、试验数据及输入条件进行归类分析,经过对大量数据用新算法的归类分析,以及丰富的空中发射经验,终于找到了两种试验分析数据不一致的原因。在关键时刻,杨老板拍板空中火箭弹发射试验继续进行。他还是用那亲切的、令人震撼的、浓浓的东北腔说:"通过数据分析证明,空中火箭弹发射试验应该是安全的,要相信仿真数据,相信吹风试验数据,同时还要采用新的技术,采用创新的分析方法,具体分析新的空中试验程序。科学的东西要求我们必须整点实事,别玩虚的,更别吓唬自己。我决定按计划进行空中火箭弹发射试验,出了问题责任我负!"真是大将风范,一句"责任我负"需要多大的勇气,又要承载多重的压力!那不是简单的地面联试,那是涉及到飞行员生命及国家财产安全的试验,能做出这样决定,再一次证明了我们航空工业领军人物胸有成竹。空中发射试验圆满成功,试验数据证实了分析方法改进的正确性。没有华丽的语言,没有激昂的豪言壮语,科学需要的就是"整点实事,别玩虚的"。杨老板就是在科学试验面前迈着踏踏实实的步伐开拓我国航空新领域的领军人物。

靶试成功，幸福快乐

航空人克服了夏天西北戈壁滩强烈的阳光紫外线造成的皮肤灼伤，克服了冬天戈壁滩上的刺骨寒风和严寒冰霜，依然严格执行试验的操作规程，认真记录试验过程的每一个现象，坚持对任何试验疑点"决不放过"的信念，解决了系统存在的设计缺陷，攻克了研制过程中的一个个难题。付出辛勤的汗水，迎来收获的喜悦！重点型号空中靶试试验取得圆满成功！

在航空领域我们国家与世界先进水平还有很大差距，带着成功的喜悦，带着胜利的快乐，杨老板又投入到更高的追求中，带领航空精英们向更高的航空技术发起挑战！

"凤"舞蓝天——记中国工程院院士杨凤田

记杨凤田院士二三事

导弹院　李自荣

2010年4月，花满洛阳城。借着"两院院士航空行"的机会，我再一次和杨凤田院士在导弹院相聚，朋友相聚欣喜、愉快之余不免让人追忆起过去在一起工作时的点点滴滴，杨院士那平易近人但又严谨认真，真诚友善但又果敢直言的形象又一次浮现在我的脑海里。

想起我们的结识还是在10年前空一基地的一次靶试中，时值春季，杨院士爽朗幽默的话语，一次又一次给在场的参试人员带去了欢声笑语。就是这个自称"杨老头"的东北汉子，用他那犹如长白山、黑土地般厚重朴实的性格感染着身边的工作人员，让人们逐渐忘却了这个"杨老头"是一位德高望重的某型号靶试总指挥，而却把他当成了一位结识已久的长者；就是这样一位年过花甲的长者，与其他普通的参试人员一起奋战在靶试第一线。在靶试中的每一个攻关分析会上，他总是认真听取每一位同志的发言，边听边记，不时顺着你的思路启发探讨，集思广益。会后，他加班查资料，以自己丰富的才学和几十年的经验，发现关键问题，解决了一个又一个技术难关。靶试中，当出现了难以解决的问题，试验队成员的心里就像压了块石头，这时总能听到杨院士那春风化雨般的声音"不要有心理包袱，放手干，出了问题我来负责"，就是这让人信赖的声音，让每个试验队成员心里踏实了下来。当然，杨院士对于试验的细节绝对是严谨认真的。该型号靶试前，各种飞行条件试验中有一些参数没有达到最佳状态，"决不能有任何侥幸心理，问题一定要解决"，又是杨院士这坚定的声音，警醒着每个参试人员。

进入夏季，太阳毫不吝啬地将自己的光和热洒向了空一基地，机场的水泥地面被晒得滚烫。走在路上，鞋底活像被涂了胶水，每走一步都发出东西被撕裂似的"吱吱"声，原本已经快沸腾的空气，这时又混入了电源车起动后发出的热气和油气，这混合后的空气强烈地刺激着每个参试队员的鼻腔。然而就是在这样恶劣的环境下，杨院士和其他的试验队员一样，仍然坚守在自己的岗位上。汗水浸湿了衣背，强烈的紫外线灼伤了队员的皮肤，不少年轻同志都有些吃不消，但当望见杨院士那矗立在阳光下的背影，看着杨院士淌着豆大的汗珠仍然忙前忙后，协调组织试验工作，在场的年轻同志无不油然升起敬佩之情。就是在这个火热的夏季，他与大家一样，白天在飞机旁做试验分析数据，晚上和参试人员一起加班，饭点就和大家一起在露天吃盒饭，排故、试验、试飞现场，总能找到他的身影。空一基地早晚温差较大，有一次杨院士得了重感冒，医生劝他休养几天，但他没有休息，仍然坚持在一线工作。他的这种忘我的精神激励着我们全体参试人员，这时我更能感受到，比这个夏季更加火热的是杨院士对工作的热情。

秋季，试验队进场已经半年有余，试验队里弥漫着思乡的情绪，这时的杨院士又像慈父一般关心着试验队的每一位队员。无论在工作现场还是在驻地或食堂，杨院士总是以他乐观的情绪感染着每一个人，和每一个参试人员聊天拉家常，到处充满着他爽朗的笑声和诙谐的言语。然而面对工作他却是毫不妥协，当他了解到因为部门之间的沟通出现问题，影响到了靶试进度时，非常焦急，丝毫不顾及自己的身份地位，亲自协调各相关部门，希望问题能早日得到解决，使靶试顺利进行。一时间，果敢直言成了试验队成员对他的一致评价。

空一基地的冬天来得特别早，也特别冷，风刮在脸上像刀割一样疼。有些南方的同志冬装准备不够，杨院士经常大笑着说"我们东北人耐冻"，接着就把大衣披在别人身上。至今我还清楚地记得，每次在去外场时他从不坐配给他的小车，而总是第一个上到大车门口的座位上，然后和每一个上车的人打趣开玩笑，车内始终洋溢着和谐温暖的气氛。在那寒冷的冬日，杨院士用他那真诚友善的心温暖着每一个人，也让每一个靶试人员同样充满热情地去完成每项任务。

靶试虽然结束了，但是杨凤田院士那独特的人格魅力和朴实无华的工作作风已深深留在了我记忆中，还有杨院士对于祖国航空事业和国防现代化的追求也成为了我们年轻科技工作者学习的楷模，我所认识的老朋友杨凤田院士，就是这样一个刚毅执著、充满激情、观念超前的人，是一个对航空事业无比热爱，对国家和人民极具责任感的人。

凤翥龙翔图千里　壮志凌云傲长空
——我心目中的杨凤田院士

中国电子科技集团公司发展战略研究中心主任、
电子科学研究院副院长　许建峰

杨凤田院士是我极为钦佩和敬重的一位杰出科学家。在他的积极支持和不懈努力下，我们打破了西方发达国家的长期封锁，完成了我国第一部机载脉冲多普勒火控雷达的研制和列装。每当回忆起与他一起工作和奋斗的情景，总令我心潮澎湃，久久不能平静。

高瞻远瞩、决策英明的领导者

20世纪八九十年代，机载脉冲多普勒火控雷达技术，也就是人们常说的PD雷达技术，一直是美国等西方发达国家列为需要严格控制的核心技术。由于缺少PD雷达，我国国产战斗机不能下视下射。一度我们曾希望通过对美合作，解决这一制约我空军作战能力的关键问题。然而，80年代末中美关系的变化使得这一合作项目首当其冲，先是被冻结，继而被撤销。这也从另一个方面说明了美国人心中这类装备和技术的分量。

面对蛮横无理的封锁，党和国家领导毅然决然做出了依靠自己的力量研制"争气机"的决策，一个新的战斗机型号正式立项。不久，时任601所副所长的杨凤田不畏艰难，欣然受命担任型号工程总设计师。其后多年，我先是作为软件负责人，再作为研究部主管领导，负责该型飞机PD雷达的研制工作，因此得以与杨总有了很多接触，并长期追随在他的左右，辗转千里、攻坚克难、共同战斗。这一段时间也成为我人生当中最为珍贵和难忘的一段经历。

俗话说，"事非经过不知难"。由于新的型号需要解决多个领域中的关键问题,并且当时的资源投入也很有限,所以研制工作一直颇为艰难,甚至还遇到了意外的重大挫折。那时,我本人虽然主要着力于PD雷达,却也能从型号的整体进程感受到杨总所面临的困难和压力。

　　基于审时度势的战略判断和实事求是的科学态度,杨总一方面大力组织各级技术人员开展技术攻关和试验试飞,积极推动型号研制工作;另一方面抓住主要矛盾,果断提出了以PD雷达为核心的"小综合"系统方案,组织国内相关单位,以型号研制成果为基础,自筹资金,自带"干粮",开展系统集成和试验试飞,力求通过PD雷达的重点突破,填补下视下射空白,带动国产战斗机空战能力的整体跃升。对于这个战略筹划,当时我还不是完全能够领会,但后来的实践进程充分表明了其中的重大意义。

　　在型号研制的关键阶段,研制工作又一次遭遇重大挫折,整个工程的研制目标不得不做出调整,这对我们努力拼搏近20年,矢志于尽快填补我国PD雷达空白的几代科技人员来说,无疑又是一个十分严峻的考验。所幸的是,正是由于杨总的坚持和执著,我们"小综合"系统的方案丝毫没有放松,试验和试飞已经取得了很好的成效。在这个基础上,他又敏锐地抓住机遇,多方奔走、全力以赴地向各级领导宣传"小综合"系统方案的必要性、合理性和可行性,终于赢得了各级机关的认可,以此为基础正式开展了一型新机的研制,并纳入重点工程序列。这一重大举措,为我国第一部实用化PD雷达的诞生奠定了基础。

　　现在看来,正是由于杨总当初的远见卓识和主动作为,才能将"小综合"系统方案付诸实现,使我们在遇到重大挫折时不至于束手无策;也正是由于杨总的果断决策和锲而不舍,才使我们的合理方案及时得到方方面面的认可和支持,几乎陷于穷途的局面实现了逆转,整个研制团队精神为之一振,斗志更加昂扬,在较短时间内圆满完成了各项研制和交装任务。可以说,如果没有这型飞机的成功研制,我国在PD雷达领域的突破还需要花费更长的时间,还需要在其他型号上付出更多的努力。同时,发端于这型飞机的突破,我国PD雷达以及综合化航电系统呈现出迅速发展的可喜局面。

后来，在杨总的主持和带领下，我们又成功实现了 PD 雷达的多目标跟踪，有力支持了我国第一型空对空"发射后不管"导弹的研制。从空中加油到 PD 雷达，再到"发射后不管"导弹，攻克这几项制约我空军战斗力的关键技术问题，都是在杨总所主持的型号系列飞机上首次试验成功的，而这些都与他本人的卓越贡献有着密不可分的关系。

经验丰富、指挥若定的总设计师

战斗机的研制需要组织上百个单位、数以千计的工程技术人员协同作战，是一项十分复杂、耗资巨大的系统工程。很多先进技术，即使在实验室、制造车间已经很成熟，但到飞机上却可能难以经受无数次的飞行考验，进而影响到整个型号的研制进程。因此，作为一型飞机的总设计师，既要有渊博的知识，还要有丰富的工程实践经验，更要有超人的意志和毅力。长期与杨总共事的同志都时常为他所具有的这些优秀品质以及"化腐朽为神奇"的高超能力而叹服。事实上，每当研制团队遇到困难和问题时，杨总总能以他举重若轻的睿智和掌控全局的组织协调，迅速地理清思路、化解难题，使研制工作得以推进。在那些日子，杨总是我们工作上完全信赖和依靠的主心骨、顶梁柱。

记得当时的型号工程遭遇第二次重大挫折时，我恰好身处现场，眼看着长期辛苦和努力的成果顷刻间化为乌有，心中顿感无限沮丧和惆怅，不禁感慨军工报国之路何以如此艰难和坎坷?! 也就在此时，接到杨总的电话，他鼓励我们不要灰心，并结合自己长期的工程实践经历告诉我越是宏伟卓著的事业，越要准备经受艰难困苦的考验，在困难面前只要信念不倒、沉着应对、持之以恒，就一定能够取得最后的胜利。杨总当时的谆谆教导，至今我仍觉言犹在耳。也正是他语重心长的一番话，使我们很快扫除失败的阴云，信心百倍地投入到后续的研制任务中。

作为新机研制的重点，PD 雷达的技术攻关和制造交付是整个型号工作的重中之重。当时我是 PD 雷达研制工作的主要负责人，方方面面也承受着不小的压力。杨总对此深有体会，他一方面给予我这个 30 多岁的年轻人以充分的信任、理解和启发，同时主动地在计划安排上尽量考虑雷达研制的特点和难点，帮助我们出面协调和解决雷达与机上其他系统之间的各种对接关系，做出了很多既不违背科研程序、切合型号研制需要，又照顾到雷达实际可能的重要决策。这些决策直接体现了杨总对雷达研制工作的巨大支持，而这些支持对PD雷达的研制成功起到了至关重要的作用。

　　科学研究本身是一个从认识、到实践、到再认识的螺旋上升过程。我国PD雷达的研制也充分体现了这样的客观规律。20世纪90年代初，我们的雷达在试飞中暴露了很多问题，例如作用距离近、杂波抑制能力弱、跟踪不稳定、故障率较高等，这些问题既有制造工艺及元器件的因素，也有认识水平局限的因素。在新机型号立项时，我们结合技术攻关和试验试飞成果，提出对雷达进行天线、发射机等6个方面的重大改进，以提升雷达的性能。要知道，当时型号研制的任务本已十分紧迫，而在短时间内进行这种涉及面较广的更改，对雷达本身以及整个型号的研制进度都会带来不小的风险。作为型号总师，杨总对此十分地理解，并给予了充分信任和鼎力支持，从而使得改进方案得以顺利实施。我想，这固然由于杨总对客观规律的谙熟认识，也是基于他对前期工作的通盘掌握以及对我们这个团队的高度信任。在后来的试验试飞中，雷达的上佳表现证明了当初改进设计的正确性，雷达研制不仅没有影响整个型号进度，还为新机研制成功奠定了基础。时至今日，杨总还经常地感慨：你们当初的"六大改"实在是太必要了！

　　任务正式启动后，我们在不到2个月的时间内完成了雷达的设计投产，不到8个月的时间内完成了雷达S型件的联试及验收出所，不到10个月的时间内完成了2部雷达正式装机件的联试和军检出所，所有样机均以稳定良好的状态和优于指标的性能圆满完成了各项任务，在研制进度上创造了我国机载雷达研制史上多个新纪录，赢得了主机厂所、试飞单位和上级机关的多次好评。而所有这一切，都得益于杨总主持制定的突出重点的总体技术方案和实事求是的计划进度安排。在其背后，不仅仅意味着作为型号总师所要经受和承担的千钧压力和严峻考验，更印证和彰显出杨总作为老一辈科学家所具有的高度负责、胸襟坦荡、宽广包容的超凡气魄，以及周密组织、科学指挥、把握全局的卓越才能。

身先士卒、以身作则的人生楷模

榜样之所以令人感动，不仅仅在于可敬，更在于可亲。杨总作为一个优秀的大系统总设计师和技术攻关指挥者，不仅具有高瞻远瞩、总揽全局的谋划决策能力，同时也有脚踏实地、身先士卒的务实奉献精神。杨总有句口头禅："型号要上去，干部要下去"，正体现了他一以贯之的思想：飞机要飞起来，型号总师必须在一线，那里有许多技术问题需要去解决。杨总是这样想、这样说，也是这样做的。他平素心胸宽广、待人诚恳，不仅与高层领导保持着工作上的良好互动关系，也经常深入设计、试验和试飞现场，与各级技术人员一起加班加点，共同研讨技术问题。由于经常在一线，他与许多普通技术人员都结下了深厚的友谊。尤其难能可贵的是，杨总的身影还时常出现在生产、调试的现场，一线工人都能够从杨总的一举一动中感受到工程研制的形势要求，并且自觉地将自己的工作节奏同步到型号研制的整体进程上。在那些年，我们大家都有一个很深的感觉，就是和杨总在一起工作，个个生龙活虎，人人充满干劲。

PD雷达顺利完成基本功能和性能的试飞后，靶试就是型号研制的最后一个关键环节。因为是PD雷达第一次参与与空空导弹的对接，涉及到飞机内部众多分系统以及与导弹的射频、数字及软件接口，关系很复杂，并且需要经过从地面到空中多轮的反复试验。所以，杨总一开始就给予高度重视，辗转奔波，亲自协调有关各方，组织开展地面试验。一遇重大问题，随即调集国内相关专家开展会诊，及时采取对策，终于在较短时间内完成了新机与空空导弹的地面对接试验，为实弹靶试创造了必要的条件。

记得实弹靶试正是深秋季节，西北大漠已经是寒风凛冽。杨总率领上百人的试验队伍进驻基地。他自己住在一处狭小而简陋的招待所内，起居很是不便。白天他与大家一起风餐露宿、东奔西走，进行靶试前的各项准备。每天清晨，当太阳还在地平线之下的时候，我们的队伍就已经聚集在飞机周围，紧张而有

"凤"舞蓝天——记中国工程院院士杨凤田

序地进行着各项测试和试验工作。这时,总能见到身穿军大衣、神情矍铄、目光炯炯的杨总,顶着刺骨寒风与大伙忙碌在一起,时而倾听各分系统开机测试的情况,时而关注整个试验的进度安排,时而又根据试验情况与各单位领导联系,及时调度试验保障力量。这时,一望无垠的大漠上北风呼啸,讲一句话也得尽可能扯起嗓子或者找个避风的地方,然而我们从年届花甲的杨总身上看不出一丝老态和寒意,感受到的总是乐呵呵的爽朗情趣和不畏艰难的必胜信念。经过3个多月的艰苦拼搏,我们终于在杨总的带领下圆满完成了打靶试验,赢得了我国第一部PD控雷达以及新型战斗机研制的最后胜利。

杨总就是这样以自己的言传身教,默默地影响和感染着身边的每一位同志。他直率豪爽的性格,坦荡磊落的胸怀,对待事业执著坚毅、毫不动摇的信念,为实现目标能够舍弃一切包袱、冲破一切阻碍的精神,令我深受鼓舞和感动。一点也不夸张地说,正是得益于他的支持和关怀,我才能在还比较年轻的时候就为国防事业做出一些足以自豪的成绩;同时他的待人接物和行事风格对我后来的工作、学习和生活都产生了非常深刻的影响。

时光飞逝,转眼与杨总分手已近10个年头。回忆起与他一起战斗的情形,总是历历在目,仿佛就在昨天。在那些日子里,我亲身感受着杨总从容不迫、总揽全局、英明决策的工作作风,亲眼目睹他刚毅执著、身先士卒、舍身忘我地投入到国防事业中的动人情景。古人云:"智者不失时,勇者不避难。因难而见巧,愈险而愈奇。"杨总身上所展现出来的独特人格魅力及其所取得的有目共睹的斐然成就,使他无愧为一代楷模。杨总的谆谆教诲至今还时常回响在耳边,他的奋斗精神总使我时刻不敢懈怠,激励和鞭策着我在国防事业的漫漫征途上尽心竭力、排除万难、奋勇前进!

一片丹心在蓝天

——记歼 8 系列飞机总设计师杨凤田院士

中国电子科技集团公司 14 所副所长　陈国海

要说杨凤田院士与 14 所机载雷达的不解之缘，得从 20 世纪 80 年代初说起。当时国防工办提出，希望 14 所在机载雷达领域能有所发展。但 14 所长期以来一直都是以地面雷达为主，从未涉足过机载雷达领域，机载雷达是怎么回事，有什么要求，应该使用什么样的体制，等等，都不甚了解，更谈不上工程经验。

为了开拓机载雷达研制领域，1980 年，我所首先走访调研，调研的主要对象是航空系统的相关科研院所和厂家。经过走访，我们得到的信息还是很少。到了 601 所，我们与时任副所长的杨凤田进行了交流。他为人热情直爽，实事求是，谦虚而务实，具有极强的大局意识，给我们留下了深刻的印象。他告诉我们，机载雷达要求体积小、重量轻，要求采用脉冲多普勒体制实现在强地杂波背景下检测空中目标，技术难度大，在国内应该由高水平的雷达研究所来研制，他积极支持 14 所搞机载雷达。在 601 所的鼎力支持与 14 所人的不懈努力下，终于完成了方案及一系列相关课题的论证，并开始着手体制样机的研制，在技术上形成了可以与国内相关单位竞争的态势。在杨凤田副所长的全力支持下，14 所研制出了可配装歼 8 飞机的某型雷达 - 1，并取得了很好的试飞结果。一次，时任沈飞公司试飞大队长的黎廷光试飞员，飞完后对我们说："你们的雷达怎么像吃了兴奋剂一样，越看越远！"应该说，没有 601 所的支持，没有杨凤田副所长的倾力相助，是不可能取得这样成果的。

1998 年 5 月，由于飞机自身某关键部件的原因，在研飞机的设计定型试飞工作遇到了极大的困难，项目研制工作面临严峻挑战。同时项目研制时间进度和剩余研制经费都不足以保证重新生产制造样机，项目随时可能停止，项目团队面临着严峻的形势。时任歼 8 飞机总设计师的杨凤田毫不气馁，他暗下决心："一定要把一代人数十年取得的科研成果充分利用起来，这不仅是科技人员多年心血的结晶，更是我们国家的一笔宝贵科研财富。"杨凤田同志以极具前瞻性的眼光，大胆提出了以"民间联合体"的形式，自筹资金上项目，他看到了我们国家急需装备具有多功能、多用途的先进战斗机。他认为虽然继续推进原来的平台困难较大，但是完全可以借用其他类似的已有飞机平台继续开展并完成试飞工作，将已取得的科研成果充分转化利用起来。一旦成功，完全可以申请立项新的型号，这样解决了飞机平台、经费与时间不足和成果转化利用等问题，可谓一举多得。

如果说今天我们技术牵引需求已不是一件稀罕的事，但是在 20 世纪 90 年代，在国防军工的计划体制下，能够大胆地提出这样的设想并付诸实践，是需要高瞻远瞩的眼光、敏锐的洞察力的。杨凤田总师做到了！

1998 年，在沈阳 601 所，由杨凤田同志牵头组织召集各配套厂、所开会。他提出：虽然目前国家没有计划任务也没有资金，但我们以歼 8D 飞机为平台，利用 14 所的机载脉冲多普勒火控雷达（即后来的新型雷达）及其他机载电子设备组成一个简易的综合火控系统，继续进行试飞，我们风险共担、成果共享。他的提议立刻得到与会单位的一致赞同。这一创新而大胆的想法也得到上级机关领导和工业部门各研制单位的大力支持。同时，根据装备的需要，杨凤田同志要求 14 所采取技术措施提高雷达的探测距离。由于前期研制打下的扎实基础，在短短不到半年的时间内，各成员单位按时提交一套航电设备，并在他的组织下完成了机上地面系统综合联试。1998 年底顺利完成验证试飞，综合航电系统工作稳定、可靠。14 所的火控雷达的探测性能及综合航电系统性能指标相对原项目要求得到大幅度提高，实现了杨凤田同志当初提出的要求，为项目设计定型奠定了坚实的基础。在上级机关的大力支持和杨凤田同志的不懈努力下，该项目顺利通过立项。作为"撒手锏"工程的关键项目之一，经过 3 年的研制，该型飞机顺利通过设计定型审查并批量生产交付用户，这是我国第一个完成设计定型并批量装备具有空空下视下射、远程拦射作战能力的先进作战飞机，在新时期军事斗争中发挥着巨大的作用。

可以说，没有杨凤田总师的坚持，就没有今天的新型系列雷达以及具有先进综合航电系统的歼 8 系列飞机，他的贡献是不可磨灭的。这其中凝聚了杨凤田院士的一片热血丹心！

随着新时期军事电子技术的迅速发展，机载武器装备的信息化、数字化、智能化、综合化水平不断提高。21 世纪初，国外先进战斗机纷纷加装多目标攻击技术，进一步提高飞机的综合作战效能，而我国在此领域尚属空白。面对这一新的发展趋势和严峻挑战，杨凤田同志审时度势，从未来空战需求以及国外技术发展现状出发，以高度的责任感和历史使命感，在某型号工程研制即将顺利定型时，他主动向上级机关建议："在该型号工程定型后继续开展工作，在飞机原配套技术状态基础上，对综合火控系统增加多目标攻击功能，提高传感器的探测、跟踪能力，使其作用距离与制导武器的攻击范围进一步匹配，更好地发挥攻击武器的性能。"他带领大家对多目标攻击时飞机、武器、制导系统的兼容性与匹配性，多目标跟踪的测量精度等关键技术难点进行攻关、试验验证。经过全体参研人员的共同努力，历时数月先后顺利通过地面多边交联试验、机上地面试验、空中合练，整个火控系统的发控流程逻辑正确、工作稳定。

2005 年 11 月 9 日，这是一个值得记忆的不寻常的日子。伴随着指挥员"发射、发射"的急促指令，2 枚拦截空空导弹如离弦之箭脱离战鹰，在蓝天的苍穹划过优美的弧线，向来袭"敌靶机"迎头扑去，导弹直接命中目标，靶机在空中燃起熊熊大火，这是胜利之火！这是希望之火！它在我国机载武器系统装备研制发展史上写下了光辉的一页！该型飞机多目标攻击技术改进项目开创了我国机载武器系统超视距多目标攻击的先河，对该型重点工程及国防武器装备的战斗力提升做出了突出贡献，其总体技术水平居国内领先地位，填补了国内空白，达到国际同类产品先进水平。目前，该飞机首创的先进制导技术和多目标攻击等关键技术已在多个工程研制中得到推广应用。

先进战斗机的研发是一个庞大的系统工程，配套单位多、技术含量高。在研发过程中会遇到很多难题，责任重大且充满风险。作为先进战斗机的总设计师杨凤田院士，总是身先士卒，冲锋在前。在试飞最困难的时候，在遇到问题的时候，他勇于面对困难，务实高效地解决问题，具有很高的驾驭全局的能力。虽已是年过六旬，但在由他主持设计的每个飞机型号的设计、定型、试飞、重大试验、战训中，他都会亲临茫茫戈壁一线指挥、协调。"老骥伏枥，志在千里。烈士暮年，壮心不已。"60多岁的杨凤田院士依然锲而不舍、雄心不衰，始终马不停蹄、革故鼎新，他开创了辉煌的过去，又将扬鞭奋蹄面向新的未来！

杨凤田院士简历

时间	所在地	职务
1941 年 6 月	出生于辽宁省义县	
1948 年 1 月—1951 年 12 月	辽宁省义县铁河嘴子初级小学	学生
1952 年 1 月—1953 年 7 月	辽宁省义县稍户营子高级小学	学生
1953 年 8 月—1956 年 7 月	辽宁省义县第三初级中学	学生
1956 年 8 月—1959 年 7 月	辽宁省义县高级中学	学生
1959 年 8 月—1964 年 10 月	哈尔滨军事工程学院	哈军工学员
1964 年 10 月—1974 年	沈阳 601 所	技术员
1974—1976 年	沈阳 601 所	副科长
1976—1985 年	沈阳 601 所	室副主任 主任 型号总师助理 型号副总师
1985—1994 年	沈阳 601 所	副总师 型号常务副总师
1994—1999 年	沈阳 601 所	副所长 型号常务副总师 型号总师
1999—2007 年	沈阳 601 所	所专务 型号总师
2007 至今	沈阳 601 所	中国工程院院士 601 所首席专家 沈航校长

杨凤田院士获奖目录

序号	时间	获奖项目	备注
1	1952 年	区优秀学生	
2	1963 年	哈军工积极分子	
3	1982 年	所级个人三等功	
4	1984 年	所级个人二等功	
5	1985 年	航空工业部个人二等功	
6	1988 年	所级个人二等功	
7	1989 年	所级先进工作者	
8	1990 年	部级科技进步一等奖	歼 8 Ⅱ 型飞机
9	1991 年	所级特等功	
10	1991 年	所级先进个人	
11	1991 年	部级一等功	
12	1992 年	部级一等功	加油工程
13	1992 年	部（集团）科技进步三等奖	共计 4 项
14	1992 年	部级一等功	
15	1992 年	享受政府特殊津贴	
16	1994 年	部级突出贡献专家	
17	1994 年	部级一等功	
18	1995 年	部级一等功	歼 8 Ⅲ 型飞机首飞
19	1995 年	部级集体立功、个人一等功	加油工程设计定型
20	1995 年	部级科技进步一等奖	歼 8 Ⅱ 受油机
21	1996 年	国家级有突出贡献专家	
22	1998 年	国家科技进步特等奖	空中加油工程
23	1998 年	沈阳市优秀科技工作者	
24	2001 年	中航一集团科技尖兵	
25	2002 年	中航一集团一等功	JB Ⅸ 型飞机首飞
26	2002 年	中航一集团一等功	歼 8 Ⅲ 型飞机设计鉴定
27	2003 年	中航一集团科技进步一等奖	JB Ⅶ 型飞机

续表

序号	时间	获奖项目	备注
28	2003 年	中航一集团科技进步一等奖	"昆仑"发动机
29	2003 年	国防工业型号研制一等功	歼 8C 型飞机
30	2003 年	国防工业型号研制一等功	JBⅦ型飞机
31	2003 年	国防科技进步一等奖	JBⅦ型飞机
32	2003 年	国防科技进步一等奖	"昆仑"发动机
33	2004 年	中航一集团航空金奖先进个人	
34	2004 年	国防科工委劳动模范	
35	2004 年	国家科技进步二等奖	JBⅦ型飞机
36	2004 年	国家科技进步二等奖	"昆仑"发动机
37	2004 年	中航一集团科技进步一等奖	JBⅨ型飞机
38	2004 年	中航一集团一等功	JBⅦ设计定型
39	2005 年	国防科技进步一等奖	JBⅨ型飞机
40	2005 年	中航一集团一等功	JBⅨ设计定型
41	2006 年	国防科工委一等功	JBⅨ设计定型项目
42	2006 年	航空报国杰出贡献奖	
43	2008 年	中航一集团二等功	歼 11X 型飞机

尾 声

天将降大任于斯人也，必先苦其心志，劳其筋骨，饿其体肤，空乏其身。杨凤田院士一路走来，从农民的儿子到哈军工的高材生，从设计员到副总师，到如今的工程院院士。路上布满了坎坷甚至是荆棘，他不畏艰险，披荆斩棘；一路上有簇簇鲜花和阵阵掌声，他闭上眼睛，任由它去；他所关注的，是未来的发展，前景的规划，型号的成功，国防的强大。

根据中航工业的要求，601所决定撰写杨凤田院士的传记。为此成立了写作小组，我们深知"写作完全是磨人的苦工"，何况我们从未写过这样的大作，困难不少，压力很大。但我们是认真的，严格遵守"撰史书必须求实，不能因私歪曲历史"的戒律。书中所写院士的事迹、故事都是真实的，是经过考证的。

写作组在收集素材、撰写传记的过程中，被杨院士的人格魅力和拼搏精神所深深打动着，每个人都意识到出一本院士传记不是被动地完成任务，而是要主动地挖掘素材，使院士的精神、人格、学术变为一种财富，让更多的人分享。只怕是我们捡了芝麻，丢了西瓜，只写了院士事迹、精神的一鳞半爪。

写作组带着鼓舞和感动，全身心地投入到院士传记的撰写中，辗转到义县、哈尔滨、酒泉、西安、北京、上海、石家庄等地采访，查阅收集资料，点点滴滴都不想遗漏。写作组3人，你录音，我采访，你汇总问题，我整理资料。迎着朝阳，踏遍一家又一家单位，采访一批又一批当事人；傍晚，又披着晚霞，回到宾馆，草草吃口饭，撰稿至深夜。

采访就是真切地触摸，写作组在无数次采访中流下过感动的泪水，露出过灿烂的笑容，杨院士的精神已经深入人心。曾与杨院士一起生活、一起工作过

尾 声

的同志，获悉要写杨院士传记后，欣然提供了杨院士的往事、故事以及对院士的崇敬之情，为写作组提供了鲜活的素材。

在此谨向613所张申有，导弹院董秋杰、李自荣，618所糜秀娣、张保京、王若梅，电子科学研究院副院长许剑峰，14所副所长陈国海，615所副所长李锋，试飞院原总设计师吴国良、原副院长张克荣、原副总设计师侯玉燕、副总设计师周新华，空军试飞基地、中航总原"八三工程"办公室的同志，沈航党委副书记于健，以及601所王宗禹、肖莫何、张权、程梅、张月辉、李幼奎、于杰、潘广江、李必江、贾鑫、王树伟、田军、曲桂金、张福银、王荣、滕丽敏、冯家斌、夏淑芬等同志致谢。在查阅历史档案及声像资料时，得到601所工程信息部温晓丽、崔海薇、卢刚等同志的大力支持，在此一并表示感谢！

更值得感谢的是顾诵芬院士及夫人江泽菲大夫，在百忙中抽出时间给我们讲述了杨凤田院士过去的工作和生活往事及其令人叹服的事迹，并为本书作序。

经过写作组成员的密切配合，所领导的鼎立支持，历经10个月的心织笔耕，一本传记总算成稿了。它凝聚着写作组成员的心血和汗水，凝聚着所领导的期望和支持，凝聚着全所乃至中航工业航空人的关注与渴望。

由于写作水平有限，加之时间仓促，本书还有很多不足之处，恳请广大读者谅解。

编写组

2011年1月

作者简介

王树棕 1939年2月生于辽宁省北镇县偏远山区的一个农民家里。由于家境贫困直到1949年新中国成立后才得以上学读书。从小喜谈善学,成绩一直优秀,1960年7月在吉林省白城市高中毕业,被保送到哈军工,学习飞机自动化专业。1965年10月毕业后转业到沈阳112厂,1968年2月调入601所。一直从事飞机设计研究和技术管理工作,先后担任设计员、计划科副科长、科技处副处长(兼112厂主管工程师室副主任)、所办主任、质量处处长等职,1995年被聘为研究员。曾编写过"601所大事记"、"601所所史"、"歼八系列飞机研制史"和"601所质量体系管理文件"。为航空事业尽职尽责,做出了较大贡献。